全国高等学校应用型法学人才培养系列规划精品教材

总主编 谈萧

立法学原理

Legislative Principle

主 编 陈 光
副主编 李店标 李 亮

WUHAN UNIVERSITY PRESS
武汉大学出版社

图书在版编目(CIP)数据

立法学原理/陈光主编.—武汉：武汉大学出版社,2018.10
全国高等学校应用型法学人才培养系列规划精品教材
ISBN 978-7-307-20401-0

Ⅰ.立…　Ⅱ.陈…　Ⅲ.立法—法的理论—高等学校—教材　Ⅳ.D901

中国版本图书馆 CIP 数据核字(2018)第 179177 号

责任编辑:胡　艳　　　责任校对:李孟潇　　　版式设计:汪冰滢

出版发行：**武汉大学出版社**　（430072　武昌　珞珈山）
（电子邮件：cbs22@whu.edu.cn　网址：www.wdp.com.cn）
印刷:北京虎彩文化传播有限公司
开本:787×1092　1/16　印张:14.5　字数:338 千字　插页:1
版次:2018 年 10 月第 1 版　　2018 年 10 月第 1 次印刷
ISBN 978-7-307-20401-0　　定价:35.00 元

前　言

2014年10月，党的十八届四中全会对于全面推进依法治国作出了全面部署，“科学立法”是其中非常重要的一个环节。《中共中央关于全面推进依法治国若干重大问题的决定》明确提出，要“完善立法体制”，“深入推进科学立法、民主立法”和“加强重点领域立法”。也正是在这个决定中，“依法赋予设区的市地方立法权”被正式提上日程。随后，在2015年召开的第九届全国人民代表大会第三次会议上通过了对《立法法》的修改，依法赋予设区的市以地方立法权。这使得我国地方立法主体在数量上急剧扩容。当然，这也在立法理论和实务方面提出了诸多课题。例如，地方立法主体的扩容将对我国中央和地方立法关系带来怎样的影响？如何处理省级地方立法权与设区的市地方立法权的关系？设区的市人大及其常委会的立法与设区的市人民政府的立法，在具体事务上应该做怎样的分工？等等。这些问题都有待于学者们尤其是立法学研究者们深入地研究。在立法实践中，设区的市地方立法主体能否科学有效地行使好立法权，则是一个非常现实的问题。

良法是善治的基础。2017年，党的十九大报告中强调指出，“推进科学立法、民主立法、依法立法，以良法促进发展、保障善治。”长期以来，我国地方立法面临的一个指责是立法质量不高且特色不明显，但人们往往忽视了其背后立法理论研究不精、专门立法人才缺乏以及立法资源投入不足等问题的存在。设区的市获得地方立法权后，我国拥有地方立法权的地市级单位数量由原来的49个“较大的市”一下子扩展到了284个设区的市，这对于设区的市立法人才的储备首先形成了一个很大的挑战。专门立法人才的缺乏，对于提升设区的市地方立法质量显然是一个致命的瓶颈。然而，除了在实践工作中通过参与立法和经验总结来培养专门立法人才外，当前高校的法学教育对于专门立法人才培养的贡献并不乐观。一个令人担忧的现象是，立法学在法学专业课程体系中所占的分量较小，法科生有关立法理论、立法实务和立法技术等方面的知识储备较为有限。一方面是立法实践中专门立法人才出现了一个很大的缺口，另一方面我们的法学教育对专门立法人才培养上有限且供给不足。鉴于此，优化高校法学教育课程体系，加大专门立法人才培养力度，势在必行。

本教材涵盖了立法的基本理论、立法制度和立法技术等多方面内容，既有对一般性的立法知识的介绍（如立法的含义、立法体制、立法程序和法律责任条款的设置等），也对一些前沿性的立法理论或制度做了阐述（如立法辩论、立法解释和地方立法质量的保障等）。

本教材力求在基础性知识介绍与前沿性问题阐述之间建立一种平衡，以满足不同读者的需要。本教材相比较于已有的一些立法学教材，由于定位是应用型法学人才，所以在基础性知识的介绍方面并不强调系统与全面，但对于一些立法实践中已经存在或者将要尝试的一些制度，如立法辩论制度、立法公开制度、地方立法质量保障和区域发展立法体系等问题，则做了大胆的介绍乃至学理上的阐释。这些内容所针对的潜在读者是那些有着一定立法理论基础和实务工作经验的立法工作者，希望在提升立法工作者理论素养方面有直接的启发或帮助。当然，对于有志向从事立法理论研究或实务工作的在校本科生或研究生而言，本教材也是一部优秀的专业教材。

本教材各章节的编者和编写分工分别如下（按照章节编写顺序）：

陈光（大连理工大学人文与社会科学学部副教授、法律系主任、法学博士、硕士生导师）：第一章、第二章、第三章、第七章、第十二章、第十三章。

李店标（大庆师范学院法学院副教授、法学博士）：第四章、第五章

张玉洁（广州大学公法研究中心助理研究员、法学博士、硕士生导师）：第六章

李晓辉（贵州医科大学医学人文学院副教授、法学博士）：第八章

李亮（中共浙江省委党校、浙江行政学院法学教研部讲师、法学博士、硕士生导师）：第九章

张鹏（南京师范大学中国法治现代化研究院研究员、法学博士）：第十章

王玉（黑龙江省社会科学院法学所副研究员、法学博士）：第十一章

本教材由陈光、李店标和李亮负责确定编写大纲和内容审定，全书由陈光负责统稿。大连理工大学法学专业硕士研究生李炎卓、李柳婵和知识产权专业本科生姜琳等同学，协助做了大量的资料收集与整理、文字校对等工作。本教材得到了大连理工大学人文与社会科学学部专业建设与综合改革经费资助。在此一并对参与编写本教材以及为本教材顺利出版做出贡献的老师和学生表示感谢。受学识或个人观点所限，书中在理论阐述方面难免存在偏颇或不足之处，恳请各位读者指正。

编　者

2017 年 11 月

目 录

第一章

立法与立法权

学习目标

掌握立法的含义与特征；了解立法的原则与价值；掌握立法权的含义及属性；掌握我国的立法体制类别。

材料引入

据《齐鲁晚报》2017年2月12日报道，2月11日，山东省十二届人大六次会议通过了《山东省地方立法条例》。据了解，此次条例修改的主要内容包括了关于深入推进科学立法民主立法、关于完善立法程序、关于批准设区的市的地方性法规等问题。

为深入推进科学立法、民主立法，该条例规定专业性较强的地方性法规草案，可以吸收相关领域的专家参与起草工作，或者委托有关专家、教学科研单位、社会组织起草。为保障设区的市立法工作的顺利进行，条例完善了设区的市的地方性法规报请审查批准相关程序，增加了报请批准的设区的市的地方性法规可以撤回的规定。

《山东省地方立法条例》的出台适应了怎样的时代需求？记者了解到，2001年通过的《山东省制定和批准地方性法规条例》施行十多年来，对规范山东省地方立法活动发挥了重要作用。但随着经济社会的发展和改革的不断深化，有的法律法规未能全面反映客观规律和人民意愿，针对性、可操作性不强；立法效率有待进一步提高。为解决这些问题，2015年，中共山东省委出台全面推进依法治省重要举措实施规划，其中就健全有立法权的人大主导立法工作的体制机制、改进和完善立法起草以及审议机制等提出了明确的要求。

十二届全国人大三次会议通过了《关于修改〈中华人民共和国立法法〉的决定》，修改后的立法法对地方立法体制机制做出了较大调整，赋予了设区的市地方立法权。2016年至今，经审查已提请常委会批准48件。“及时将《山东省制定和批准地方性法规条例》修改为《山东省地方立法条例》，对于深入推进科学立法、民主立法和依法立法，把公正、公平、公开原则贯穿立法全过程，拓宽公民有序参与立法途径，增强立法针对性，推进立法精细化，着力保障和改善民生，维护社会公平正义有着重要意义。”山东省人大常委会法工委负责人说。①

思考：如何理解立法的含义？立法具有哪些特征？立法应当遵循哪些基本原则？

一、立法的含义与特征

（一）立法的含义

在汉语中，“立法”一词很早就见诸我国古代典籍之中。《商君书·更法》中有“当时而立法，因事而制礼”的说法。《史记·律书》云：“王者，制事立法。”刘勰《新论》云：“治民御下，莫正于法，立法施教，莫大于赏罚”。从文义来看，古代“立法”中的“立”主要是确立、制定的含义，“法”则既指法律、法令，也指社会规范、社会制度和社会秩序等。“立法”就是制定或确立某项或某些规则。

现代立法不同于古代法律的创制，具有民主、科学与程序公正等特点和要求。立法权由专门且相对独立的国家机关来行使。法律草案的起草机构往往直接隶属于立法机构，并趋于常设化、专门化和制度化。对于现代意义的立法涵义的形成过程，民国时期学者谢振民有过精辟地论述：“立法之名词，由立宪主义而发生。自君主立法，不免束缚人民自由，而流于专制，于是一般哲学家发表‘社会契约’之理论。极力主张人民之自由平等。洛克（John Locke）谓法律之目的，不再消灭或限制个人自由，而在保障或扩张个人自由，并主张分国权为立法、执行、外交三种，而以最高权力之立法权归之于人民。孟德斯鸠（Montesquieu）袭其说而发扬光大之，并参证应该政制，倡为三权分立之说，谓无论何等政府，其中皆有三权之分立，议会有立法权，元首握行政权，法庭行司法权，各不相侵，始可以保国群之自由。迨后北美独立，法国革命，均师其意，制定成文宪法，明示三权之鼎立。而立宪运动，日以普遍，世界大多数国家，亦先后步武法、美，实施宪政。于是国家权力分为立法、行政、司法，立法权由立法机关独立行使，立法机关依立法程序所通过决议，即为法律，而立法二字遂成为专有之名词。”②

学者们关于立法的界定主要有两种：一是过程和结果两义说。该说认为立法既指制定或改变法的一个过程，又指在立法过程中产生的结果即所制定的法本身；二是活动性质和活动结果两义说。该说认为立法是制定和变动法因而有别于司法和行政的活动，同时又是这种活动的结果，而这种结果又和司法及司法决定不同。综合而言，立法是由特定国家机关依据一定职权和程序，制定、认可和变动规范性法律文件的活动及其结果。

（二）立法的特征

特征是指一种事物区别于其他事物的独特之处。立法的特征即立法所具有的同其他国家机关活动区分开来的独特之处，也是立法活动的本质属性之所在。

第一，立法是由特定国家机关所进行的活动。立法是当代各国一项非常重要的国家行

① 范佳：《〈山东省地方立法条例〉下月起施行》，载《齐鲁晚报》2017年2月12日，第A2版。
② 谢振民：《中华民国立法史（上册）》，张知本校，中国政法大学出版社2000年版，第4页。

为，这一行为并不是所有国家机关都有权作出，只有享有立法权的国家机关才可以从事立法活动。对于一个国家中到底哪些机关具有立法权这在不同的时期与不同的政治制度下有不同的规定，关键还是取决于这个国家的性质、政权组织形式、立法体制以及其他的国情因素。立法之所以要由特定国家机关进行，其根本原因在于立法在众多的国家活动中属于最重要的活动。立法活动进行得好与坏直接关系能否产生适合调整一定社会关系的规范性法律文件。立法的问题是直接关系国计民生的大问题，只有交由特定的国家机关来处理，才能更好地保证权力行使的集中性与科学性。

第二，立法是依据一定职权进行的活动。有权立法的主体不能随便立法，而要依据一定职权立法。立法机关只能就自己享有的特定层级的立法权来立法。例如，只享有地方立法权的主体，不能行使国家立法权。立法机关只能就自己享有的特定种类的立法权进行立法。例如，只享有政府立法权的主体，便不能行使只有议会或代表机关才享有的立法权。立法机关只能就自己有权采取的特定法的形式来立法。例如，只能制定地方性法规的立法主体，不能制定地方政府规章。

第三，立法是依据专门程序进行的活动。立法应依据法定的专门程序进行。立法程序的内容在不同时代和国情下有较大差别。现代立法一般经过立法准备、由法案到法和立法完善诸阶段。其中，由法案到法的阶段一般要经过法案提出、审议、表决和法的公布诸程序。在特殊情况下可有特殊程序。古代立法也有自己的程序。在实行民主政体的古代国家，立法应遵循一定的程序自不必说，即使在君主言出法随的专制国家，立法也并非没有程序。专制国家制定、编纂成文法典时，通常总是由君主发出制定和编纂法典的指令，再由君主指定若干人去具体地制定和编纂法典，最后由君主审定和公布。总之，立法依据一定程序进行，才能保证立法具有严肃性、权威性和稳定性。

第四，立法是运用一定技术进行的活动。立法是一门科学性很强的活动。任何国家或立法主体要使所立之法能有效地发挥作用，不能不重视立法技术，以使立法臻于自己满意的程度。立法技术是立法主体在立法过程中采取的如何使所立之法臻于完善的技术性规则，或者说是制定和变动规范性法律文件活动中的操作技巧和方法。在现代立法实践中，明智的立法者一般都能比较自觉地重视立法技术。因为他们懂得如不重视立法技术，自己的立法就缺乏科学性，就会有许多弊端，立法的目的就难以实现。随着法学的发展特别是立法科学的发展，立法技术将会成为立法者和法学家更为重视的问题，那种不讲立法技术，所立之法漏洞百出的情形，将会愈益少见。

第五，立法是直接产生和变动法的活动。立法活动之外的其他国家活动，大多也是由特定主体依据一定职权和程序进行的，但只有立法活动具有直接产生和变动法的功能与特征。立法作为产生和变动法的活动，它是一项系统工程，包括制定法、认可法、修改法、补充法和废止法等一系列活动。其中，制定法是指立法主体所进行的直接立法活动，如全国人大及其常委会制定法律，国务院制定行政法规，有关地方权力机关制定地方性法规。认可法是指立法主体所进行的旨在赋予某些习惯、判例、法理以法的效力的活动。修改、补充和废止法则是指立法主体变更现行法的活动。总之，立法的结果是要产生相应的法文件或者对已有的法文件加以变动。

二、立法原则与立法价值

（一）立法原则

立法原则是指立法主体在进行立法活动时必须遵循的基本准则，是立法指导思想在立法实践中的重要体现，也是立法内在精神品格之所在。立法是法治的开端。法治要求良法之治。法治国家和法治社会的建设必须要以“良法”的不断积累为基础，想要“立良法”就需要坚持一定的原则，从而保证立法工作的顺利开展。立法遵循一定的原则，有助于立法者采取有效的方式把一定的意志升为国家政权意志，使所立的法有效地实现立法者的目的，使立法能在经过选择的思想理论指导下，沿着有利于执政者或立法者的方向发展，有助于立法者从大局上把握立法，集中地、突出地、强调地体现立法者的某些重要意志。

立法原则不同于立法指导思想，两者虽然都对立法活动具有指导作用，但立法指导思想相较于立法原则更具宏观性、根本性与全局性，侧重于对立法者思想理念的指导，本身不具有直接的操作性，要借助于具有可操作性的原则或规范来实现。立法原则本身是一种行动准则，侧重于对立法者立法活动或立法行为更为直接的指导。

我国《立法法》规定了立法应当遵循宪法的基本原则；立法应当依照法定的权限和程序；立法应当体现人民的意志；立法应当从实际出发，科学合理地规定权利与义务、权力与责任。据此，我们可以将我国立法的基本原则概括为法治原则、民主原则和科学原则。

立法法治原则主要包含三方面要求：一是一切立法权的存在和行使都应有法律依据，立法活动的绝大多数环节都依法运行，立法主体进行的立法行为应当以法为准则、行使法定职权、履行法定职责；二是规范立法制度和立法活动的法，应充分反映人民的意愿，有利于立法发展，有利于社会进步，有利于保障人的各种基本权利；三是关于立法方面的法，在立法活动中具有最高地位和权威，并且获得普遍服从，任何立法主体违反了它都要受到应有的追究。坚持立法的法治原则就要有一套较为完善的立法制度，为立法权的存在和行使以及立法活动的进行，提供法律依据。特别要有关于立法权限划分、立法主体设置、立法运作程序，以及中央立法与地方立法的关系等方面具体的法律制度。此外，还要有关于立法技术方面的基本制度。

立法民主原则要求立法主体必须具有广泛性，我国是人民民主专政的社会主义国家，人民是国家的主人，也是国家一切权力的拥有者。从根本上讲，立法权应当属于人民，立法权也应当由人民行使。由于人民无法通过直接的方式行使立法权，所以由特定的国家机关代表人民来行使立法权。尽管如此，立法权在行使过程中仍应当以维护和实现人民的权利和利益为己任。同时，立法活动过程和立法程序应当具有民主性，在立法活动进行的过程中应向社会公众保持开放，设立一些切实可行的公众参与机制，让人民能够真正的参与到立法工作当中来，通过参与来表达自己的意愿。

立法科学原则指的是立法活动要遵循科学规律，避免随意性和盲目性，所立之法应当具有可行性或可操作性。现代立法应当是科学活动。在立法活动中坚持科学原则有助于产生建设现代法治国家所需要的高质量的良法，有益于尊重立法规律、克服立法中的主观随意性和盲目性，也有利于减少甚至避免错误和失误，降低成本，最终提高立法的效益。坚持立法的科学原则我们首先需要在立法观念上发生转变，实现立法观念的科学化与现代化，并且用这些观念从正面上影响立法，要排除那些过时的观念，转而用新的观念指导立法。其次，我们要对当前的一些制度进行改革，实现立法权限划分体制、立法主体设置体制、立法运行体制的科学化，遵循社会发展的客观规律。最后，还需要我们注重理论与实践的结合，充分把握我国具体国情和国际趋势，总结并归纳过去的经验教训。

（二）立法价值

马克思认为："价值这个普遍的概念是从人们对待满足他们需要的外界物的关系中产生的。"① 据此，学者们大多将价值视为主体需要与客体属性之间的一种关系，如果客体的属性能够满足主体的特定需要，便可以说是有价值的。据此，立法的价值就是关于立法活动对于满足人们需要的一种内在关系。

对于立法能否进行价值分析这一问题，西方的法律思想家有着不同的观点。分析法学创始人奥斯丁就认为对法律进行评判时仅仅是对法律规范结构进行分析，其实是对逻辑结构方面进行分析，并不需要对该规范的好坏进行评判。也就是说，法律的存在是一回事，它的功过又是一回事。虽然奥斯丁认为不需要对法律的好坏进行评判，但是他认为要重视和利用功利原则对立法的指导作用。古希腊的亚里士多德则认为正义是立法的内在价值，这在侧面上就承认了存在着一种价值尺度被用来当做立法的依据。另外还有一些自然法学说的支持者也都把理性、公平、正义当做法律的内在价值，他们认为无非是通过立法活动产生具体的法律条文，然后将这些价值展现出来罢了。

本书认为，人类社会的一切关系都是人与人之间的关系。法律的功能不仅在于向社会提供一套行为规范，更在于为人们创设和维护一种环境，以促使人民实现对公平、正义、自由、秩序等法律价值的追求。立法的过程既是一个设定规范的过程，也是一个价值博弈、权衡与选择的过程。因此，作为一种价值导向，法律通常浸渍着立法者的价值诉求。从某种意义上讲，立法的价值实质上就是立法者与公民之间围绕某项立法所发生的价值关系。其中，包括促使立法者出台特定法律的价值理念，立法者在制定法律过程中面对多重价值所做出的权衡与选择，立法者对特定立法的价值期望，以及公民对于立法者的价值理念、价值权衡与价值期望所作出的判断、评价和回应。立法的价值也是法律价值在立法过程中的体现，是立法与法律所要共同追求的美好理念，具体包括平等、自由、秩序、公正和效率等价值。

三、立法权与立法体制

（一）立法权的含义

立法权是近代分权理论与实践的产物，是具有政治性质的一种重要国家权力。因为立法权通常与国家的最高权力相联系，体现或代表国家主权或人民主权，并且管辖具有普遍

① 《马克思恩格斯全集（第19卷）》，人民出版社1963年版，第406页。

意义的事物。在这方面，许多思想家都有过重要论述。英国启蒙思想家洛克（John Locke）认为立法权是用来指导如何运用国家的力量保障这个社会及其成员的权力的一种权力，他还说："立法权，不论属于一个人或较多的人，不论经常或定期存在，是每一个国家中的最高权力。"孟德斯鸠（Montesquieu）是三权分立学说的提出者，他从分权制衡的角度主张立法权不是绝对的，也应该受其他权力的制约，他还认为，"在一个自由的国家里，每个人都被认为具有自由的精神，都应该自己统治自己，所以立法权应该由人民集体享有",① 由人民的代表通过议会来行使。卢梭（Jean-Jacques Rousseau）认为，"立法权是国家的心脏，行政权则是国家的大脑，大脑指使各个部分运动起来。大脑可能陷于麻痹，而人依然活着。一个人可以麻木不仁地活动；但是一旦心脏停止了它的机能，则任何动物马上就会死掉"。②

对于立法权的含义，我们可从三个层面上进行理解。一是立法权是指立法机关（议会或其他代议机构）所行使的制定、认可、解释、补充、修改或废止法律的权力。这是从立法机关职权的角度来说的，该立法权只是立法机关的职权之一；二是立法权是指由立法机关行使的对应于行政权和司法权的权力。这个意义上的立法权，是三权分立意义上的立法权，它包括了立法机关的全部职权；三是立法权是享有立法权的国家机关制定、修改和废止法律的权力。本章主要在第三个层面上使用立法权，即特定国家机关制定、修改和废止法律的一种专门性的公权力。

（二）立法权的性质

对于立法权的性质如何，我国学者目前对此很少有专门的论述。戚渊认为，对立法权性质的认定既要考虑到它是一种权利这一本质属性，又要归纳出其本质属性中的主要方面。由此，他将立法权的性质归纳为合法性、统一性、民主性。

立法权的合法性是指立法权在产生时、存在中以及运行时都是合法的，其公正体现在立法权是通过合法的程序产生的，正义则体现在权利本身是来源于人民，体现了人民的意志。如果立法权来源不合法，那么产生的必然是恶法，只有合法的立法权才会产生良法。

立法权的统一性表现在国家立法机关统一行使立法权，未经授权或者委托其他主体均不能制定法律，同时还表现在立法形式上，使法律在结构、系统、文字等方面存在着统一，除此以外还有立法价值、立法技术等均趋于统一。

立法权的民主性主要体现在法律在制定的过程中人民可以以个人或者团体行动谋求影响立法机关的立法。从我国当前的实际情况来看，除了个人和各种社会团体以外，其他政党及各种利益团体也可以对立法施加政治压力，媒体可以舆论造势从而给予政治影响，除此以外，听证制度、咨询制度的存在都使得人民可以参与到立法工作中来。这些都是立法权民主性的体现。

---

① ［法］孟德斯鸠：《论法的精神（上册）》，张雁深译，商务印书馆 1961 年版，第 158 页。

② ［法］卢梭：《社会契约论》，何兆武译，商务印书馆 1980 年版，第 177 页。

（三）立法体制

一个国家的立法权力如何安排、如何设置，不仅是理论问题，也是实践问题。从理论上讲，立法体制是关于立法权限分配、立法权运行以及立法权载体诸方面的体系和制度所构成的有机整体。其核心是一国立法权限的划分以及不同层级立法权之间的关系。立法体制主要包括三个方面的制度：立法主体制度、立法权限的划分制度和立法权行使的制度。从实践角度来看，一个国家采用什么类型的立法体制要受到多种因素的影响，同时立法体制也会随着国家和社会发展及对立法需求的变化而不断地调整或改进。

立法体制主要是解决一个国家之中哪些人、哪些机构和组织享有立法权的问题。放眼当今世界各国的立法体制，周旺生教授将主要的立法体制划分为三类：单一立法体制、复合立法体制、制衡立法体制。所谓单一立法体制，是指一个国家的立法权由这个国家的某个国家机关行使的立法体制，包括单一的一级立法体制和单一的两级立法体制；复合立法体制是指立法权由两个或者两个以上国家机关共同行使的立法体制；制衡立法体制是指建立在立法、行政、司法三权相互独立又相互制约的基础之上的立法体制，其特点为三权制衡。

我国的立法权不是由一个机关行使的，因而不属于单一立法体制，虽然我国的立法权是由两个以上机关行使，但这和复合立法体制还是存在区别的：我国存在着多种立法权，它们分别由不同的机关行使，而不是同一个立法权由几个机关行使，这是与复合立法体制最显著的区别。同时，我国的立法体制不是建立在分权制衡基础上的，因而也不是制衡立法体制。我国实行的是一种具有中国特色的特殊的立法体制。如果从立法权限划分的角度来看，周旺生教授认为："我国现行的应当是中央统一领导和一定程度分权的，多级并存、多类结合的立法权限划分体制。"① 结合我国《立法法》的相关规定，我们可以将我国的立法体制概括为"一元两级多层次"的立法体制。

我国立法体制中的"一元"包含有以下基本内容：（1）全国人民代表大会是最高的立法机关，它有权制定国家的根本大法——宪法，国家基本法律的制定权属于全国人民代表大会，其他任何国家机关的立法权力都不能超越全国人大的立法权限；（2）遵循法制统一原则，宪法是整个法律体系的基础，是其他立法主体从事立法活动的根本依据，下位法不能与上位法相冲突。"两级"是指国家的立法权在中央和地方两个层级上进行分配，即包括中央立法权和地方立法权。"多层次"指的是不论中央立法还是地方立法，立法主体所处的地位是多层次的。在中央立法中，全国人大的立法效力层次高于全国人大常委会的立法，全国人大常委会的立法效力层次高于国务院的立法，国务院的立法效力层次高于国务院各部门的立法。在地方立法中，省级、较大的市和设区的市人大的立法效力高于同级人大常委会的立法效力，省级人大及其常委会的立法效力高于较大的市和设区的市人大及其常委会的立法效力等。

在世界各国，立法体制的概念也许具有很大的相似性，但是立法体制的结构和特点则是因国而异的。各国都是从自身的国情、历史、现实出发来构建自己的立法体制的。我国

① 张文显：《法理学（第四版）》，高等教育出版社 2011 年版，第 193 页。

实行这种"一元两级多层次"的立法体制也是有国情依据的。首先，我国是工人阶级领导的、以工农联盟为基础的人民民主专政的社会主义国家。我国的国家性质要求应当由体现人民最高意志的机关，即全国人民代表大会及其常务委员会行使国家立法权，对全国的立法工作进行统一领导；其次，我国是一个人口大国，疆域辽阔，而且各个地区的政治、经济、文化发展水平存在着较大的差距，尤其是某些少数民族地区，由于生活地区偏远、生活条件差、生活环境恶劣，同时也基于尊重少数民族特有文化风俗的考虑，这就决定了在立法上必须要有一定程度的分权；最后，现阶段的中国，经济上实行以国有经济为主导的多种经济形式并存发展的市场经济结构，在政治上实行民主集中制。上述的种种国情都决定了我国必须实行现行立法体制。

事　例

2016年3月16日，全国人大常委会法制工作委员会副主任许安标做客中央台，聊一聊民法典为什么是"法"又是"典"？尾号限行各地能不能任性为之？慈善法起草审议过程是怎样的呢？老百姓对法律案提出的意见到底怎样被采纳？许安标表示，2016年全国人大修改立法法，修改一个很重要的内容，完善立法体制，赋予所有设区的市地方立法权，这是我们国家立法体制很重大的调整。原来只是部分设区的市有地方立法权，主要是省会市和经国务院批准的较大的市，一共49个。立法法修改之后，所有设区的市，总共241个，都有了地方立法权，外加另外有30个自治州，一共增加了271个可以行使地方立法权的主体。增加将近有300个，各个地方的情况差别很大。这个权力的行使要逐步到位。所以法律这么规定，这些市开始制定地方性法规的具体步骤和时间，由省自治区的人大常委会来确定。法律上也规定，要综合考虑，所辖的社区的市人口数量、地域面积、经济社会发展情况以及立法需求和立法能力建设来考虑。这项工作稳步推进，成效明显，到今年1月底，全国27个省自治区中，有24个省自治区已经批准了209个设区的市，和自治州和地级市，占应该批准的271个设区的市中的77.1%，进展很明显。①

本章小结

立法是由特定国家机关依据一定职权和程序，制定、认可和变动规范性法律文件的活动及其结果。我国立法的基本原则可以概括为法治原则、民主原则和科学原则。立法的过程既是一个设定规范的过程，也是一个价值博弈、权衡与选择的过程。立法权是特定国家机关制定、修改和废止法律的一种专门性的公权力。立法体制是关于立法权限分配、立法权运行以及立法权载体诸方面的体系和制度所构成的有机整体。其核心是一国立法权限的划分以及不同层级立法权之间的关系。我国为"一元两级多层次"的立法体制。

① 《许安标谈立法法修改：立法体制重大调整》，http：//news.cnr.cn/special/2016lh/zbj/zk/xab/myl/20160316/t20160316_521621809.shtml，2017年3月21日。

复习思考题

1. 简述立法与立法权各自的含义。
2. 试述你对立法价值的理解。
3. 试述国家立法应当遵循的基本原则。
4. 试论中国现行立法权限划分体制及其国情依据。
5. 思考我国现行立法体制应当如何完善。

第二章

立法体制

学习目标

掌握我国中央和地方立法关系并从完善立法体制角度思考如何改进中央和地方立法关系；了解立法责任制度；掌握我国设区的市立法制度。

材料引入

2014年8月，十二届全国人大常委会第十次会议初次审议了《立法法》修正案草案，草案拟将过去49个较大的市才享有的地方立法权扩大至全部282个设区的市。全国人大常委会法工委有关人士表示，“这是分量比较重的一个修改”，是落实党的十八届三中全会决定确定的改革任务的一项重要举措，与我国的立法体制密切相关。

围绕设区的市立法权的赋予，委员们有着不同的看法。刘政奎委员认为，赋予设区的市地方立法权必要性不大。现在的法律体系已经形成，立法也越来越细化，地方立法的空间已经不大。另外，现在省、自治区人大常委会的立法内容与上位法很多是重复的，有些只是相关上位法内容的重新整合而已，再下放一级，重复现象会更多。至于个别地区的特殊需要，可由省、自治区人大常委会单独立法。其次，与现在简政放权的改革方向也不一致。现在省、自治区人大常委会的立法，绝大部分都是由政府部门提出，人大主动立法的比例很小，部门立法很容易将部门的权力、利益法律化，如果再下放一级，这种情况只会加重，不利于简政放权。

信春鹰委员也指出，现在有专家表示担忧，担心立法权会被滥用。在这个层面上，民主的范围和程序能不能保证？会不会成为长官意志的工具？能不能符合国家法制统一的要求？她希望立法机关关注这个问题，一方面要扩大民主，另一方面要强调制约，完善程序。比如提案权，具体程序，都要明确。不能领导一拍脑袋说这事人大立个法，法就出来了，这样不符合制度本意。①

思考：如何科学有序地改进我国现行的立法体制？

① 彭东昱：《赋予设区的市地方立法权》，载《中国人大》2014年第19期，第26页。

立法是一种国家权力行为，只有特定的主体或国家机关才享有立法权，因为它是享有立法权的国家机关，依据法定的职权和程序，制定、认可、补充、修改和废止法律的活动。中央和地方的立法关系可以视为立法权力在中央和地方国家机关之间如何进行配置及其运作的问题。中央和地方立法权限划分是立法体制的核心问题。此外，设区的市立法也是构成我国立法体制的重要内容。

一、中央和地方立法关系：立法体制的核心问题

（一）中央和地方立法关系中的“集分”与“收放”

在法治国家中，立法关系可以视为确立中央和地方关系的逻辑起点。具体原因可从以下两个方面来分析：

一方面，法治原则要求国家权力的配置和运作要依法律而行，立法是生成法律规则最基本的方式。这确立了立法权在国家权力体系中的起点地位。由此，明确中央和地方的立法权力关系既是确立中央和地方关系的基本要求，且由于立法是中央和地方在行使其他权力的规则的最主要来源，又使得立法关系与其他关系相比处于先决地位。

另一方面，现代民主更多是以代议制的模式来实践，而绝大多数国家或地区的代议机关往往也是立法机关。在行政权和司法权日益机关化和专职化的今天，立法权相比较而言还保持着对民众更为直接和相对广阔的开放性。一般认为，“立法权力是属于人民的，而且只能属于人民的，……主权者的一切行为都只能是法律”，① 最早系统阐述主权思想的博丹直接将主权称为立法主权，认为主权的其他权力来自于立法权，因此在现代民主国家或以民主为追求的国家里，立法权居于国家权力体系中的首要位置。立法权在中央和地方之间的配置和运作不能改变立法权的这种特殊地位，故可以将立法关系视为确立现代民主国家中央和地方关系的逻辑起点。

在中央和地方立法关系的一般理论中，中央集权和地方分权就像一条线段的两个端点，几乎所有的理论都在由这两个端点所连的线段之上。其中具有代表性的有四种理论，即中央集权主义、地方分权主义、中央与地方均权主义，以及中央集权与地方分权的相对主义。其中前三种理论恰恰代表了线段上最有特色的三个点：两个端点和一个中点。第四种理论，即中央集权与地方分权的相对主义则试图摆脱这种线段式的、一维的思维模式，而寻求建立一种立体的中央和地方立法关系模型。

同经济学中的自由主义和干预主义两种理论的存在相类似，中央和地方立法关系建构中的中央集权主义和地方分权主义同样只是两种理论模型，实践中从来不存在一个国家实行的是极端的中央集权主义或纯粹的地方分权主义。中央和地方是相对存在并相互依存的两个概念，并且在各国政治与法治实践中，既没有绝对的中央集权体制，也没有纯粹的地方分权体制，而只存在相对意义上的中央集权—地方分权的混合体制。其实，中央与地方关系的形成并非决定于制度的设计者，而是诸多因素综合作用的结果。从各国的实际情况来看，中央与地方立法关系模式常常是各国所处的自然地理条件、政治环境、经济环境、

① ［法］卢梭：《社会契约论（第三版）》，何兆武译，商务印书馆2003年版，第71~72页。

历史文化环境、民族格局与民族关系、科技发展水平等诸多“共同社会的存在”因素混合作用的产物。现实中，不同的国家可能会选择不同的模式，无论是中央集权的因素多一点，还是地方分权的因素多一点，都不是偶然的，都有着其深层原因。但有一点可以肯定，那就是任何国家都不可能是纯粹的中央集权或者地方分权，并且中央和地方的关系（包括立法关系）也不可能是一成不变的，因此，中央集权与地方分权的误区并非真正的误区。实际上，中央与地方政府关系的建构与协调不可能一蹴而就，也不会一劳永逸，而是一种动态的协调和平衡。

如果说中央集权与地方分权的逻辑误区是具有普遍性的，但又主要限于理论层面的误区的话，那么放权与收权则是一个具有中国特色的、实践性很强的、真实的误区。走出这一误区对于合理建构我国中央与地方立法关系具有重要的意义。

一方面，中国自秦以来实行的就是中央集权的政治体制，而且这种体制的实践在今天看来对于民族国家的成立和发展的积极意义是主要的，民众对此也有着极高的心理认同。中华人民共和国成立以来在处理中央和地方关系方面，也是坚持中央的集中统一领导。无论是“收”还是“放”，其主体都是中央或掌控权都在中央手中，作为“收”“放”所指向的对象——地方在多数情况下是一个被动的接受者。中央放权的目的不是希望地方建立一种长期的、相对独立的自治模式，而更多的是一种权宜之策或探索性措施，其真正目的与感觉地方权力过大时再予以收回的目的是一致的，即都是为了更好地维护中央的权威。从这个意义上讲，“收”与“放”的准确逻辑应该是先有“放”后有“收”。在这种体制及理论逻辑下，“放”与“收”反映的是中央单方意志表示，而非中央和地方的合意，即地方在“放”与“收”的决策上并没有可以对中央形成实质性影响或制约的权力。加之很长一段时间以来中央意志缺乏有效的法律约束，导致这种“放”与“收”的循环误区一再难以避免。

另一方面，与中央集权密切相关的一个体制现象便是所谓的“条块分割”。中央并非铁板一块，中央立法的主体也并非是唯一的。在我国，中央立法与地方立法，在很大程度上是通过国务院及其各个职能部门立法与地方立法形成直接关联，而当中央立法权主要通过国务院及其部门来实现时，中央立法集权实际上也就变成了中央立法的“部门分权”和“条条集权”。如此一来，中央立法权实质上在很大程度上被行政立法所取代，其集权立法的结果就很难保证真正的大局观和利益中立性，尤其是部门立法更是难以克服立法的部门利益倾向。一旦地方立法与中央的部门立法所共同关涉的利益发生了冲突，即出现了“条块矛盾”，中央为了协调这种冲突或矛盾，只得在“放权”与“收权”之间徘徊，以求安抚其中一方。更为甚者，中央政府部门在有些情况下会贴上中央立法的标签，对地方立法权限直接进行随意地“放”与“收”。

总之，中央集权的体制模式以及这种模式思维下的关于中央和地方关系的政策性安排，导致了在处理中央和地方的立法关系时难以走出“放”与“收”的误区。

（二）中央和地方立法关系的合理建构

在中央和地方立法关系上，无论是集权与分权，还是放权与收权，都还只是停留在宏观的或者是抽象的层面。在这里，立法权仅仅是被当做一种权力在中央和地方之间进行配置，而不问立法权所指向的具体事项。即使涉及立法事项，那也是一揽子式的“集”与“分”，“放”与“收”。这种缺乏黄仁宇所指称的“数目字管理”的制度设计和实践，同样也是我国为何许久以来难以走出“集权与分权”“放权与收权”的误区或怪圈的重要原因之一。这一弊端又被称为中央与地方立法主体的“职能同构”与立法事项的“平面切割”，并且后者是由前者所引起的。所谓“职能同构”指的是在中央与地方政府间纵向关系中，不同层级的政府在职能、职责和机构设置上的高度统一及雷同，从而导致中央和地方立法职能的“一体化”。也正是这种制度设计不仅巩固了中央立法的地位，而且赋予了中央立法集权不同于一般意义上的中央立法集权的特点。这也正是将“放”与“收”误区形成并难以走出的根源归结为中央集权的原因所在。

现行立法法虽然试图改变在中央和地方立法权划分中“职能同构”的做法，如明确规定了中央专属立法权的事项，但在规定地方立法时，依然未能实现制度的创新。《立法法》规定的三种基本的地方立法类型，即执行性立法、职权性立法和先行性立法，依然囿于中央和地方立法事项“平面切割”的旧有逻辑而未能突破。其中，执行性立法典型地体现了中央集权的要求，职权性立法体现了地方分权的做法，但仍属于“一揽子式”的分权，而先行性立法虽然透露着些许制度设计者创新的气息，这种所谓的先行性立法依然属于“放”与“收”误区中的“放权”的表现之一。鉴于此，构建我国合理的中央与地方立法关系，真正走出“集与分”和“放与收”两大误区的关键在于从法律上明确界分中央和地方的立法事项。

首先，中央和地方立法关系的确立要严格依法为之，改变以往那种受政策性调整影响过甚的局面。规定中央和地方立法关系的规范性法律文件一旦生效，就对中央和地方立法同时具有法律约束力，对任何国家机关、政治团体和国家领导人有法律效力，非由法定机关经法定程序依法变动，不得任意更改。

其次，改变那种中央和地方立法“职能同构”以及立法事项“平面切割”的做法，将立法事项在中央和地方之间进行明确的界分。虽然我国属于单一制国家，地方立法不应与中央立法相抵触，但是这并不意味着地方立法要完全被中央立法所笼罩，并不妨碍立法事项在中央和地方之间的界分。借鉴联邦制国家的相关制度，我们可将立法事项具体分为四类：专属于中央立法的事项、专属于地方立法的事项，中央与地方交叉但中央立法优先的立法事项以及剩余立法事项。

（1）无论是单一制还是联邦制都只是国家结构模式之一，只有是否适合传统和国情的问题，而不应将这两种制度予以对立。在我国，由于对联邦制存在某些误解，导致许多人对单一制和联邦制这样两种国家结构形式的区别被绝对化，其作为组织国家结构的手段也被对立化，在《立法法》制定中对划分中央和地方立法权限的反对便是这种观念的体现之一。我们完全可以在维持单一制原则的前提下适当借鉴联邦制中的某些具体做法。

（2）赋予地方专有立法事项符合我国宪法规定的充分发挥中央和地方两个积极性的原则，并有助于促进地方积极性的更大发挥，也不意味着改变我国单一制的国家结构。对于地方立法权的运作，任何一个国家都不是放任不管的，即使是联邦制国家也有着相应的监督或制约机制。其中首要的是法律的约束，即使对于地方专有立法事项，地方有关立法机关在制定规范性法律文件时也应该遵守与上位的宪法、法律和行政法规“不相抵触”

的原则。如果存在抵触现象，可以通过改变撤销机制等方式来宣布该规范性法律文件无效，或要求其自行修正以符合上位法规定。此外，还可以借鉴美国通过财政手段来调适中央和地方立法关系的做法。中央立法机关不能就专属地方的立法事项进行立法，但是它可以利用财政拨款等手段来影响地方的相关立法，使之贴近甚至符合中央立法的意思。

(3) 如同我国现行《立法法》中对中央专属立法事项进行列举一样，建议在相关法律中对地方专属立法事项也加以明确列举。另外还应该明确列举中央和地方立法都可以规定的事项，即所谓的共同立法事项或交叉立法事项。而对于不属于中央和地方立法明确列举中的事项，同时也不明显属于应由中央或应由地方立法规定的事项的，即所谓的“剩余立法事项”，连同共同立法事项都可以确立这样的立法原则：中央立法优先。

(4) 在如何确定哪些属于中央专属立法事项、哪些事项由地方专属立法，以及哪些事项可以由中央和地方共同立法这一问题的标准上，目前主要有两大标准可供参考：立法事项的“重要程度”或者立法事项的“影响范围”。所谓“重要程度”标准是指事项本身的重要性，而“影响范围”则是指立法事项是事关全局意义的全国性事务还是仅具有局部意义的地方性事务。中央与地方立法事项划分的基本依据和标准，主要应是其“影响范围”而并非其“重要程度”。

最后，从我国中央地方立法权力关系的演变看，特别是新中国成立后，尽管不同历史时期地方权力大小各异，但相对于中央立法权，地方立法权是逐步扩大的；在中央立法权缩减的同时，地方立法权总体来说是呈扩张趋势的。当中央和地方立法关系依法律确定之后，地方立法权逐步扩大的趋势是一个值得肯定的、健康的发展趋势。

第一，扩大地方立法权是指应该让地方立法享有更大的自主或自治空间，改变以往那种将地方立法完全从属于中央立法的做法，在处理中央和地方立法关系时不再从中央集权的模式思维出发，继续在“放权”与“收权”的误区中徘徊。这样既符合我国《宪法》规定的充分调动中央和地方两个积极性的原则，同时也能够实现《立法法》所意欲突破(如关于地方先行立法的规定)而未能真正突破旧有模式的冲动。地方立法权的扩大对中央立法权威非但不构成挑战，反而有助于中央立法集中精力提升其自身的立法质量，并通过有关监督或责任机制，对地方立法实行更为有效的统制。原因在于，单一制社会主义中国立法权制度的实质问题绝非‘收’或者‘放’立法权，其核心并非是否实行中央和地方的适当分权，而在于如何真正实现适当分权及其目的和价值。①

第二，尽管国家的整体意志和利益是通过中央和地方两级政权形式表达的，但是中央立法作为国家整体利益和社会普遍利益的代言人，与地方作为特定区域民众的特殊利益的代表之间会存在程度不同的冲突与合作。法治社会的一个重要特征是让任何一个利益主体或利益集团的利益诉求都能够通过合法正当的途径予以表达出来，由国家通过某种方式予以回应。简言之，法治社会是一个重视商谈和回应的社会。地方利益的特殊性要求有与之相适应的法律来规范，与地方立法相比，中央立法在满足地方需求方面会稍逊一筹。因此，中央立法以一种更加包容的、开放的姿态尊重这种现状，尊重地方立法的自主权，是法治国家的中央立法应该作出的一种明智的选择。

---

① 徐向华：《中国立法关系论》，浙江人民出版社1999年版，第54页。

第三，地方立法权的扩大是有相应监督和制约的扩大，而非无限制的任意扩张。比如在确定地方立法权的专有事项时应该遵循这样的原则：（1）该事项是本地方特有的，具有本土性和地域性；（2）该事项中央立法不适宜干预，或是因为立法成本高效益低，或是因为中央立法不能适应地方实际情况，即使制定出来也不具操作性和适应性；（3）地方立法不得违背上位法的原则、精神和规定，维护法制的统一性和中央立法的尊严。可见，扩大地方立法权与维护中央立法权威并不冲突，在理解和处理二者关系时同样要运用“亦此亦彼”的综合逻辑思维。

第四，当我们在分析乃至构建合理的中央和地方立法关系时，必然会借鉴西方的某些理论和制度实践，如单一制、联邦制、中央集权和地方分权等。我们在借用这些学术概念时首先要清除因为地方性经验可能赋予这些关键词或理论的地域甚或意识形态的偏见，而更多地关注其经验的意义。如此，才能帮助我们走出之前的误区的同时，防止再坠入新的不可预知的误区，从而为更直接和有效地解决我们真正需要解决的问题做好准备。

二、设区的市立法权及其规范行使——以辽宁省为例

党的十八届四中全会决定提出要明确地方立法权限和范围，依法赋予设区的市地方立法权。2015 年十二届全国人大三次会议修改《立法法》，其中一个重大的修改是对设区的市一级立法权限范围作了限制。《立法法》第 72 条第 2 款中规定：“设区的市的人民代表大会及其常务委员会根据本市的具体情况和实际需要，在不同宪法、法律、行政法规和本省、自治区的地方性法规相抵触的前提下，可以对城乡建设与管理、环境保护、历史文化保护等方面的事项制定地方性法规，法律对设区的市制定地方性法规的事项另有规定的，从其规定。”第 82 条规定：“省、自治区、直辖市和设区的市、自治州的人民政府，可以根据法律、行政法规和本省、自治区、直辖市的地方法规，制定规章。”这是我国立法体制的一次重大调整和改进。

全面推进依法治国战略的实施，要求各级政府无论是从事经济建设还是推动社会事业发展，都要做到有法可依。辽宁省也不例外，尤其在东北老工业基地振兴需要重新蓄力并寻求新的发展模式之关键时期，法治应是新的振兴与发展模式的必备要素。《立法法》赋予较大的市以地方立法权可谓恰逢其时，这可以更好地保证或满足地方各级政府尤其是设区的市经济社会发展所需要的法律规范的供给。当然，任何制度在其实施伊始都会出现各种问题，而且任何权力的行使都需要加以规范，因此，辽宁省所辖的设区的市人民政府在行使《立法法》所赋予的地方立法权时，应该注重各种制度的建立和完善，规范和约束立法权的行使，以确保立法在法治政府建设以及推动东北老工业基地振兴中的功能。

（一）《立法法》赋予设区的市以地方立法权的背景

设区的市依法被赋予地方立法权，这是近年来我国立法体制的一次重要调整，而这一调整显然有着重要的时代背景。有学者认为，赋予设区的市以地方立法权，是更好地完善中国特色社会主义法律体系的需要，是健全我国现行立法体制的需要，也更有利于调动地

方积极性、主动性，妥善处理好中央与地方的关系。① 这一论述准确地概括了新时期赋予设区的市以地方立法权的背景与意义。

背景一：全面推进改革开放的大背景下，中央和地方关系进一步调整，地方自主、自治空间得到进一步拓展。《宪法》第3条第4款规定："中央和地方的国家机关职权的划分，遵循在中央的统一领导下，充分发挥地方的主动性、积极性的原则。"中央和地方关系的调整尤其是地方权力的逐渐拓展，是改革开放的主线之一。此次设区的市地方立法权的赋予，可以视为这一主线的延续。

背景二：党的十八届四中全会做出全面推进依法治国的战略决议，推动法治国家、法治政府和法治社会一体建设，立法在全面推进依法治国进程中发挥着举足轻重的作用，尤其是地方立法体系健全和地方法治政府建设需要更具针对性的地方立法。王春业认为，相比较于中央立法，地方立法者更易于准确把握地方的特殊性，而且赋予了设区的市以地方立法权，地方可以及时构建符合市场要求的有序规则，为本地的经济发展提供有序性与稳定性的行为规范，满足本地各类经济主体的需要。② 赋予设区的市以地方立法权可以视为更好地落实全面依法治国战略，使立法更具针对性的重要举措。

（二）辽宁省设区的市人民政府地方立法权的行使情况

辽宁省十二届人大常务委员会第二十一次会议决定：丹东、营口、盘锦、葫芦岛、阜新、锦州、朝阳、辽阳、铁岭九个设区的市人大及其常委会自2015年10月1日起可以开始制定地方性法规。上述九个城市的人民政府也可以开始制定政府规章。在查阅辽宁省人民政府关于市级政府规章的文件公示过程中，我们发现目前制定过政府规章的只有沈阳、大连、鞍山、抚顺、本溪五个过去所谓的"较大的市"，即自2015年10月至今，辽宁省九个设区的市级人民政府还并未行使过制定政府规章的权力。鉴于此，对于设区的市人民政府地方立法权的行使情况，我们将主要结合五个较大的市的政府立法以及九个设区的市政府以往制定的规范性文件情况进行分析。

以沈阳市与大连市为例，这两市的政府规章自其被设立为"较大的市"以来就一直在不断增加，总数远远多于其他设区的市。沈阳市人大自2011年至今制定的地方性法规涉及生活垃圾、妇女权益、集体合同、公共体育设施、残疾人保障等各个方面，而其同时期的政府规章则规定了关于农民工工资、献血、棋盘山风景管理、防灾减灾等事项，近五年来沈阳市地方性法规与政府规章并没有直接相互关联的内容。同样，近几年来大连市人大制定的地方性法规与政府规章也鲜有内容直接相关的情况，其中只有2015年大连市人民政府制定的《实施〈计划生育条例〉办法》是倾向于法律法规的实施性规章。其他较大的市也存在相似的问题。从其他设区的市并未开始制定政府规章这一点也不难得出结论：无论是所谓"较大的市"还是设区的市，政府规章的制定都不应抛弃其"执行其他法律、行政法规、地方性法规而制定"的功能，而从辽宁省目前地方性法规与地方政府

---

① 孙良胜、李艳中：《立法赋权于设区的市——从背景、理论到实践的探究》，载《岭南学刊》2016年第1期，第84页。

② 王春业：《论赋予设区市的地方立法权》，载《北京行政学院学报》2015年第3期，第109页。

规章的关系现状看来，两者之间关系并不密切，更像是不相关的两种立法。

根据网站上的查阅，辽宁省九个设区的市人民政府2011年至2016年所制定实施的规范性文件情况如表2-1所示。

表2-1

辽宁省设区的市	2011—2016年政府规范性文件数量（件）	2015年10月1日以来政府规范性文件数量（件）
盘锦市	184	55
阜新市	214	50
营口市	122	54
葫芦岛市	132	47
辽阳市	167	51
朝阳市	96	41
丹东市	215	54
锦州市	75	18
铁岭市	138	21

从这些数据的对比我们不难发现：辽宁省九个设区市中的大部分市在2015年10月1日至今的这段期间内所制定的规范性文件都要多于其他相等时间段内所制定文件的数量。虽然各设区的市由于一些不可知的原因还并未开始制定地方政府规章，但是其立法的需求却已经从其规范性文件数量的增加上表现出来了。另外，这些政府规范性文件涉及了社会生活的方方面面，大多数内容翔实而细致，但也不乏一些文件缺乏应对问题的具体措施，内容较为空洞，并不具备政府规范性文件的必要特征。

相较于辽宁省五个较大的市政府规章与地方性法规的"脱轨"，这九个设区的市的政府规范性文件的内容反而与其他法律法规联系更为紧密。地方政府规章从某种程度而言可以被视作"具有真正法律意义的规范性文件"，可是实际上，一旦地方政府享有了制定规章的立法权就开始一味想要发挥自身"主观能动性"，却偏离了正确的立法初衷。

（三）设区的市人民政府地方立法权行使存在的问题

第一，立法人才匮乏与立法质量保障问题。立法是一项极具技术性的工作，是法律体系技术、规范技术和语言技术的综合运用，它要求立法者具备极强的书面语言表达能力、法律价值冲突的平衡能力、严密的逻辑构造能力、对整个法律体系的理解和具体规范的领悟能力等。我国各设区的市立法人才储备并不充分，这无疑对地方立法工作而言是一严峻考验。辽宁省也不例外。据秦前红教授调查，在我国具有地方立法权的地方人大常委会委员中，具有法律知识背景和法律实践经验的不超过10%。在专门从事立法工作的法制委员会以及为立法服务的工作机构中，这个比例也罕有超过25%的。① 地方政府的相关人才比例显然更低。人才储备不足，加之立法经验缺乏，这些都使得辽宁省设区的市政府的立法质量难以有充分的保证。尽管通过监督和备案审查机制，国务院、辽宁省人民政府和设区的市人大常委会可以对设区的市政府立法加以监控，但是随着设区的市立法数量的增多，上述机构能否有足够的精力进行立法质量的监督保证，也是值得怀疑的。

第二，地方立法程序的规范化问题。科学的立法程序对于保证立法质量以及立法科学性和民主性而言至关重要。《立法法》第 83 条规定，国务院部门规章和地方政府规章的制定程序由国务院规定。当前，能够作为设区的市政府立法程序规则依据的除了《立法法》外，主要是2001 年国务院制定并于 2017 年修改的《规章制定程序条例》和辽宁省人民政府颁行的《辽宁省人民政府制定地方性法规草案和规章程序规定》。这两个规范性法律文件对于规章制定的整个过程，包括立项、起草、审查、决定与公布、解释、备案等环节作了全面的规定。这两个规范性文件可以作为辽宁省设区的市政府立法的程序性规则依据。

但是，设区的市地方立法无论是人大及其常委会的立法还是政府的立法，都有一定的特殊性，需要更为直接的或更具针对性的程序性规则来加以规范。尤其在如何更好地保障社会公众的参与方面，设区的市人大与政府在立法过程中应该设置更为明确和可行的规则。显然，这一方面的规则也是缺乏的。例如，辽宁省设区的市政府立法时一般会向社会公布“征求意见稿”，但对于社会反馈的意见是如何处理的以及应该如何处理反馈，则缺乏明确的规定。

公众参与立法的主要途径就是立法主体通过组织听证听取人民群众对于立法的意见与建议。听证制度在实施中最大的问题就是看似完备实则缺乏具体实施的动力因素及监督机制。真正完成一次听证活动是需要有关部门付出相应的时间成本及物质成本的，因为真正有效运转的听证制度需要有关部门与群众组织建立起紧密的联系，即真正做好群众工作。我们在强调一切立足于群众的同时也应在具体的工作安排及部门设置上体现这一点。另外，由于听证制度多年来落实情况不佳，使得此项制度与人们生活距离较远，公民参与度较低，而且效果并不突出，这很大程度上影响到了地方立法的民主性与科学性。

第三，重复立法及立法冲突问题。虽然赋予设区的市以地方立法权有助于更好地推动地方自我治理，是法治精细化的体现。但是立法主体的多元，也可能导致重复立法和立法冲突现象更为突出。我国现行的立法体制是“一元两级多层次”，中央和地方立法职权“职能同构”，地方不存在专属立法事项。《立法法》规定的设区的市可以就城乡建设与管理、环境保护、历史文化保护等方面的事项进行立法，并不意味着这些立法事项只能由设区的市立法机关来制定规范性法律文件。中央立法、省级人大及其常委会和省级政府同样有权对上述事项加以立法调整，而且作为上位法，设区的市立法不能与上述立法相抵触。在上位立法不断改进的趋势下，设区的市如果仅仅是为了立法而立法，那么将不可避免地出现“无意义的废法”或重复立法，这显然是对立法资源的浪费。

再者，设区的市人大及其常委会与人民政府之间的立法权限该如何区分和衔接，立法

---

① 庞凌：《依法赋予设区市立法权应注意的若干问题》，载《学术交流》2015 年第 4 期，第 88 页。

职责该如何精细分工都是有待解决的问题。调研过程中，我们比较了辽宁省各设区的市地方性法规与政府规范性文件内容之间的涉猎，发现不仅内容不具有相关性，针对某具体事项究竟应该制定地方性法规还是政府规章也具有一定的随机性，将地方性法规与政府规章的地位基本混淆。以沈阳市为例，现可查阅到其两项政府规章《沈阳市生态保护红线管理办法》《沈阳市国有土地上房屋征收与管理办法》，这两项规章同时期都没有相关的地方性法规出台，文件开头所依据的法律法规分别是我国《环境法》与国务院颁布的关于土地征收的相关条例。这两项政府规章所涉及的内容都是与全体公民利益相关并且会对社会产生十分重大影响的事项，完全应该启动立法程序，制定地方性法规。由此诸多相似事例可见，设区的市立法权的放开最重要的还是要明确地方人大与政府之间的立法界分。

第四，地方保护主义法律化的问题。在《立法法》修改之前，许多设区的市争相成为“较大的市”，一个重要原因就在于“较大的市”拥有的地方立法权可以为其部门利益甚至个人利益披上合法的外衣。而且一些地方政府官员急功近利，将个人政绩或短期利益作为立法的出发点，这些都损害了地方立法的科学性。地方立法在很多情况下成为实施地方保护的不当工具。修改后的《立法法》之所以赋予设区的市以地方立法权目的是为了让各地方政府在某些事项上有更大的自主空间，而不是使地方立法权成为自我封闭或地方保护的工具。近年来，随着国内区域经济社会一体化进程的推进，辽宁省也推出了相应的区域发展规划，意在减弱市级尤其是设区的市这一级行政区划对市场要素在更大范围内优化配置的负面影响。然而，受传统的发展思维和模式的影响，各设区的市在行使地方立法权过程中仍存在使地方保护主义法律化的可能性，这是需要注意避免的。

（四）规范设区的市人民政府地方立法权行使的建议

第一，建立高素质的专业立法工作者队伍。设区的市政府立法质量保障和立法权规范行使，首先依托于高素质的专业立法队伍的建立。对此，可采取如下措施来逐步实现：一是增加政府从事法制工作尤其是立法工作岗位的编制数量，通过公开招考方式遴选立法人才；二是各设区的市政府尽快建立和实施立法专家顾问制度，聘请从事立法研究的学者和有着立法实务经验的工作者作为专家顾问。

除了设区的市政府自己建立立法工作人员队伍外，还可以通过委托与招标等方式，与有关高校或科研院所进行合作，将一些立法工作任务交由相应的组织和专家来完成。对此，设区的市或者辽宁省政府可以有意识地建立立法专家人才库，培育若干立法研究与实务团队。在设区的市政府需要之时，能够提供有效的立法咨询服务或承担相应的立法工作任务。

第二，建立党委、人大、政府协调联动机制。设区的市地方立法权的完整、正确行使是一项综合性极强的工作，需要地方党委、人大与政府之间的相互配合、共同致力。立法工作要始终坚持党的领导，地方党委在立法工作中要充分体现其领导地位，是立法工作的推动者和引领者，统筹兼顾各项重大问题，把握立法工作的大方向，协调各方利益。地方人大及其常委会是地方国家权力机关，在设区的市地方立法中应当发挥主导作用，同时对地方政府的立法行为有监督职权。地方政府在立法工作中起到配合者的作用，积极协调配置资源，做地方性法规最有力的执行者，同时也要保证市级政府规章与地方性法规的统一性与补充性。因此，设区的市有必要就立法工作建立专门的协调联动机制，无论是人大还是政府立法都及时地启动这一机制，实现良好的协调同时也有助于监督政府的立法活动，厘清设区的市地方性法规与地方政府规章的权限，保证和提高设区的市政府的立法质量。

第三，厘清设区的市地方性法规与地方政府规章的权限界分。《立法法》第 82 条规定："地方政府规章可以就下列事项作出规定：（一）为执行法律、行政法规、地方性法规的规定需要制定规章的事项；（二）属于本行政区域的具体行政管理事项。应当制定地方性法规但条件不成熟的，因行政管理迫切需要，可以先制定地方政府规章。"本条规定旨在强调地方性法规相较于地方政府规章的优先性，并且将地方政府规章限定于地方性法规的执行者和补充者角色。然而，由于该规定内容具有很大的弹性空间，立法实践中容易导致地方政府规章的范围在实际上被不当扩大，因此有必要进一步明确设区的市地方性法规与地方政府规章各自的权限范围。

需要指出的是，地方性法规调整的范围应是涉及本行政区域内大多数公民利益或增加公民义务，或要求公民普遍性遵守等事项。例如，涉及行政区域内国家机关的事项，妇女、儿童、老年人、残疾人权益保障、社会团体的组织与职权等。而对于地方政府规章所涉及事项范围的规定则应更加详细与明确，同时增加一些排除性设定。例如制定地方性法规条件尚不成熟，但又迫切需要加以规范的事项，涉及具体管理事务、办事流程、工作规范的事项应制定地方政府规章，而那些尚未制定地方性法规且有条件制定的，并且影响较为广泛的事项则应禁止制定地方政府规章。

第四，保障公众真正参与设区的市政府立法。学者王春光认为："在立法领域中，广泛的民众参与不仅是立法民主化的集中体现，更是法律获得正当性的基本依据。我国立法领域中应增强立法的透明度、拓宽民众参与渠道、落实民众的参与权。这是我国法治进程中实现民主立法、提高立法质量和增强法律实效的根本途径。"① 公众参与立法是我国立法活动中的一项重要原则，这有助于更好地实现立法的民主性与科学性。公民参与立法的主要途径包括听证会、座谈会和公开征求意见等方式。设区的市政府立法与公众的利益直接相关。辽宁省各设区的市在立法过程中应当将公众参与机制真正落到实处，而不能流于形式，尤其是对于公众参与过程中所反映的意见和建议，应当有反馈和说明程序及相应的保障机制。

第五，建立和实施设区的市立法评估机制。立法评估是保证立法质量的一项重要机制。立法评估的标准一般包括：合法性标准、合理性标准、协调性标准、时效性标准、技术性标准。对于设区的市地方立法评估而言，应侧重于评估其合法性以及技术性。合法性是所有立法活动的底线原则。所有的法律法规都不能与宪法及其上位法的具体条文及原则相悖，否则被视为无效的法律。技术性则主要强调该项法律文件所使用的格式、法律语言是否规范，表达是否清晰无歧义等。立法评估的主体既可以是省级和设区的市人大及其常委会，也可以是省级和设区的市政府，还可以是政府委托的社会组织。立法评估的周期可以设定为两年。如果评估周期太短，设区的市立法并未有实质性实施，则评估无法进行；如果周期过长，定期评估则失去了其跟踪性与时效性，也缺乏意义。

---

① 王春光：《民众参与立法是法的正当性之基础》，载《法学杂志》2002 年第 2 期，第 41 页。

第六，建立立法责任制度。在立法评估制度基础上，全国人大及其常委会或省级人大常委会、国务院或省级政府可以尝试建立立法责任制度，对于设区的市政府立法不作为或乱作为现象予以惩戒。《立法法》修改后明确赋予了所有设区的市地方立法权，在一定的过渡期间之后似乎这种权力是永久性的、无条件的（在下次法律修改之前）。这并不利于地方行使立法权能够足够严格与谨慎。可以考虑在法律中增设“撤销设区的市立法权的情形”，作为设区的市的立法责任机制。例如，省级人民政府对设区的市政府立法进行评估之后，可将各设区的市级政府的立法情况或效果按照一定标准评级或排名。在连续评估中，评级或排名都靠后的设区市予以通报批评或给予其他处分。如果在国务院的抽查评估中结果不佳，可以建议省级人大常委会直接撤销其立法资格。又如，在一定较长期间内都没有立法活动的设区的市，也可以撤销其立法资格。与此同时，还可以建立地方立法的个人问责制，将设区的市人大及其常委会和政府主要领导和直接主管领导，作为立法不作为或乱作为问责对象，以促使设区的市政府立法权更好地得到行使。

三、我国立法体制的完善与立法责任制度的建立

（一）立法责任：作为一种独立的法律责任

在确立中央和地方立法关系过程中，尤其在走出“集权与分权”“放权与收权”的误区时，有效的法律规则是必不可少的。而规则的存在和作用发挥又需要借助于某些机制予以保障。“惩罚是维持规则存在的现实力量。”① 的确如此，惩罚机制是规则存在的基础性保障，缺乏惩罚机制的规则即使被国家有关机关制定并颁布，也基本上逃脱不了名存实亡的命运。法律责任与惩罚机制互为表里、密不可分，因为惩罚机制往往是依附于法律责任之上的，二者属于典型的“皮之不存、毛将焉附”的关系。由此可以推知：任何规则的制定都必须附随相应的法律责任机制的建立。而且，既然立法需要规则，那么也就意味着立法过程同样也离不开某种法律责任机制的规制与保障。

关于法律责任的含义，大致可以理解为：第一，法律责任首先表现为一种因违反法律上的义务关系而形成的责任关系，法律义务是法律责任产生的前提条件。第二，法律责任还表现为一种责任方式，当行为人没有按法律义务的规定进行行为（包括作为和不作为），即承担不利后果。第三，法律责任具有内在逻辑性，因为行为人在行使意志时有选择的自由，他是自由行为结果的创造者，所以他须为自己的行为后果负责。第四，行为人承担不利后果客观上保护了相对人的权利。第五，法律责任的追究是由国家强制力实施或者潜在保证的。

对于法律责任的分类，目前法理学界并没有形成一致观点。陈金钊教授认为，依据法律责任的行为性质的标准，可将法律责任划分为：刑事法律责任、行政法律责任、民事法律责任、经济法律责任、违宪责任与国家赔偿责任六种。② 总之，在这些权威的法理研究

① 桑本谦：《私人之间的监控与惩罚——一个经济学的进路》，山东人民出版社 2005 年版，第 5 页。

② 陈金钊：《法理学》，山东大学出版社 2008 年版，第 173 页。

者那里我们并没有找到与立法有关的法律责任类型。那么，立法责任是否可以作为一种独立的法律责任类型？答案应该是肯定的。

一是如果认为法律义务是法律责任产生的前提，那么立法能否视为一种法律义务而且自然地伴随相应的法律责任呢？固然，立法对于立法主体而言首先是一种职权。但是如果对考察的视角进行一下切换，会发现：

（1）现代法治国家或以法治为追求的国家都信守着“主权在民”的政治理念，即国家主权以及由主权所衍生出的一切实际权力都归人民所有，其正当性或合法性根基于人民。立法权是国家主权所衍生出来的首要的权力形式，它同样也源自并服务于人民。换言之，人民是立法权的所有者并委托立法者行使，立法者只不过是立法权的使用者或人民的代理人。从这个意义上讲，立法者行使立法权是在履行人民委托的代理义务，而有义务自然应该伴随相应的责任。

（2）任何权力的运行都要负担着相应的责任制约机制。责任对权力的制约是基于权力与责任不可分离的原则而存在的，任何权力主体都承担各自权力所引起的相应的责任。”① 因此准确地讲，立法权是一种职责性的或者需负担责任的权力。

二是立法实践中的确存在立法主体不遵守立法原则或规则的各种现象，其对社会发展的影响是非常直接、非常广泛、非常深远，当然也是非常恶劣的。这些现象包括立法不作为、立法乱作为，或者学者们经常批评的中央立法权异化和地方立法保护主义等。所有这些立法过程中立法者的不法现象急需要建立相应的责任机制予以约束和惩罚。

三是根据郭道晖教授的观点，法律责任的实质在于通过事前警示和事后的强制追究当事人过错、补救被损害的权益，以维护国家主权者所要求建立的社会秩序，保障社会整体利益与个体利益。它具有道义性和功利性的双重价值。立法责任作为一种法律责任类型或责任机制，其直接目的是约束立法权的运行，以实现立法向社会输出良好规则的制度功能，而最终目的是维护良好的社会运转秩序，以增进人民的福祉。

（二）建立立法责任制度的必要性

首先，我国中央和地方立法实践中存在的问题，尤其是对相关立法原则或规则的违反需要建立相应的责任机制予以约束和惩罚。就中央立法而言，“一个最大的问题就是中央立法过分集权但却并不真正拥有足够的权威和支配性权力”。其具体表现在：（1）全国人大常委会立法对全国人大立法的僭越；（2）中央政府立法权对国家立法权的分解与削弱；（3）中央立法权的部门化导致立法成为部门利益法定的工具、激发立法过程中的“寻租”和“创租”行为、滋生“立法膨胀”和“立法打架”现象，等等。而地方立法过程中同样存在不少问题，比较有代表性的如：地方立法形式主义，即从文本上大量搬抄中央立法、立法盲目追求“大而全”或“面面俱到”；所谓“良性违宪”现象时有发生，即使其中包含实质合理性因素，但它显然违背了立法的法治化原则；地方保护主义现象严重，像“政策大战”、地方封锁和人力资源流动的属地保护等屡见不鲜，等等。这些问题的存在很大程度上正是因为立法责任制度的缺失。

---

① 公丕祥：《法理学》，复旦大学出版社 2002 年版，第 215 页。

其次，我国现有的立法监督制度无法有效地避免中央和地方立法实践中各种弊端的出现，也很难有效地解决这些问题。任何个人、社会团体和国家机关都可以成为广义上的立法监督主体，在监督方式上包括事前监督和事后监督。遗憾的是，我国立法监督体制并没有发挥也难以真正发挥其功能。原因是多方面的，其中最主要的有三点：（1）监督主体过于广泛，缺乏一个专门的、独立的中央与地方立法监督机关。全民式的监督往往等同于没有监督，因为除立法的专业性之外，经济学上所讲的“集体行动的困境”同样在立法监督主体身上得以真实地反映。（2）当前监督手段主要包括批准、备案审查、改变和撤销等，可以看出，这些所谓的监督手段都是立法机关系统内的监督，而且这些监督手段缺乏相应的责任制度相配套。这种情形下，我国所建立的所谓的多元化和多角度的立法监督体系只不过是华丽的摆设品。（3）更为重要的是，法律所规定的立法监督主体缺乏有力度的、利益上或制度上的激励和保障，去启动立法监督程序。

最后，合理的中央和地方立法关系的确立同样需要立法责任制度。因为当前中央和地方立法中存在的许多问题都直接影响到中央和地方立法关系，或者说许多问题本身就存在于中央立法和地方立法相互作用过程之中。其中最典型的便是部门规章和地方性法规之间的立法冲突。《立法法》虽然规定了部门规章和地方性法规发生冲突时的解决机制，但这无法从根本上预防和制止这一现象的反复出现，且在许多情况下，作为中央立法的部门规章或作为地方立法的地方性法规坚持从本部门或本地方的局部利益出发，不顾可能导致的立法冲突或混乱，恶意制定部门利益色彩或地方利益色彩很浓的规范性法律文件，这严重损害了国家立法权的权威。对此，现行的监督机制和裁决机制同样是束手无策的。这就需要建立起一套有效的立法责任制度予以规范、约束甚至惩罚。

（三）承担立法责任的原因和方式

与一般社会主体违反法律规定要承担法律责任相类似，立法主体承担立法责任的基本原因也应该是其违反了本应遵守的立法原则或规则。至于承担立法责任的具体方式，结合我国现有法律、法规的相关规定，可从以下四个方面予以设置：

一是从立法主体及其工作人员的角度。在我国，无论是中央立法主体还是地方立法主体，要么是由人民选举的代表所组成的权力机关，要么是由公务员所组成的行政机关，根据宪法规定，公民对于任何国家机关和国家机关工作人员的违法失职行为有向有关国家机关提出申诉、控告或者检举的权利。如果立法机关存在立法不作为或乱作为等现象，公民可以通过人民代表大会罢免其选出的代表，甚至更换享有立法权的人民法代表大会的所有代表，也可以向有关机关或代表进行质询，而立法机关的负责人或有关代表等应该对公民的质询给予答复，如果公民不满意的，符合法定条件的，该机关的负责人或有关代表等应该引咎辞职。

二是从立法权的角度来规定。这里主要指授权立法的立法权，如果受权主体未按授权目的和范围要求而滥用立法授权或不积极行使立法授权，授权主体可以剥夺该授权，即收回授权。

三是从立法权行使的结果来规定。即对于立法主体违反立法原则或规则所制定出的规范性文件，有关机关可以予以撤销或宣布其无效。

四是从其他方面予以规定，如可以借鉴美国通过财政手段对立法施加影响的做法。如果有关立法主体无视立法原则或规则，可以考虑建立财政惩罚制度，即在财政拨款或财政转移支付等方面对立法主体进行惩罚等。

当然，立法责任制度建立涉及许多理论性和制度性的问题，除上文提到的几个问题需要讨论外，由哪一机关进行裁决同样是个重大的理论难题，以及由于在我国享有立法权的人民代表大会及其常委会是该级国家政权的权力机关，如何又能让其承担责任，等等。这些都需要更深入地思考和研究。

总之，建立合理的中央和地方立法关系是一项系统而复杂的任务，既需要我们对此保持足够的信心和耐心，又需要在适当的时候及时地改进或建立某些制度或机制，以更好地推动中央和地方立法关系法治化以及完善我国的立法体制。

操作题

开展实地调研或者网上材料搜集。

（1）选取某个较大的市为对象，汇总近五年的立法情况。

（2）选取某个省的设区的市为对象，汇总自享有地方立法权以来的立法情况，在此基础上比较和思考较大的市与设区的市立法制度，尤其反思较大的市立法制度存在的意义。

本章小结

中央和地方立法权限的划分是立法体制的核心所在。构建我国合理的中央和地方立法关系必须走出“集权和分权”“放权和收权”两大误区，同时从法律上明确界定中央和地方立法事项，并扩大地方立法权限。2015年修改后的《立法法》赋予设区的市以地方立法权，这是我国立法体制的一次重大调整。考察辽宁省设区的市政府的立法情况，有关政府尚未有效地行使新获得的立法权。参考较大的市以往立法情况和设区的市政府规范性文件的制定情况，辽宁省各设区的市政府在今后开展地方立法时，面临着立法人才缺乏、程序规范性不足等问题，需要有针对性地加以改进，包括立法人才队伍的建设、地方性法规和地方政府规章权限的厘定以及立法责任机制的建立等。探索建立立法责任制度是完善我国立法体制，尤其是确立中央和地方立法关系法治化的重要手段。

复习思考题

1. 简述我国宪法和立法法对中央和地方立法关系的规定。
2. 试述我国中央和地方立法关系的改进。
3. 如何评价我国较大的市立法制度。
4. 就如何规范设区的市立法权的行使提出你的看法。

第三章

立法程序

学习目标

理解立法程序的含义，理清立法程序与立法过程之间的关系；掌握我国法律、行政法规、部门规章的制定程序；了解公众参与立法的途径以及其带来的法治意义。

材料引入

中国山东网枣庄频道2016年9月20日讯（记者 张凯丽） 20日上午，解读《枣庄市人民政府规章制定程序规定》新闻发布会在枣庄市人民政府新闻发布厅举行。会上，市政府法制办副主任周鹏介绍了政府立法程序。周鹏举例，比如市政府某部门计划制定《某某管理办法》，需要经过很多法定程序：

每年10月份，市法制办将向社会公众和市直部门征求下一年度立法项目。该部门要制定《办法》，就要向市法制办提交立项申请表。根据立法申请，我们将邀请有关部门和专家、学者召开立项论证会，根据论证结果，拟定市政府规章年度制订计划，报经市政府常务会议审议通过后颁布实施。如果《办法》纳入年度计划，该部门应当及时组织起草。起草可以单独起草，也可以联合其他相关部门起草，或者委托第三方起草。初稿形成后，要在本系统内征求意见，形成征求意见稿。期间，可以邀请市法制办组成联合调研组进行调研。根据调研和公开征求的意见进行修改完善，经该部门负责人会议讨论通过后，形成会签稿，送有关部门会签，形成送审稿。最后，经主要负责人签署后，将送审稿等相关材料报市法制办进行合法性审查。

市法制办将对送审稿等进行审查，并通过网站等向社会公开征求意见。必要时可以召开座谈会、听证会、协调会以及再次启动调研程序。经对送审稿进行修改完善后，形成《办法》草案和审查报告，报市政府审定。《办法》草案提交市政府常务会议审议通过后，由市长签署市政府令，正式对社会公布，一般30日后施行。期间，我们还要将《办法》报上级机关备案审查，并会同该部门召开新闻发布会进行解读。

周鹏说为了保证立法效率，市政府法制机构对政府立法进行总体协调，合理确定每个立法项目的时间进度，对政府规章的起草、调研、审查、审议等做好时间安排，促使政府立法工作有序推进。

思考：立法程序对于保证立法质量具有怎样的作用？法规的制定和规章的制定存在怎样的区别？

一、立法程序概述

在界定立法程序的含义时，我们应当注意对立法程序的主体、立法的内涵和外延、立法程序严肃性等问题的把握，并注意对程序一词含义的解释。周旺生教授认为："立法程序是指立法主体制定、认可、修改、补充以及废止法的活动时应当遵循的法定步骤和方法。"① 这一界定既涵盖了立法运作主体、立法的内涵与外延，而且还强调了立法程序的严肃性以及对"程序"一词的解释。在我国，《立法法》对立法活动中各个阶段的具体程序步骤都有着明确的规定，由于国家、国家政权结构的不同，各个国家对立法活动中立法程序的规定上也都存在着差异。立法程序为立法活动而存在和设立，离开实体的程序将没有意义。同样，立法活动也离不开特定的程序，否则立法活动将无法开展。

立法程序作为立法活动中特定主体所须遵循的法定步骤和方法，它是贯穿于整个立法活动过程中的。因此立法程序与立法活动过程是紧密相联系的。英语中，立法程序一词既可以写作"Legislative Procedure"，又可以写作"Legislative Process"，主要原因之一也正在于此。立法过程与立法程序虽然关系密切，但它们之间亦存在着区别：立法程序不同于立法过程，周旺生教授认为前者强调的是立法运作的规则性和严肃性，强调立法是一个遵守制度或受节制的过程，而后者强调的是立法的阶段性、关联性以及完整性。此外，还需要我们注意的是立法主体行使立法职权以外的其他职权时所遵循的活动步骤与方法不是立法程序，在立法活动中法律没有规定的或者可有可无的步骤与方法均不属于立法程序，因为立法程序一定是法律规定的且必须遵循的过程步骤。

根据我国《立法法》及相关条文的规定，立法程序主要包括立法准备阶段、由法案到法的阶段和立法完善阶段。其中立法准备阶段包括：（1）确定立法项目程序；（2）采纳立法建议程序；（3）接受立法创议程序；（4）作出立法决策程序；（5）确定法案起草机关程序；（6）决定委托起草程序；（7）起草法案程序。

由法案到法的阶段包括：（1）提出法案程序；（2）法案注册程序；（3）法案列入议程程序；（4）审议法案基本程序；（5）委员会审议程序；（6）大会审议程序；（7）大会报告程序；（8）协调或协商有关问题程序；（9）表决法案程序；（10）复议法案程序；（11）公决法案程序；（12）批准法案程序；（13）法案或法的备案程序；（14）公布法的程序。

立法完善阶段包括：（1）法的修改、补充和废止程序；（2）法的编纂程序；（3）立法解释程序。

从各阶段起的作用来看，立法准备阶段所做的就是为正式的立法活动做准备工作，为正式立法提供条件、奠定基础，立法准备活动是否充分、科学，直接关系所立的法是否成功、科学和是否能行之有效。由法案到法的阶段是立法活动过程中立法主体通过正式的程

① 周旺生：《法理学》，人民法院出版社 2002 年版，第 134 页。

序产生法的阶段，因此它是整个立法程序体系的重点所在，提案、审议、表决、公布四个小阶段通常被理解为狭义上的立法程序。最后一个阶段——立法完善阶段，则是法案变为法之后，为使该法在适用中更加科学、更有利于体现立法目的、能够适合不断变化的新情况的需要，所进行的立法活动和立法辅助工作，它也是立法程序体系中较为重要的一环。上述的三个阶段构成了我国的立法程序体系，立法主体在进行立法活动时必须严格遵守。

二、法律的制定程序

广义上的立法程序包括立法准备阶段、由法案到法的阶段和立法完善阶段。狭义的立法程序仅指由法案到法的阶段。这里所要介绍的法律制定程序是指狭义的立法程序，它具体包括提出法案、审议法案、表决和通过法案、公布法律四个环节或阶段。

（一）法案的提出

提出法案是指由有立法提案权的机关、组织和人员，依据法定程序向有权立法的机关提出关于制定、认可、修改、补充和废止规范性法律文件的提议和议事原型的专门活动。这是立法程序得以展开的前提性、基础性的程序。在美国只有国会议员有立法提案权。在法国，立法提案权属于总理和议员。在意大利，政府、议员、依法享有创制法律权利的机关、5万以上的选民都享有立法提案权。根据我国现行立法法的规定，全国人大主席团、全国人大常委会、国务院、中央军委、最高人民法院、最高人民检察院、全国人大各专门委员会、全国人大的一个代表团或者三十名以上人大代表，可以向全国人大提出属于全国人大职权范围内的法律案。全国人大常委会委员长会议、国务院、中央军委、最高人民法院、最高人民检察院、全国人大各专门委员会、全国人大常委会组成人员十人以上，可以向全国人大常委会提出属于全国人大常委会职权范围内的法律案。

（二）法案的审议

法案提出后，不一定都能列入议程加以审议。在我国，立法提案列入全国人大立法会议议程的具体程序根据提案主体的情况不同而规定为：（1）全国人大主席团的提案，可以直接进入议程；（2）全国人大常委会、国务院、中央军委、最高人民法院、最高人民检察院、全国人大各专门委员会向全国人大提出的法律案，由全国人大主席团决定列入会议议程；（3）由全国人大一个代表团或三十名以上全国人大代表联名提出的法律案，由主席团决定是否列入会议议程，或者先交有关的专门委员会审议、提出是否列入会议议程的意见，再决定是否列入会议议程。立法提案列入全国人大常委会立法会议议程的程序为：（1）委员长会议提出的法律案，直接列入会议议程；（2）国务院、中央军委、最高人民法院、最高人民检察院、全国人大各专门委员会提出的法律案，由委员长会议决定列入常务委员会会议议程，或者先交有关的专门委员会审议、提出报告，再决定列入常务委员会会议议程。如果委员长会议认为法律案有重大问题需要进一步研究，可以建议提案人修改完善后再向常务委员会提出；（3）常务委员会组成人员十人以上联名提出的法律案，由委员长会议决定是否列入常务委员会会议议程，或者先交有关的专门委员会审议、提出是否列入会议议程的意见，再决定是否列入常务委员会会议议程。不列入常务委员会会议议程的，应当向常务委员会会议报告或者向提案人说明。

审议法案是指由有权机关通过一定的程序和方式，对列入立法会议议程的法律案进行审查与讨论的活动。审议法案工作的主要内容包括：该法案是否符合社会立法需求，以及此时立法所需的条件是否具备、立法时机是否成熟，还有法案本身的形式与内容是否符合相应的要求，如是否合乎有关法律和政策要求以及立法技术要求等。根据我国《立法法》的规定，对列入全国人大会议审议的法律案，先由全体会议听取提案人关于法律案的相关说明，再由各代表团召开全体会议和分组会议进行审议，然后由各专门委员会进行审议并向主席团提出审议意见，最后由法律委员会根据各代表团和有关的专门委员会的审议意见，对法律案进行统一审议，向主席团提出审议结果报告和法律草案修改稿，对重要的不同意见应当在审议结果报告中予以说明，经主席团会议审议通过后，印发会议。

（三）法案的表决和通过

列入常务委员会会议议程的法律案，一般应当经3次常务委员会会议审议后再交付表决。常务委员会会议第一次审议法律案，在全体会议上听取提案人的说明，由分组会议进行初步审议。常务委员会会议第二次审议法律案，在全体会议上听取法律委员会关于法律草案修改情况和主要问题的汇报，由分组会议进一步审议。常务委员会会议第三次审议法律案，在全体会议上听取法律委员会关于法律草案审议结果的报告，由分组会议对法律草案修改稿进行审议。列入常务委员会会议议程的法律案，各方面意见比较一致的，可以经两次常务委员会会议审议后交付表决；部分修改的法律案，各方面的意见比较一致的，也可以经一次常务委员会会议审议即交付表决。

法律案在经过法定的审议程序后，如果顺利地形成了表决稿，那么便可以进入立法程序的下一个环节，即经过表决程序并决定法案能否获得通过。表决和通过阶段对于法律案具有决定性意义，它是立法程序中最为关键的环节，直接决定法案的最终命运。根据我国立法法规定，修改稿经各代表团审议，由法律委员会根据各代表团的审议意见进行修改，提出法律草案表决稿，由主席团提请大会全体会议表决，由全体代表的过半数通过。或者法律草案修改稿经常务委员会会议审议，由法律委员会根据常务委员会组成人员的审议意见进行修改，提出法律草案表决稿，由委员长会议提请常务委员会全体会议表决，由常务委员会全体组成人员的过半数通过。

（四）法律的公布

法律的公布是指由法定主体依照一定的程序，将立法机关通过的法律文件向社会予以公开发布的活动。现代法治理念要求法律必须是公开的，法律的公开宣布是立法的必经程序。我国立法法规定，全国人大及其常委会通过的法律由国家主席签署主席令予以公布。

三、行政法规的制定程序

根据我国《行政法规制定程序条例》（2017年修改）的规定，行政法规的制定要经过立项、起草、审查、决定与公布等环节。在名称使用上，行政法规一般称“条例”，也可以称“规定”“办法”等。国务院根据全国人民代表大会及其常务委员会的授权决定制定的行政法规，称“暂行条例”或者“暂行规定”。国务院各部门和地方人民政府制定的规章不得称“条例”。

（一）立项

立项是行政法规制定的首要环节。国务院于每年年初编制本年度的立法工作计划。国务院有关部门认为需要制定行政法规的，应当于每年年初编制国务院年度立法工作计划前，向国务院报请立项。国务院有关部门报送的行政法规立项申请，应当说明立法项目所要解决的主要问题、依据的方针政策和拟确立的主要制度。国务院法制机构应当根据国家总体工作部署对部门报送的行政法规立项申请汇总研究，突出重点，统筹兼顾，拟订国务院年度立法工作计划，报国务院审批。列入国务院年度立法工作计划的行政法规项目应当符合下列要求：(1) 适应改革、发展、稳定的需要；(2) 有关的改革实践经验基本成熟；(3) 所要解决的问题属于国务院职权范围并需要国务院制定行政法规的事项。国务院年度立法工作计划在执行中可以根据实际情况予以调整。

（二）起草

行政法规由国务院组织起草。国务院年度立法工作计划确定行政法规由国务院的一个部门或者几个部门具体负责起草工作，也可以确定由国务院法制机构起草或者组织起草。起草行政法规，应当深入调查研究，总结实践经验，广泛听取有关机关、组织和公民的意见。听取意见可以采取召开座谈会、论证会、听证会等多种形式。起草部门应当就涉及其他部门的职责或者与其他部门关系紧密的规定，与有关部门协商一致；经过充分协商不能取得一致意见的，应当在上报行政法规草案送审稿（以下简称行政法规送审稿）时说明情况和理由。起草行政法规过程中，起草部门应当对涉及有关管理体制、方针政策等需要国务院决策的重大问题提出解决方案，报国务院决定。起草部门向国务院报送的行政法规送审稿，应当由起草部门主要负责人签署。几个部门共同起草的行政法规送审稿，应当由该几个部门主要负责人共同签署。起草部门将行政法规送审稿报送国务院审查时，应当一并报送行政法规送审稿的说明和有关材料。行政法规送审稿的说明应当对立法的必要性，确立的主要制度，各方面对送审稿主要问题的不同意见，征求有关机关、组织和公民意见的情况等作出说明。有关材料主要包括国内外的有关立法资料、调研报告、考察报告等。

（三）审查

报送国务院的行政法规送审稿，由国务院法制机构负责审查。国务院法制机构主要从以下方面对行政法规送审稿进行审查：(1) 是否符合宪法、法律的规定和国家的方针政策；(2) 是否符合《行政法规制定程序条例》第 11 条的规定；(3) 是否与有关行政法规协调、衔接；(4) 是否正确处理有关机关、组织和公民对送审稿主要问题的意见；(5) 其他需要审查的内容。重要的行政法规送审稿，经报国务院同意，向社会公布，征求意见。行政法规送审稿涉及重大、疑难问题的，国务院法制机构应当召开由有关单位、专家参加的座谈会、论证会，听取意见，研究论证。行政法规送审稿直接涉及公民、法人或者其他组织的切身利益的，国务院法制机构可以举行听证会，听取有关机关、组织和公民的意见。国务院法制机构应当认真研究各方面的意见，与起草部门协商后，对行政法规送审稿进行修改，形成行政法规草案和对草案的说明。行政法规草案由国务院法制机构主要负责人提出提请国务院常务会议审议的建议；对调整范围单一、各方面意见一致或者依据法律制定的配套行政法规草案，可以采取传批方式，由国务院法制机构直接提请国务院审批。

（四）决定与公布

国务院法制机构应当根据国务院对行政法规草案的审议意见，对行政法规草案进行修改，形成草案修改稿，报请总理签署国务院令公布施行。签署公布行政法规的国务院令载明该行政法规的施行日期。行政法规签署公布后，及时在国务院公报和在全国范围内发行的报纸上刊登。国务院法制机构应当及时汇编出版行政法规的国家正式版本。在国务院公报上刊登的行政法规文本为标准文本。行政法规应当自公布之日起30日后施行；但是，涉及国家安全、外汇汇率、货币政策的确定以及公布后不立即施行将有碍行政法规施行的，可以自公布之日起施行。行政法规在公布后的30日内由国务院办公厅报全国人民代表大会常务委员会备案。

四、规章的制定程序

规章主要包括国务院各部门制定的部门规章和省级与设区的市人民政府制定的地方政府规章。《规章制定程序条例（2002年）》规定规章的制定程序包括立项、起草、审查、决定和公布等环节。根据规定，涉及国务院两个以上部门职权范围的事项，制定行政法规条件尚不成熟，需要制定规章的，国务院有关部门应当联合制定规章。在名称使用上，规章一般称“规定”“办法”，但不得称“条例”。在形式上，除内容复杂的外，规章一般不分章、节。2017年12月，国务院通过《规章制定程序条例》的修改决定，新修改的《规章制定程序条例》于2018年5月1日正式实施。新条例在规章制定权限和制定程序等方面做了进一步完善，但规章制定程序基本的环节没有变化。

（一）立项

立项是制定规章的首要环节。国务院部门内设机构或者其他机构认为需要制定部门规章的，应当向该部门报请立项。省、自治区、直辖市和设区的市、自治州的人民政府所属工作部门或者下级人民政府认为需要制定地方政府规章的，应当向该省、自治区、直辖市或者设区的市、自治州的人民政府报请立项。根据规定，报送制定规章的立项申请，应当对制定规章的必要性、所要解决的主要问题、拟确立的主要制度等作出说明。

国务院部门法制机构，省、自治区、直辖市和设区的市、自治州的人民政府法制机构，应当对收到的立项申请进行论证，重点论证制定规章的必要性、制定的时机和条件是否成熟等。法制机构可以向社会公开征集规章制定项目建议。对社会公众普遍关注的规章制定项目，法制机构应当与有关单位沟通协商，论证是否列入年度规章制定工作计划。在对立项申请和社会公众提出的规章制定项目建议进行论证的基础上，法制机构拟订本部门、本级人民政府年度规章制定工作计划草案，报本部门、本级人民政府批准后向社会公布。年度规章制定工作计划应当明确规章的名称、起草单位、预计完成时间等。

国务院部门，省、自治区、直辖市和设区的市、自治州的人民政府，应当加强对执行年度规章制定工作计划的领导。对列入年度规章制定工作计划的项目，起草单位应当抓紧工作，按照要求上报本部门或者本级人民政府决定。法制机构应当及时跟踪了解年度规章制定工作计划执行情况，加强组织协调和督促指导。年度规章制定工作计划在执行中，可以根据实际情况予以调整，对拟增加的规章项目应当进行补充论证。

（二）起草

部门规章由国务院部门组织起草，地方政府规章由省、自治区、直辖市和设区的市、自治州的人民政府组织起草。国务院部门可以确定规章由其一个或者几个内设机构或者其他机构具体负责起草工作，也可以确定由其法制机构起草或者组织起草。省、自治区、直辖市和设区的市、自治州的人民政府可以确定规章由其一个部门或者几个部门具体负责起草工作，也可以确定由其法制机构起草或者组织起草。

起草规章可以邀请有关专家、教学科研单位、社会组织等参加，也可以委托有关专家、教学科研单位、社会组织等起草。起草规章，应当深入调查研究，总结实践经验，广泛听取意见。听取意见可以采取书面征求意见、座谈会、论证会、听证会等多种形式。起草规章，应当将规章草案及其说明等向社会公布，征求意见。向社会公布征求意见的期限一般不少于30日。征求意见的情况可以向社会通报。

起草规章，直接涉及公民、法人或者其他组织切身利益，有关机关、组织或者公民对其有重大意见分歧的，起草单位可以举行听证会听取意见。听证会依照下列程序组织：(1) 听证会公开举行，起草单位应当在举行听证会的30日前公布听证会的时间、地点和内容；(2) 参加听证会的有关机关、组织和公民对起草的规章，有权提问和发表意见；(3) 听证会应当制作笔录，如实记录发言人的主要观点和理由；(4) 起草单位应当认真研究听证会反映的各种意见，起草的规章在报送审查时，应当说明对听证会意见的处理情况及其理由。

起草规章，应当书面征求相关部门、地方人民政府的意见，主动征求有关人大代表和政协委员、民主党派、社会组织等的意见。起草部门规章，涉及国务院其他部门的职责或者与国务院其他部门关系紧密的，起草单位应当充分征求国务院其他部门的意见。起草单位与其他部门有不同意见的，应当充分协商；经过充分协商不能取得一致意见的，起草单位应当在上报规章草案送审稿（以下简称规章送审稿）时说明情况和理由。起草地方政府规章，涉及本级人民政府其他部门的职责或者与其他部门关系紧密的，起草单位应当充分征求其他部门的意见。起草单位与其他部门有不同意见的，应当充分协商；经过充分协商不能取得一致意见的，起草单位应当在上报规章送审稿时说明情况和理由。

起草单位应当将规章送审稿及其说明、对规章送审稿主要问题的不同意见和其他有关参阅材料按规定报送审查。报送审查的规章送审稿，应当由起草单位主要负责人签署；几个起草单位共同起草的规章送审稿，应当由该几个起草单位主要负责人共同签署。规章送审稿的说明应当对制定规章的必要性、可行性、规定的主要措施、有关方面的意见以及对重大分歧意见的处理情况等作出说明。有关参阅材料主要包括公开征求意见情况和书面征求意见情况、听证会笔录、调研报告、国内外有关立法资料等。

（三）审查

规章送审稿由法制机构负责统一审查。法制机构主要从以下方面对送审稿进行审查：（1）是否符合上位法规定，是否切实保障了公民合法权益、体现了权责统一原则和改革精神等；（2）是否与有关规章协调、衔接；（3）是否正确处理有关机关、组织和公民对规章送审稿主要问题的意见；（4）是否符合立法技术要求等。规章送审稿有下列情形之一的，法制机构可以缓办或者退回起草单位：（1）制定规章的基本条件尚不成熟的；（2）有关机构或者部门对规章送审稿规定的主要制度存在较大争议，起草单位未与有关机构或者部门协商的；（3）上报送审稿的相关材料不符合规定的。

法制机构应当将规章送审稿或者规章送审稿涉及的主要问题发送有关机关、组织和专家征求意见。法制机构应当就规章送审稿涉及的主要问题，深入基层进行实地调查研究，听取基层有关机关、组织和公民的意见。规章送审稿涉及重大问题的，法制机构应当召开由有关机关、组织、专家等参加的座谈会、论证会，听取意见，研究论证。规章送审稿直接涉及公民、法人或者其他组织切身利益，有关机关、组织或者公民对其有重大意见分歧，法制机构可以向社会公布，征求意见；起草单位在起草过程中未举行听证会的，法制机构可以举行听证会。

国务院有关部门对规章送审稿涉及的主要措施、管理体制、权限分工等问题有不同意见，起草单位应当进行协调，达成一致意见；不能达成一致意见的，应当将主要问题、有关部门的意见和本单位的意见上报国务院决定。省、自治区、直辖市和设区的市、自治州的人民政府有关机构或者部门对规章送审稿涉及的主要措施、管理体制、权限分工等问题有不同意见的，法制机构应当进行协调，达成一致意见；不能达成一致意见的，应当将主要问题、有关机构或者部门的意见和法制机构的意见上报本级人民政府决定。起草单位、法制机构可以邀请专家、教学科研单位、社会组织等对规章送审稿中的重大分歧意见进行评估。

法制机构应当认真研究各方面的意见，与起草单位协商后，对规章送审稿进行修改，形成规章草案和对草案的说明。说明应当包括制定规章拟解决的主要问题、确立的主要措施以及与有关部门的协调情况等。规章草案和说明由法制机构主要负责人签署，提出提请本部门或者本级人民政府有关会议审议的建议。

法制机构起草或者组织起草的规章草案，由法制机构主要负责人签署，提出提请本部门或者本级人民政府有关会议审议的建议。

（四）决定和公布

部门规章应当经部务会议或者委员会会议决定。地方政府规章应当经政府常务会议或者全体会议决定。审议规章草案时，由法制机构作说明，也可以由起草单位作说明。法制机构应当根据有关会议审议意见对规章草案进行修改，形成草案修改稿，报请本部门首长或者省长、自治区主席、市长、自治州州长签署命令予以公布。

公布规章的命令应当载明该规章的制定机关、序号、规章名称、通过日期、施行日期、部门首长或者省长、自治区主席、市长、自治州州长署名以及公布日期。经过修改的规章，还应当依次载明修改机关、修改日期。部门联合规章由联合制定的部门首长共同署名公布，使用主办机关的命令序号。

部门规章签署公布后，及时在国务院公报或者部门公报和中国政府法制信息网、本部门网站以及在全国范围内发行的报纸上刊载。地方政府规章签署公布后，及时在本级人民政府公报和中国政府法制信息网、本级人民政府网站以及在本行政区域范围内发行的报纸上刊载。在国务院公报或者部门公报和地方人民政府公报上刊载的规章文本为标准文本。规章应当自公布之日起 30 日后施行；但是，涉及国家安全、外汇汇率、货币政策的确定以及公布后不立即施行将有碍规章施行的，可以自公布之日起施行。

除了上述四个基本环节外，规章制定之后的备案以及实施一段之后的解释，也应该遵循法定的程序。当规章的规定需要进一步明确具体含义的，或者规章制定后出现新的情况，需要明确适用规章依据的，由制定机关解释。规章解释由规章制定机关的法制机构参照规章送审稿审查程序提出意见，报请制定机关批准后公布。规章应当自公布之日起 30 日内，由法制机构依照立法法和《法规规章备案条例》的规定向有关机关备案。

五、公众参与立法

（一）公众参与立法的原因

民主的形式以及实现民主的方式有很多，而参与是实现民主的基本前提，尤其在代议制大行其道的今天，能否尽可能地保障公民参与国家权力运作过程，是验证一国民主程度的重要标尺。各国都从宪法或法律上确认了公民参与权力（或政治）过程的正当性，如我国《宪法》第 2 条第 3 款规定：“人民依照法律规定，通过各种途径和形式，管理国家事务，管理经济和文化事务，管理社会事务。”立法是公民直接参与国家权力运行的主要场合，也是实现人民主权的根本机制。立法中的社会公众参与问题是近年来讨论得非常热烈的话题之一。在这里，社会公众是一个非常宽泛的概念，它包括了一切不行使国家权力的社会组织和个体。无论是中央立法、地方立法还是区域立法，公众参与都是不可缺少的。所谓立法公众参与，指的是在立法过程中，与立法内容相关的利益主体和一般的社会公众，就立法所涉及的与其利益相关的或者感兴趣的问题，以提供信息、发表评论或表达诉求等形式参与到立法中来的各种行为和制度。

立法活动离不开社会公众的参与。立法权向来是一个国家最基本、最重要的权力之一，而且立法权的归属及其运行方式反映着一国的民主实践状况。孟德斯鸠曾指出：“民主政治还有一条基本的规律，就是只有人民可以制定法律。”① 人民制定法律或行使立法权的方式有很多。在代议制出现后，人民主要通过间接的方式来行使国家立法权，必要时可以通过全民公决这一直接的方式来决定某项法律的存废。无论是间接还是直接方式，人民都应享有充分参与到立法活动中去的权利与自由。原因在于，立法的一个重要任务，“就是民主地、广泛地、正确地集中人民的意志，衡平、兼顾、全面地体现国家、社会和

① ［法］孟德斯鸠：《论法的精神（上册）》，商务印书馆 1982 年版，第 12 页。

人民中不同群体的利益。这项任务……更在于人民的立法参与。如果立法绕过这一程序，此项立法的生命力将大打折扣”①。对于立法过程中公众参与的必要性，姚岳绒曾作过较为系统的论述，认为公众参与立法是立法过程民主化与正当化价值之要求、信息不对称社会中解决信息采集问题之必然、立法结果之适当并且有效之前提，以及代议制度的特点及其缺陷所决定。②

从制度起源来看，公众对立法的参与早在古希腊和古罗马使其就已形成，并且是以公民个体直接参与的形式存在。其中最典型的当属在雅典共和国时期，“公民大会”成了唯一的、最高的立法机关，全国公民都要出席。后来随着代议制民主制度的建立和完善，人民很少再直接参与到立法中去，而是由人民选出的代表组成的代议机关来代表人民制定法律，因此代议制下社会公众对立法的参与主要是间接的。但这并不意味着人民失去了对立法活动的直接参与权和最终决定权，社会公众依然可以通过各种途径直接参与立法，如各种听证会、座谈会和论证会，或者对公开征求意见的法规草案通过信件或网络来表达自己的意见和建议等，从而对立法产生不同的影响。此外，在一些非常重大的问题上，还可以通过全民公决的形式来表达对该项立法的态度。相比较于公众以个体的形式参与立法，各种社会团体或组织对立法的参与所造成的影响则更为显著。尤其在一些民主制度比较成熟、社会团体较为发达的国家和地区，由不同行业或领域且有着大致相同的利益追求的公民个体所组成的各种协会或组织，在政治学上这些协会或组织被称为利益集团，在许多情况下它们甚至能够决定立法文本的内容。以至于美国学者杜鲁门这样来描述这些利益集团的行为和影响：“在美国，联邦、州、地方立法机关的大多数立法会议记录中，充斥着各种组织化集团的阴谋动机和不良行为。媒体也连篇累牍地报道一项立法议案如何由商业集团、教师组织、农民协会、消费者组织、工会或者其他的公民集团提出。”③

（二）公众参与立法的途径或机制

公众参与立法的途径有很多，并且在许多地方立法性法律文件中也大都有所规定，如《江苏省制定和批准地方性法规条例》第38条规定：“列入常务委员会会议议程的地方性法规案，专门委员会或者工作委员会应当听取各方面的意见。听取意见可以采取座谈会、论证会、听证会等多种形式。”

结合我国立法实践，一般将其总结为以下十种：（1）组织公民讨论、广泛征求意见；（2）举行座谈会；（3）来信来访；（4）进行立法调查研究；（5）列席立法会议；（6）举行听证会；（7）立法辩论；（8）立法提议；（9）进行全民公决；（10）立法质询。

此外，依据公众参与立法的行为是否符合法律规定，又可分为合法的参与和非法的参

---

① 姚岳绒：《立法过程中公众参与问题研究》，载徐向华主编《新时期中国立法反思》，学林出版社2004年版，第130页。

② 参见姚岳绒：《立法过程中公众参与问题研究》，载徐向华主编：《新时期中国立法反思》，学林出版社2004年版，第141～147页。

③ ［美］D. B. 杜鲁门：《政治过程——政治利益与公共舆论》，陈尧译，天津人民出版社2005年版，第3页。

与。立法实践中，绝大多数情形下社会公众都是以法律允许的形式参与到立法中来，但也有个别的公民尤其是社会组织通过法律所禁止的或者不正当的形式来参与立法，试图对立法结果产生有利于其自身的影响，例如有的利益集团为了使某项立法能够满足自己更多的利益需求，而通过行贿或恐吓等方式来对参与立法表决的代表或工作人员施加影响，这显然是一种非法的参与，也是应予禁止的。

事 例

公众参与立法的广度和深度是衡量一个国家民主法制建设程度的重要标尺，同时也是影响立法质量的重要因素。公众广泛参与地方立法，能够切实拉近立法机关同人民群众的联系，实现立法决策与公众需求的良性互动。广州市人大常委会在30年的立法实践中，一直重视发挥公众在地方立法中的作用，将引导、推动公众参与地方立法作为加强和改进立法工作的重要内容，建立起较为完备的公众参与地方立法的制度机制。

除召开人大代表座谈会、政协委员座谈会、行政相对人座谈会、专家论证会以及在报纸、门户网站征询意见等“固定动作”外，近年来，广州市人大常委会还充分利用互联网新技术广泛征求公众的意见，不断提升公众参与的便利性与实效性。如2012年5月率先开设立法官方微博，所有立法项目的立法调研、征求意见、常委会审议、公布实施等立法信息，均在立法微博上及时公布，每一个立法项目都将立法内容列为讨论提纲在立法微博中展开讨论、征求意见。2014年8月建立了立法官方微信，面向社会公众提供立法资讯。微信中专门开设了法规审议专区，公众可以提前查阅相关资料和文件，并开展讨论、提出问题，市人大常委会法制工委工作人员将及时予以回应。在全国首开网上立法听证的先河，打破现场立法听证会在时空上的限制，进一步提高公众参与立法的广度和深度。在《广州市社会医疗保险条例》网上立法听证会的过程中，18名陈述人就听证事项进行了充分的陈述和辩论，56位的听证人充分听取了意见，网上点击量高达1220.84万人次，网友参与投票和评论6353人次。

公众有序、有效参与地方立法是当前立法工作的基本要求，广州市人大常委会在拓宽公众参与渠道、提升公众参与实效性方面，提出打造“民主立法的广州品牌”，在公众参与的方式方法上积极探索创新、大胆改革实践，同时在立法过程中积极回应人民群众的期盼关切，赢得了广大市民的充分肯定。

本章小结

立法程序包括广义和狭义两个层面。就全国人大及其常委会立法而言，狭义的立法程序具体包括提出法案、审议法案、表决和通过法案、公布法律四个环节或阶段。根据《规章制定程序条例》之规定，规章的制定程序包括立项、起草、审查、决定和公布等环节。在这里，规章主要包括国务院各部门制定的部门规章和省级与较大的市人民政府制定的地方政府规章。立法活动离不开社会公众的参与，应当建立健全公众参与立法的相关机制。

复习思考题

1. 简述立法程序的含义。
2. 简述法律、行政法规、规章的制定程序。
3. 试述全面推进依法治国背景下，我国立法程序的哪些环节还有完善的空间。
4. 谈谈你对公众参与到立法工作中的认识，思考它能带来哪些积极意义。

第四章

立法辩论

学习目标

准确理解立法辩论的概念；明确立法辩论的价值、原则和程序；了解我国立法辩论制度缺失的表现和原因；把握我国立法辩论制度建构的基本思路。

材料引入

《深圳特区报》2016年2月2日讯（记者 李舒瑜）：今年，市人大常委会将着力优化立法机制，探索立法辩论制度，研究修订听证条例，启动立法评估条例调研工作。昨天上午，市六届人大二次会议举行第二次全体会议，市人大常委会主任丘海在作市人大常委会工作报告时这样表示。

探索立法辩论制度，着力优化立法机制，不断提升立法能力将是今年我市立法工作一个重点。

报告提出，要充分发挥人大立法主导作用，加强立法工作中的组织协调，提前介入调研、起草工作，充分听取人大代表和社会各方意见，发挥好立法调研基地及立法联系点的作用。探索立法辩论制度，研究修订听证条例，启动立法评估条例调研工作。广泛开展立法宣传和舆论引导，营造人人尊法、人人守法、人人用法的社会氛围。

其中，立法辩论制度将是我市立法机制的一个重大创新。法律界人士认为，在立法中引入辩论制度，可以把社会各方面意见和利益最大限度地表达出来，不仅有利于提高立法质量，而且有利于法律的贯彻实施。①

思考：如何理解立法辩论的含义？立法辩论的原则有哪些？立法辩论制度的操作程序是什么？

立法辩论作为国外议会法案审议的一项重要制度起源于英国议会，并为当今世界各国议会所借鉴和效仿。立法辩论所强调的是经由言辞对抗性的论证来实现立法的理性决策，其具有的多元价值维度已被越来越多的人所认可，尽管其在西方议会的制度设计和实践运

---

① 李舒瑜：《探索立法辩论制度 研究修订听证条例》，载《深圳特区报》2016年2月2日，第A3版。

作中也存在一些弊端。在辩论已成为当代西方议会法案审议基本模式的背景下，有必要对我国当前人大立法审议机制进行重新审视，这不仅关涉我国立法机制和程序的建设问题，而且对于我国人民代表大会制度的坚持和完善也大有裨益。

一、立法辩论概述

（一）立法辩论的概念

立法辩论作为一个独立的概念在国外主要有两种表达方式：一是“legislative debate”，二是“debate on bill”，但按照汉语的使用和翻译习惯，前者似乎应是更为合适的选择。在国外，立法辩论是议会辩论的一个重要组成部分。而对“议会辩论”的界定存在三种思路：一是以目的为出发点，如“议会辩论是在合乎议会程序的规则指导下进行的辩论，它的目的在于通过、修正或废弃那些提交给议会的动议和提议”；二是以行为为出发点，如议会辩论是立法机关依据议事规则，围绕一项动议所举行的正式讨论、争辩和表决；三是以形式为出发点，议会辩论是以立法会议形式进行的辩论，不包括民众讨论、舆论宣传、议会小组讨论等形式。在国外议会，根据辩论的主题是否为法案，一般将议会辩论分为立法辩论和非立法辩论。由于当代议会所承担的主要职能是立法，因此立法辩论构成了议会辩论的核心内容，尽管国外关于立法辩论的很多研究成果都是囊括在议会辩论之中，而且很少提及“立法辩论”这一概念。①

在我国，对立法辩论问题提及最多的是政治学领域的学者，他们在考察国外议会制度时往往都必不可少地对议会法案审议过程中的辩论机制进行介绍和评析，但他们并没有重视立法辩论概念的界定。在法学领域，诸多立法学著作中虽然也有提及立法辩论机制或制度，但同样也很少有人直接阐明立法辩论的概念。不过也有学者进行了有益的尝试：立法辩论，是指在法案审议过程中，代表之间或常委会组成人员之间对法案中的重大问题或个别有争议的条款进行辩论和分清是非。当然，也有学者认为，立法辩论在我国可以分为两种类型：一是立法审议过程中的辩论，二是作为公众参与的立法辩论。②

在我国理论界对立法辩论的概念界定尚未形成普遍性观点和主张的情况下，对立法辩论的界定需要以国外立法辩论的制度设计与实践操作为基本参照。首先，立法辩论应仅限于权力机关，而不包括行政机关，事实上国外的立法辩论无论是文本规定还是具体实施都是针对议会这一特定主体。其次，立法辩论仅指议会法案审议会议上议员之间的辩论，不包括立法听证会、立法论证会和立法讨论会上的辩论。国外议会立法辩论一般是在议长的主持下，在议员之间展开，非议员只有旁听权，而无发言权。最后，从过程与程序的划分角度来看，立法辩论的程序应仅指动议提出到辩论终结这一阶段，但过程则包括辩论前的准备、正式辩论和辩论后的表决三个环节。基于此，立法辩论是指观点对立的议员（或人大代表）在立法机关的法案审议会议中，依据一定的议事规则围绕一项法案动议所进

① 李店标：《从讨论到辩论：我国人大立法审议机制的完善》，载《理论导刊》2015年第8期，第5页。

② 刘晨熙：《探索作为公众参与的立法辩论》，载《人大研究》2016年第1期，第36~40页。

行的正式论证、争辩和表决活动。

（二）立法辩论的价值

起源于英国议会的立法辩论制度之所以成为世界各国议会所借鉴和模仿的对象，主要因为立法辩论所具有的多元价值已为人们所认可。综观国外立法辩论的理论、制度和实践，立法辩论的价值维度体现在形式和目的两个层面。

1. 立法辩论的形式价值

第一，自由与秩序的统一。辩论自由是议员所享有的一项特权，也是议员经过长期斗争而确立的一项议会议事原则。在立法过程中，辩论自由意味着议员针对正在审议中的法案内容以及其他议员的观点可以自由发表意见，以确保法案辩论的充分性和真理的及时发现。然而，出于会议秩序的考虑，辩论自由又是受到限制的，如辩论发言必须经主席许可、发言语言、不可随意插话、发言次数和时间的固定化、发言应切题和避免重复、使用文明语言等。第二，公平与效率的平衡。立法辩论的程序设置在诸多方面都体现了议员之间的公平性，如发言资格的取得、发言次数的限制、发言时间的限制等。同时，立法辩论也是追求效率的，如紧急法案辩论、优先法案辩论，呼声表决和举手表决等表决机制等就是大多数议会为缩短或简化辩论进程使法案加速通过的措施。第三，民主与集中的结合。辩论作为议会民主立法的一项重要机制，就是为各种意见、愿望和利益的自由表达提供活动空间，真正使议会成为听取民声、汇集民智和表达民意舞台。但立法辩论并不仅仅是追求单一的辩论过程，也许这一过程对议员自身所产生的影响较大，但做出什么样的决策结果对于民众似乎更具有现实意义。立法辩论是过程民主性和结论集中性的结合，通过民主来完成立法决策信息的输入，通过集中来完成立法决策信息的输出，使立法既接近于民众又接近于真理。第四，多数与少数的协调。由于立法辩论是多数与少数之间的沟通过程、说服过程，也是相互妥协的过程，因此无论最终法案通过与否，决策过程和结果都能兼顾多数与少数的利益。

2. 立法辩论的目的价值

第一，提高立法质量。辩论作为立法审议的一项重要程序机制，对于立法质量提高所起的作用不可被忽视，其不仅是践行着科学立法和民主立法的重要途径，也是推动公正立法的有效手段。第二，实现利益整合。利益整合是立法辩论的重要价值追求，即通过辩论程序使利益诉求中的共性部分得以实现或扩大，其以利益表达为起点、利益衡量为核心、利益平衡为目的。第三，制约行政权力。行政权的膨胀和扩张已经成为不可否认的现象，其所带来的副作用也是显而易见的。但必须承认，议会立法辩论对行政权的制约还是能够起到一定作用的。如1853年美国太平洋铁路立法辩论就是在不断地解决新问题和回应反对意见时，深化了对国家权力的理解，也强化公民的国家观念。① 第四，保障法律实施。一方面，立法辩论能够对公民守法产生积极影响，这也是立法辩论在发挥公民法制教育的功能；另一方面，立法辩论可以为司法和执法中的法律解释提供途径。在遇到疑难法律问

① 于留振：《1853年美国太平洋铁路立法辩论及其意义》，载《华东政法大学学报》2015年第3期，第82页。

题时，目的解释是司法和执法者在实施法律的过程中主要运用的一种方法，而立法辩论记录可以为他们的了解立法目的和公正处理案件提供参考，并能在一定程度上能限制法律解释的随意性。

（三）立法辩论的原则

尽管国外议会对立法辩论的规定大多体现在议会议事规则中，但通过对各国议会议事规则的详细考察，却很难发现立法辩论所应遵循原则的明确表述。为此，我们需要对这些议事规则中的具体辩论规则加以抽象化处理，并辅之以辩论惯例和辩论实践，以揭示立法辩论所应遵循的普遍性原则，便于在建立或完善立法辩论制度时予以借鉴。

1. 有序原则

各国议会议事规则的设计大部分都是以保障“有序性”作为出发点，从“议事规则（standing order）”的英文字面含义也可以看出，“有序”在议事过程中占据极其重要的地位。如美国一些州的议会为了使立法辩论过程保持有序性，从力求实现充分辩论、理智辩论和利用有限时间三方面确立了一系列辩论规则。当然，诸多辩论规则和惯例的实施都可以在一定程度上保障立法辩论有序进行，但其中发言准许、发言顺序和制裁措施则具有更为直接的指向性。

2. 充分原则

真理越辩越明，事实越辩越清。要彰显立法辩论的价值，必须坚持充分辩论这一原则，尽管充分辩论的标准在实践中是相对的，但对于立法辩论的实施却起着重要的引领作用。“全部的真实只有经过围绕其不同角度的分析才能被发现，越多的观点参与辩论，越多的观点互相质疑，结果就越接近真理。”① 事实上，大部分国家议会在实践中都能够积极贯彻执行辩论的充分性原则。如在英国，1996 年的公共秩序法花了 47 小时，1989 年的儿童法花了 90 小时 40 分钟。②

3. 切题原则

切题原则要求辩论必须围绕当前待决议题进行，即议员在立法辩论过程中的发言要与正在审议的主题直接相关，而不能有所偏离。这一原则最早于 1610 年确立在英国平民院议事规则，实践中如果议员的言论显然与议题无关，而且其他议员已表现出对此的反感（如嘘声），则议长应终止当前的发言。切题原则所表达出来的就事论事、集中议决、形成合意是法案审议的关键，这既是由辩论本身具有的特征所决定，也与人自身行动能力的有限性存在直接关系。

4. 公开原则

议会立法在本质上是代表人民对作为正义化身的法律之初始形态进行审议和决定，这也决定了其至少应将立法过程公之于众。因为，程序正义是实质正义的重要保障，而程序的正当过程的最低标准是：公民的权利义务将因为决定而受到影响时，在决定之前他必须有行使陈述权和知情权的公正的机会。在当代社会，议会立法辩论的公开化、透明化程度

---

① Piero Calamandei. Prcocedure and Democracy. New York University Press，1956，p. 74.

② ［英］赞德：《英国法》（第六版），江辉译，中国法制出版社 2014 年版，第 133 页。

越来越高，不仅议会全院大会的辩论过程对外公开，甚至一些国家议会委员会的辩论过程也对外公开（如英国、德国和法国等），而且辩论结果和记录往往也是对外公布的。

5. 文明原则

议会的权威地位和议员的人民代表性，决定了议员在辩论中的言行应当是文明的，即议员应以礼相待和互惠互助。同时，议员的文明辩论也是缓和政治冲突、提高议事效率和加强议员交流的必备条件。从议会辩论制度发展演变的历史来看，早期资本主义国家议会辩论中各种不文明的现象大量存在。随着辩论规则的不断完善这些现象已逐渐消减，尽管在某些国家或地区的议会仍有残留，如在美国、韩国、乌克兰等国议会议员言语冒犯甚至大打出手的现象也时有发生。在当代各国议会的辩论规则中，文明一直是议会辩论所重点关注的内容，也是立法辩论所应坚持的一项原则，其主要表现为发言文明和行为文明，个别国家议会的辩论规则甚至还明确规定了着装文明。

（四）立法辩论的程序

一般而言，议会（或议院）在听取了委员会对法案的审议报告或提案者的动议后，便开始正式进行辩论。Philip Laundy 认为，议会辩论开始于议长收到以书面形式递交的动议，并有适当的支持者，才能向议院提出审议要求。如果动议是可辩论的，议员才被允许发言。Bryan A. Garner 认为辩论和审议同义，开始于某位议员提出的动议，结束于对动议的表决，包括修正案辩论和委员会辩论。① 蒋劲松指出，英国平民院立法辩论的程序包括动议→正、反方首席议员先后发言→正、反方其他议员轮流发言→正、反方代表总结→表决（需要时）。② 由此可看出，立法辩论的正式进行一般要经过提出动议、辩论动议和动议辩论的终结三个步骤。

1. 提出动议

任何一场辩论，总是由一位议员提出一项动议，并经大会主席接受后才可进行。但前提是，辩论只有在一个可辩论的直接待决动议提出时才可进行，议长要对议员提出的动议通过预估的形式进行审查，以决定是否将其提交全院大会辩论。动议的预估标准主要包括是否违反议事规则和是否具有“可辩论性”（debatability）两项内容。一般而言，针对法案的所有主动议（能引入实质性事务的动议）、无限期推迟辩论动议和修改原动议的动议都是可辩论的，调整辩论限制动议、立刻表决动议、优先动议和偶发动议都是不可辩论的。

2. 辩论动议

尽管根据动议的形式可将辩论分为一般性辩论（对法案的指导思想、基本原则、主要内容和篇章结构的辩论）和逐条辩论（对法案每条内容的辩论），而且对此的顺序和时间安排也不相同，但不管是何种形式的辩论，往往在首轮发言中的议员都是特定的。如在法国一般是动议方首先登台发言，集体提案则第一个签名者首先发言；在德国也是提出动议方首先对法案做出简要说明和论证，尔后由对方进行驳斥；在英国，则首先由正反方的

---

① Bryan A. Garner. Black's Law Dictionary（Eighth edition）. Thomson West，2004，p. 1209.

② 蒋劲松：《议会之母》，中国民主法制出版社 1998 年版，第 631 页。

首席议员发言，正方的首席议员一般是动议人，反方的首席议员一般是领衔反对党领袖、影子大臣、首相等。首轮发言结束后，议长往往根据议员的发言请求和事先准备的发言名单，按照轮流发言的形式允许其他议员针对法案动议进行发言。大部分国家议会在辩论时间允许的范围内，如果没有议员愿意发言则议长宣布结束辩论，当然有些国家的议会（如英国）还会在此后确立一个正反方代表的总结阶段。在英国上议院，法案一读环节就可能安排辩论，但这种情况很少出现，二读环节是对法案开展宏观的辩论，委员会和三读环节是对法案细节的辩论。

3. 动议辩论的终结

动议辩论终结的方式主要分为自动终结和强制终结两种。自动终结主要包括预先分配的辩论时间用尽和在允许的时间内没有议员发言两种情况。但事实上，大多数议会立法辩论的自动终结情况很少出现，因为反对法案的议员往往会采用冗长发言或提出诸多修正案的方式故意拖延法案通过。因此，为应对阻挠议事的强制终结机制应运而生，英国平民院1882年在议事规则上确立了此项机制，美国则在1811年就开始在众议院实施。强制终结又可分为三种情况：第一，议员提出结束辩论动议。即议员提出将议题交付表决的动议，议长同意后交大会表决，大会通过该动议则立即结束辩论，若未获大会通过则继续进行辩论。第二，提出限时辩论动议。如在英国平民院，政府可在法案辩论之前以及进行中提出“限时动议”，若经全院辩论和通过，则法案的辩论必须严格按照此事先分配的时间进行。第三，议长提出集中条款辩论。这种动议的目的旨在将辩论限制在一定的范围之内，从而使立法提案的大部分内容免于辩论。集中条款的辩论可大大限制辩论时间。该动议也需与会议员简单多数赞同后生效。

二、立法辩论制度建构的逻辑前提

理论界普遍认为，借鉴国外经验，在我国人大立法中引入辩论制度不仅是提高人大立法质量的有效举措，也是激发人大代表积极、主动和有效履职的重要途径。但遗憾的是，立法辩论制度不仅在我国当前法律文本中几乎处于缺失状态，而且在当代立法实践中也存在定位上的偏差。

（一）中央立法层面的文本缺失

1.《立法法》的考察

在我国2000年生效的《立法法》和2015年修改的《立法法》文本中，均不存在“辩论”一词的表述，而是使用了与之相近或相关的“讨论”一词。有学者考证，1999年10月18日提交全国人大常委会审议的《立法法》（草案）曾规定，在常委会的联组会议或全体会议上，对法律草案中的主要问题可以进行“讨论和辩论”。但在生效的《立法法》中却看不到“辩论”的字样，而仅仅保留了“讨论”的表述。对此，有学者指出，我国《立法法》虽然在立法方式和手段上重视立法机关的审议，但却忽视了辩论式审议和充分的参与，建议立法过程应实行多元参与和辩论式充分发言。

2. 全国人大及其常委会议事规则的考察

在《全国人民代表大会议事规则》和《全国人民代表大会常务委员会议事规则》文

本中同样不存在“辩论”的表述，而是使用的“讨论”。其实，在1987年六届全国人大常委会第22次会议审议《全国人民代表大会常务委员会议事规则》草案的过程中，胡绩伟和杨克冰等委员就曾建议全国人大常委会应建立议事辩论制度，建议在议事规则中增加允许辩论一条。尽管上述建议后来并没有写入该议事规则，但在当时却引起了全国人大常委会的重视。

此外，通过对我国《宪法》《全国人民代表大会和地方各级人民代表大会代表法》《全国人民代表大会组织法》和《地方各级人民代表大会和地方各级人民政府组织法》等法律进行了考察，结果发现，这些中央立法的文本都没有将“辩论”纳入其中。可以看出，我国当前中央立法层面对立法辩论的规定明显处于缺失状态。

（二）地方立法层面的原则性表述

2016年3月21日，我们分别在法律法规全文检索系统和中国法律法规信息系统以“辩论”为正文检索词进行了搜索，共命中503项（前者是276项，后者是227项）记录。对这些记录进行逐项排查后，发现共有三种类型的25部地方性法规规章对立法可以进行辩论做了原则性规定。

1. 地方人大及其常委会议事规则的考察

共有4个地方的人大常委会议事规则中有关于“辩论”的文字表述，分别是《本溪市人民代表大会常务委员会议事规则》第15条、《深圳市人民代表大会常务委员会议事规则》第30条、《辽宁省人民代表大会常务委员会议事规则》第18条、《海南省人民代表大会常务委员会议事规则》第13条。

2. 地方立法程序法规的考察

共有7个地方的立法程序法规中有关于“辩论”的文字表述，分别是《海南省制定与批准地方性法规条例》第33条、《浙江省地方立法条例》第30条、《山西省地方立法条例》第43条、《甘肃省人民代表大会及其常务委员会立法程序规则》第25条、《兰州市人民代表大会及其常务委员会立法程序的规定》第30条、《深圳市制定法规条例》第47条、《安徽省人民代表大会及其常务委员会立法条例》第29条。

3. 地方立法听证规则的考察

共有14个地方的立法听证规则中有关于“辩论”的文字表述，分别是《杭州市实施立法听证会制度的规定》第13条、《深圳市人民代表大会常务委员会听证条例》第27和28条、《广州市人民代表大会常务委员会立法听证办法》第21条、《青海省人大常委会立法听证试行规则》第16条、《山东省人民代表大会常务委员会制定地方性法规听证规定》第20条、《福州市人民代表大会常务委员会立法听证办法》第19条、《汕头市人民代表大会常务委员会立法听证条例》第29和30条、《哈尔滨市立法听证规定》第33和37条、《甘肃省人民代表大会常务委员会立法听证规则》第17条、《宁夏回族自治区人民代表大会常务委员会立法听证条例》第31条、《大连市人民政府制定规章听证规定（试行）》第16条、《长沙市人民代表大会常务委员会立法听证办法》第23条、《广东省人民代表大会常务委员会立法听证规则》第23条、《天津市制定地方性法规听证办法》第16和22条。

我们于 2017 年 11 月 4 日重新进行了信息检索，发现又新增了 22 条符合条件的记录。具体表现在《庆阳市人民代表大会及其常务委员会立法程序规则》《营口市人民代表大会及其常务委员会立法条例》《盘锦市人民代表大会及其常务委员会立法条例》《丹东市人民代表大会及其常务委员会立法条例》《深圳市制定法规条例》《湖州市制定地方性法规条例》《衢州市制定地方性法规条例》《杭州市立法条例》《舟山市制定地方性法规条例》《台州市制定地方性法规条例》《绍兴市制定地方性法规条例》《金华市制定地方性法规条例》《丽水市制定地方性法规条例》《惠州市制定地方性法规条例》《锦州市人民政府规章制定程序规定》《酒泉市人民代表大会及其常务委员会立法程序规则》《嘉兴市制定地方性法规条例》《武威市人民代表大会及其常务委员会立法程序规则》《锦州市人民代表大会常务委员会立法听证办法》《晋城市地方立法条例》《晋中市地方立法条例》《忻州市地方立法条例》。

事实上，上述地方立法仅仅以个别文字表述的形式体现了“辩论”，并没有具体的规则设计，这恰恰证立了立法辩论制度在我国几乎处于缺失状态，但也表明我国部分立法机关已经意识到“辩论”与“讨论”并非是同一种意义。值得一提的是，在 2013 年 12 月 5 日出台的《浙江省人大常委会党组关于省十二届人大常委会立法工作的意见》曾规定试行立法审议辩论制度。但浙江省至今并没有出台立法辩论的具体规则和开启这方面的实践。早在 2014 年 7 月 30 日，《深圳市人大常委会立法辩论规则（送审稿）》已提请深圳市人大常委会主任会议审议，但目前尚无审议通过的信息。2016 年 2 月 1 日的深圳市六届人大二次会议强调，深圳市人大常委会将探索立法辩论制度。可以看出，浙江省和深圳市人大常委会在立法辩论规则的制定和实施方面至今尚未迈出实质性的步伐。

（三）地方实践层面的定位偏差

自 2008 年以来，在我国许多媒体（尤其是报纸）的报道中都能看到关于“立法辩论”的表述、宣传和评论，其所针对的对象主要是地方人大或政府在立法过程中所引入的辩论机制。

1. 深圳市人大常委会立法听证会中的辩论

2008 年 9 月 9 日下午，深圳市人大常委会针对《深圳经济特区无线电管理条例（草案）》召开了立法听证会，来自人大、政府、企业、行业和社会等领域的近 40 位代表分成正反两方进行了辩论，并将辩论全过程进行了网上直播。由于争辩激烈，在为期三个小时的辩论会中每人的发言时间限定在五分钟，几位代表还因超时被“提醒”。

2. 江苏省政府立法公开征求意见的辩论会

2009 年 6 月，江苏省政府法制办为就《江苏省城乡规划条例（草案）》以专场立法辩论会的形式向社会公开征求意见，事先公布了辩论会的四个辩题和公开征集辩论人。2009 年 7 月 3 日上午在南京西康宾馆，8 名省内律师分为正反两方，分别代表公众、利害关系人，项目建设单位和政府部门三方利益群体，就四个辩题进行了两个多小时的辩论。

3. 广州市人大常委会网上立法听证会中的辩论

2012 年 12 月 3 日至 12 月 4 日，广州市人大常委会将其制定的《广州市社会医疗保险条例（草案）》在大洋网上举行听证的辩论，18 位听证陈述人围绕三项内容在大洋网上进行了深入的讨论和激烈的辩论。这种全程在网络上召开立法听证会的方式不仅在全国是首次，而且议题辩论的水平也让不少专业人士颇为吃惊。

尽管我国各种媒体对上述立法过程中辩论机制的引入都予以了高度的评价，但此举措是不是制度意义上的立法辩论，与国外议会立法辩论有何异同？媒体几乎都没有指出这一点。从学术研究和国外实践来看，我国上述立法中的辩论措施毫无疑问不能称为“立法辩论”，因为其不是立法审议会议中的辩论，参与的主体也并不全是人大代表或委员会委员，为此只能称为“关于立法的辩论”。此外，上述立法实践表明了部分立法机关对立法辩论制度存在着认识上的误区和定位上的偏差，而且更为重要的是印证了我国距离实现制度层面的立法辩论尚存很大差距。

三、立法辩论制度缺失的原因分析

本部分重点以全国人民代表大会及其常务委员会立法为分析对象，从批判、反思和实证相结合的角度揭示我国缺失立法辩论制度的主要原因。当然，对我国缺失立法辩论制度的原因进行分析，也是实现立法辩论制度中国化的所必然面临和必须克服的重要问题。

（一）传统立法观念的消极影响

1. 重礼仪轻“法仪”

我国古代立法一直奉行伦理原则，在立法内容和程序都一直倡导“亲亲”“尊尊”，突出注重礼仪的传统，但却忽视了“法仪”的建设。“法仪”是指法治秩序所必须依赖的种种仪式，从古希腊的“公民大会”“广场表决”到近现代的“全民公决”“立法三读和辩论”都是典型的“法仪”。注重以秩序和和谐为核心的礼仪虽然为我国赢得了“礼仪之邦”的赞誉，但法治所必需的仪式和程序却往往被忽视，甚至常常以“形式主义”为借口贬低“法仪”的意义。注重礼仪轻视“法仪”的传统立法观念，使很多人不能全面深刻理解西方“法仪”的精髓和实质，法案审议过程中体现出的更多是和谐而非对抗。

2. 重数量轻质量

据统计，我国自 1954 至 2009 年的 60 年以来，全国人大及其常委会共制定法律和有关法律问题的决定 710 件，其中制定法律数量最多的时期是 20 世纪 90 年代和 21 世纪的前十年。“有法可依”“加速立法进程”“将立法推入快车道”等主流提法在一定程度上使立法观念步入了误区，导致在很长一段时期内，全国人大及其常委会的立法充满了浪漫主义色彩。如在人大审议时辩论少，常委会组成人员关于法条的争论不足，往往是受“前政治态度和偏好”影响较大。受重数量轻质量立法观念的影响，全国人大及其常委会的立法审议过程不可能为人大代表提供充足的辩论时间，也不可能为立法辩论制度提供生存的土壤。

3. 重民主轻科学

长期以来，我国比较注重人民代表和人大常委会委员的广泛代表性，而对他们是否具备立法专业知识和立法经验明显认识不够，使人大代表变成了一种荣誉职务或身份象征。在全国人大及其常委会立法程序中，往往比较重视公开征集意见、立法听证、公民参与立法、立法信息公开等民主机制的建设，而专家起草、立法调研、立法论证、立法辩论等更多反映科学立法的机制建设还没有被充分重视起来，使得以言辞交涉为核心要素的辩论制度长期疏离于我国人大立法程序。

（二）人大立法审议的条件制约

1. 发言机制不健全

虽然我国各级人大及其常委会的议事规则中都有关于人大代表发言的场合、次数、时间和程序等问题的规定，但这些规定并没有建构起完善的发言机制，不仅发言的形式、顺序、内容和限制等缺失，而且没有涉及是否允许辩论的问题。如在全国人大法案审议会议中，代表发言往往是各说各的，没有交锋、没有辩论，特别是没有大会发言，更没有大会辩论，这导致法案审议缺乏形成共识的机制，法案的矛盾和焦点问题不能有效解决。

2. 代表多、会期短、任务重

由于我国人口众多，又是多民族国家，这决定了以民主为根基的全国人民代表大会必然具有规模庞大的人大代表。由于我国人大存在代表多、会期短、任务重等问题，导致了人大的立法能力的有限性和立法审议中辩论开展的非现实性。如全国人民代表大会每年集会一次，会期平均在 13 天左右，按照每天 8 小时工作时间计算，近 3000 名代表每人拥有约 2. 1 分钟的发言时间；除去大会的报告时间，每个人大代表的发言时间只有 2 分钟左右，人均 2 分钟参加大会讨论、审议、质询、询问、表决等活动远远是不够的。

3. 代表专职程度较低

长期以来，人大代表和委员会委员专职问题并没有引起人大足够的重视。虽然我国 1982 年宪法对人大常委会委员专职化作出了规定，并从 1987 年党的十三大报告就开始提出了委员专职化的要求，但实践中的改革过程却很漫长。如九届人大之前，全国人大常委会委员的专职问题一直处于徘徊状态，直至十届人大才有所突破。就十一届全国人大常委会的情况来看，174 名委员中就有 134 人来自全国人大专门委员会。由于我国长期没有解决代表专职化问题，代表审议法案的权利和义务无法予以明确，最终导致人大代表和委员会委员在法案审议过程中缺乏辩论热情、能力和责任。

（三）人大立法能力有待提升

1. 对立法机关认同度低

在国外议会无论是议员还是普通民众都将立法作为议会最为重要的职能看待，而在我国由于“立法部门化、部门利益化、利益合法化”等现象的消极影响，使得民众对作为立法机关的人大在立法职能方面的认同不够。加之，由于我国历届人大代表来源较为广泛，呈现出专业性不够的弊端，导致不少民众认为他们并不能胜任立法审议和辩论工作。

2. 对立法工作重视不够

与国外立法程序中你抢我夺、层层博弈的浓烈火药味不同，我国立法程序基本是一片和谐，很少出现针锋相对的局面，对于很多参与立法的委员、代表来说，参与其中更多的是一种身份象征而不是利益争取，立与不立、这样立和那样立与其并无太多关系，不损及其任何私利，导致立法参与者没有讨论、辩论的积极性。

3. 对制度移植过于谨慎

我国人民代表大会制度是在马克思列宁主义关于代议制理论的指导下建立的，也是在对资产阶级议会制度批判的基础上产生的。事实上，我国人民代表大会制度的建立，最初并不是源于对西方代议制的亲身体验，而是学习和践行马克思主义理论的结果。这导致在很长一段时间内不少人都误认为，在立法中进行辩论是资本主义国家议会独有的事情，其目的仅仅在于通过欺骗大众从而维护政党或统治阶级的利益，是一种典型的虚假民主；如果在我国人大立法中引入辩论制度，则是对党的领导、人大制度，甚至是人民利益的否定和背叛，与我国的国情和政情不相符合。

四、立法辩论制度建构的条件论证

尽管理论界已有不少学者呼吁建构我国的立法辩论制度，但缺乏有说服力的论证是不争的事实。我国不仅已具备了建构立法辩论制度的条件，而且建构立法辩论制度也是必然趋势。

（一）必要性论证

1. 完善我国人民代表大会制度的需要

我们必须承认，我国的人民代表大会制度并不是完美无缺的，其一直都是在通过不断完善自身各项制度的过程中寻求和实现突破性发展的。遗憾的是，我国人民代表大会会议中还没有引入立法辩论制度，特别是关系民生的重大立法还没有经过辩论这道程序，使得人大立法在体现代表机关本质特征方面的表现不尽如人意。有学者指出，要完善我国人民代表大会制度，必须把辩论引入人大议事程序，形成以辩论为核心的议事规则，把以对抗为基础的辩论作为人大的基本议事方式。① 立法作为人民代表大会的一项重要职权和职责，就是要通过一定的程序把社会各种意见和利益反映、表达和汇集出来，而且只有通过辩论才能摆明立法的是非利弊。

2. 健全我国立法审议程序的需要

可以说，在国外议会，没有辩论就没有议会民主，也就没有立法审议程序。而我国重实体、轻程序的法律传统一直对立法审议程序的完善起着阻碍作用，程序不被重视不仅影响了立法结果的公正性和科学性，也对公民的民主权利造成了一定程度的侵害。“因为立法涉及各种利益的博弈和平衡，需要不同意见的交锋，然后由人大择优采纳，化为法案中的相关规定。为此，可以探索引入审议法案的辩论程序和机制，这有助于通过商谈式民主，充分阐明利益相关方对重点难点问题的主张，最大限度地形成共识。”②

3. 提高我国立法质量的需要

立法质量是立法和立法程序的灵魂，在当前中国特色社会主义法律体系基本形成的背景下，我国更需要关注立法质量的提高这一问题。我国立法辩论制度建构的直接目的在于提高立法的质量，实现立法由重视数量向重视质量的根本转变，这一点在理论界已达成

---

① 苏新建：《人大监督程序研究》，中国法制出版社 2014 年版，第 293~296 页。

② 陈俊：《论人大主导立法所涉若干重要关系及其立法权行使》，载《政治与法律》2017 年第 6 期，第 13 页。

共识。

（二）可行性论证

1. 立法辩论已为各国通用的法案审议模式

立法辩论在当今世界已为不同区域、不同院制的大多数国家议会所采用，其正在成为一种全球化和普适性的法案审议模式，这意味着我国同样可以在借鉴国外经验的基础上建构此项制度。第一，实行立法辩论的国家较多。从世界议会联盟早期对 83 个国家的统计可以看出，国外议会大会审议法案普遍采用辩论的形式。第二，立法辩论可以适用于不同院制议会的国家。立法辩论制度并不仅仅适用于两院制议会的国家、如英国、美国、法国、德国等，其还适用于一院制议会的国家，如新西兰和乌干达等。第三，从国家所属区域位置来看，立法辩论制度普遍存在于欧洲、美洲、亚洲、非洲、大洋洲等区域的国家，亚洲的马来西亚、新加坡和印度等国也都采用这一制度。

2. 我国法案三审制模式具备设置立法辩论程序的条件

在我国法案三审制的基础上，建立立法辩论制度时可以把第二次审议设置成辩论程序，在小组会审议的基础上，专门安排一次全体会议，就不同的意见进行一次辩论发言。相同的意见一方互相举证支持，形成不同的意见进行交锋，阐述理由。根据辩论的意见修改法案，在下次会议上通过法案。

3. 我国人大代表具备了进行立法辩论的条件

目前我国人大代表的结构呈现出不断优化的态势，代表来源地理结构趋于平衡、妇女和少数民族代表在人大代表中的比例趋于稳定、代表年轻化趋势比较明显、党派构成和身份构成趋于合理。尤其是，我国人大代表和委员会委员的素质一直呈现出不断提高的趋势，这不仅表明了人大代表和委员会委员的理性认知能力在逐步增强，而且意味着实施立法辩论的主体所需要的能力已经具备。

（三）可能性论证

1. 立法辩论制度建构的政治背景已经具备

从党的十五大到十八大报告的内容可以看出，对待借鉴人类文明成果发展社会主义民主政治方面的态度越来越明确，从“不照搬”到“借鉴”再到“积极借鉴”的逐步开放，这为立法辩论制度的中国提供了政治背景和现实动力。如我国近年来的全国人大常委会工作报告提出的“推进科学立法、民主立法”，“开展立法协商”，以及党的十八届三中和四中全会提出的“健全立法起草、论证、协调、审议机制”，都为立法辩论制度建构提供了政治背景。因为，立法辩论的核心在于论证，其是科学立法和民主立法的实现机制之一，发生在法案审议会议上，也是立法协商的组成部分。人大科学立法、为民立法，是法治中国的重要支撑点。在社会利益多元化的当下，每一部法律的废立都关系利益格局的调整，所以，在立法中有争辩才正常。

2. 立法辩论制度建构的宪法基础和法律依据已经具备

我国《宪法》第 75 条规定：“全国人民代表大会代表在全国人民代表大会各种会议上的发言和表决，不受法律追究。”这一条规定为我国立法辩论制度的建构提供了直接的宪法基础。有学者认为，辩论当是立法论证、立法听证的题中应有之义，《立法法》第36条为立法辩论制度的建构提供了明确的法律依据，即：列入常务委员会会议议程的法律案，法律委员会、有关的专门委员会和常务委员会工作机构应当听取各方面的意见。听取意见可以采取座谈会、论证会、听证会等多种形式。

3. 立法听证制度成功移植的经验可资借鉴

立法听证制度在我国并不是原生的，也是移植于西方议会的一种立法程序性制度。我国广东省人大常委会于1999年9月9日举办的《广东省建设工程招投标管理条例》听证会开启了立法听证的先河，立法听证制度也于2000年写入了我国《立法法》。尤其是近年来，为了凸显立法听证制度的重要价值，很多地方立法机关纷纷将听证作为立法过程的一个必经环节，并陆续出台了专门的立法听证规则或办法。这说明，国外有益的立法制度我国可以引入，更为重要的是移植过程必然会积累一些经验，这对于立法辩论制度在我国的引入无疑具有借鉴意义。

五、立法辩论制度建构的基本思路

事实上，西方国家的经验我们可资借鉴，但决不能持有“拿来主义”的态度将国外现有立法辩论制度全盘移植过来，而是要在移植的过程中进行批判、优选、吸收和改造，以确立适合我国国情和政情的立法辩论制度。

（一）明确基本原则

1. 立法辩论的法制化

立法辩论机制的具体操作程序应以立法的形式加以规范，明确规定辩论适用范围、参与范围、时间要求、保障措施、民意汲取方式等，使立法辩论机制合法化。在我国，立法辩论法制化首先要解决的是，在当前法律文本中将“讨论”修改为“辩论”，还是实行“讨论”与“辩论”的同时表述问题。尽管在国外议会议事规则中也很少见到“讨论”一词，但我国法案审议的讨论模式由来已久，变“讨论”为“辩论”虽然是必然趋势，但仍需要一个缓冲和试验期。因此，立法辩论的法制化可以分成两个步骤完成：第一步，在相关法律中的“讨论”表述之后增加“辩论”的原则性表述；第二步，将相关法律中的“讨论”修改为“辩论”。

2. 立法辩论的常态化

在国外议会，立法辩论的实施是遵循常态化思路，不管法案的类型如何、内容如何、重要程度如何，都必须经过辩论这道程序。立法辩论的常态化要求立法机关不能有选择地针对个别法案进行辩论，尽管对于事关民众利益的重大立法的辩论更能引起民众的关注，但这一制度只有在常态化的实施过程中才能不断发展完善。较为现实的方案是，将《立法法》所规定的联组会议、全体会议立法讨论这一“准立法辩论”程序，推广至各级人大，并从选择型的制度设计变成常态型的审议机制，明确规定审议每部法律法规案时，都需经过这一程序，使立法中的焦点、难点问题，得到更加公开、充分的讨论。

3. 立法辩论的充分化

国外议会立法的实践也告诉我们，大量时间花费在议员之间的辩论上是有其价值的，这也是立法辩论得以展开的基本要求，尽管有辩论时间的限制和冗长发言的阻碍。展开充分的辩论可能会对立法进程和立法效率产生负面影响，但却对于辩论主体的权利保障、辩论过程的民主性和辩论结果的科学性起着决定性作用。在我国，如果立法辩论的充分性没有被引起足够重视，或者没有予以解决，那么我国将来所建构和实施的立法辩论制度也将流于形式。

4. 立法辩论的有序化

在国外议会，为使立法辩论的进行井然有序，议员发言的时间、态度、内容甚至聆听他人发言时的行为，在议事辩论规则中都有明确的规定。在我国，要实现立法辩论的有序化，不仅要对人大代表发言的上述各个环节进行详细规定，而且要重视辩论程序中组织规则的建构（如主持人的职责、旁听人员的义务、激励与惩罚机制等）。只有坚持有序原则，立法辩论才能成为一种民主、理性、和平和宽容的意见交涉过程，立法辩论的价值才能真正显现。

（二）突出中国特色

1. 坚持共产党的领导

2016 年《中共中央关于加强党领导立法工作的意见》是一份十分重要的文件，坚持党对立法工作的领导，是不能动摇的政治原则。立法辩论作为创新和发展我国人民代表大会制度的一项重要机制，在建构和实施中必须以坚持共产党领导为基本原则，这也是区别国外议会活动的关键标志。在建构我国立法辩论制度的进程中，只有坚持共产党的领导，才能牢牢把握立法辩论工作的正确政治方向，才能避免国外议会立法辩论因多党倾轧而流于形式的现象。当然，坚持共产党的领导主要体现在政治领导、思想领导和组织领导层面，即总揽全局的领导，而非包办或代替具体事务。

2. 坚持人民利益的维护

在我国，各级人民代表大会是人民行使国家权力的机关，也是反映民意、集中民智、贴近民生和维护最广大人民根本利益的机关。毫无疑问，西方国家议会的立法辩论制度在意识形态、程序设计和价值取向上存在的诸多缺陷必将对我国传统价值观念形成冲击，但只要我们始终坚持以人民利益为中心，该项制度的引入应是完全符合民意的。这就要求，我国必须把维护人民的利益作为立法辩论制度建构的出发点和落脚点，既要在程序上保障人民的各项权利，也要在实质上保障人民的各种利益。

3. 以常委会立法辩论为主导

在我国，由于代表大会存在代表多、时间短、议题多等问题，要对所有法案的审议都采用辩论模式并不现实。相比之下，常委会委员的素质也相对比人大代表高，其兼职程度较高并长期从事立法工作，更为重要的是常委会的立法时间较为充裕。尽管人大常委会的民意基础不如大会高，但其在法案审议方面的专业性和时间保障性却是代表大会难以比拟的。因此，在我国立法辩论制度的建构和实施过程中，应充分发挥人大常委会的现实优势，坚持以常委会立法辩论为主导。

（三）确立先行模式

1. 地方人大先行：由地方人大到全国人大

从地方法制的角度来看，地方先行先试模式的立法尝试和制度试验，不仅能为其他地方提供创新范本，也能够为国家改革积累经验，进而推动整个国家的制度体系形成。由于我国实行的是统一的多层次的立法体制，立法主体范围较广，而且各地立法基础和条件并不一样，在短时期内制定统一的立法辩论制度和全方位、大规模实施并不见得能取得良好的效果。建议，我国目前不宜进行中央专门立法，应考虑通过修改现有法律和采用地方先行立法的方式来进行。由于地方人大先行立法带有实验性质，其在制度建构过程中所积累的经验，将为全国性的立法辩论制度建构提供有益参照。

2. 专门委员会先行：由专门委员会到大会

尽管大会法案审议阶段的辩论应是立法辩论的最主要表现，但考虑到提交大会辩论文本的科学性问题，以及专门委员会会议与全体会议在活动时间和范围上差异，可以建议在专门委员会审议草案时进行第一次辩论，待条件成熟再扩展到其他阶段。在专门委员会实行自由辩论原则的优点是，符合专门委员会审议专业性较强，内容涉及面较广的议案所需要的足够的时间进行周密调查、深入研究和全面审查的实际状况，并且提高委员会审议议案的质量。

3. 一般性辩论先行：由一般性辩论到逐条辩论

一般性辩论是对法案的目的、指导思想、原则、篇章结构的科学性和合理性做出总体评价，其对辩论参与者的专业素质要求不高。相比而言，逐条辩论更多考验的是辩论者的观念、能力和专业知识，而且程序较为繁琐。但从制度设计的最终目的来看，大会采用先一般性辩论再逐条辩论顺序进行不仅符合国际惯例，也是大会履行职责的必然要求。但在我国当前人大代表数量较大、专业素质不高、辩论观念缺乏和人大会议会期较短等现实问题并没有解决的情况下，可在大会中先试行一般性立法辩论，待条件成熟后再引入逐条辩论。

（四）强化规范构造

1. 立法辩论的主体

我国可按照国外的经验，禁止列席人员参与辩论，将辩论的主体仅仅限定为人大代表或委员会委员。同时突出人大代表的个人角色，尊重代表个人，尊重代表个人在人代会中的各项权利，保证人大答辩个人发言和辩论的可能。此外，根据国外议会主持人不得参与本场辩论的惯例，建议将我国立法辩论会议主持人的职责定位在辩论程序的引导和控制上，而不能对法案议题持有赞同或反对的倾向，以避免对其他参与主体观点的独立性产生影响以及“裁判员”和“运动员”身份合一的弊端。

2. 立法辩论的场合

人大的立法辩论可在全体会议、代表团会议和专门委员会会议中进行，人大常委会的立法辩论可在全体会议、分组会议、联组会议和专门委员会会议中进行。至于立法辩论在全体会议和分组会议上的进行，则要考虑不同会议的规模，对辩论所涉及的问题性质和范围可做进一步的技术性划分，从而将会议资源和辩论本身的特点有机结合，达到会议资源最优配置和立法辩论效用最大化。联组会议主要是针对分组审议中的分歧意见进行辩论，也可以对专门委员会对法律案的审议意见进行辩论。

3. 立法辩论的程序

关于立法辩论的程序设计，我国可对英国平民院的经验进行借鉴，将其划分为辩论前的准备程序、正式辩论程序和辩论后的表决程序三个部分。其中，正式辩论程序的设置尤为重要，必须融入平等、公开、充分、交替、一时不议二事、对事不对人等原则，这不仅需要设计具体的规则对人大代表或委员会成员的发言进行引导和规制，而且应赋予主持人的相应的权利和义务以保证辩论环节的平稳运行。在主持人宣布辩题和辩论开始后，参与辩论的人员应做到意见相左方的交替发言，而且不得随意打断他人发言，可设置辩论的总结阶段由正反方代表做最后陈述。

4. 立法辩论的规则

我国在进行立法辩论的规则设计时，重点要对人大代表或委员会委员辩论发言的顺序、态度、内容、时间、纪律等加以规定。建议如下：(1）辩论顺序。发言准许应分事前登记和临时请求两种形式，会议中发言都须经过主持人批准，按照发言登记名单或请求的先后顺序进行决定。(2）辩论态度。参与辩论的人员应当站立发言，同时不得照念发言稿；发言内容涉及其他代表时，应使用“尊敬的来自××（地方）的代表”，避免对代表直呼其名。(3）辩论内容。会议上所有辩论发言都必须与正在审议的法案议题有关，若内容脱离主题，主持人应立即指出并制止；辩论中应禁止利用发言机会进行人身攻击；禁止辱骂、讥讽和有损国家形象的语言。(4）辩论时间。针对同一议题，在全体会议上的发言，每人只允许一次且不超过5分钟；在代表团会议、联组会议和分组会议上允许两次发言，第一次不超过15分钟，第二次不超过10分钟；专门委员会会议中的发言不应有时间限制。(5）辩论纪律。当辩论过程中某些人员违反辩论规则时，主持人应予以明确指出，并有权对其进行警告或点名批评。

(五）注重外部协调

1. 贯彻立法公开原则

“公开性和辩论是两条原则，从逻辑上和周全的体系方面而言，宪政思想和议会制都取决于这两条原则。通过公开性和辩论所保持的平衡，可保障真理和正义本身。”在建构我国立法辩论制度时应加强辩论议题、辩论过程和辩论结果的公开，允许新闻媒体采访报道、公众直接旁听立法辩论会议和获取立法辩论记录。在立法辩论中贯彻公开原则，可以增加对人民代表大会制度的认知和理解，实现自己的知情权、参与权和监督权，见证民主的发展历程。

2. 落实言论免责权

言论免责权是指议员或人大代表在议会内所进行的发言、辩论、动议、质询、演说等享受不受法律追究的权利。言论免责权是立法辩论充分、有序和有效展开的必要保障，自1688年英国的《权利法案》首次对此加以规定以来，各国都在宪法及相关法律中做出了类似规定，并在议会立法辩论中得到全面落实。只有解决了我国人大代表言论免责权落实中存在的这些问题，人大代表才能在立法中做到想辩、能辩、真辩和善辩，才能使我国将来建立的立法辩论制度真正发挥其应有功能。

3. 建立立法修正案制度

作为议会立法审议程序的一个重要组成部分，立法修正案被越来越多的国家所重视和采用，尽管立法修正案会对立法效率产生重要影响。国外议会立法辩论既包括对法案原始动议的辩论也包括对立法修正案的辩论，而我国目前仅建立了较为规范的法律修正案制度，立法修正案机制尚未建立，而且实践中也没有立法修正案的案例。而要建立我国立法修正案制度，就必须对国外议会立法修正案提出的时机、限制条件、修正范围和辩论模式等内容进行借鉴，并在立足我国现实的基础上加以制度化、规范化和程序化。

操作题

1. 针对我国当前民法典编纂问题，围绕“人格权独立成编”问题进行一场立法辩论。
2. 借鉴国外议事规则中关于立法辩论的条款，尝试起草一部人大立法辩论规则。

本章小结

立法辩论是指观点对立的议员（或人大代表）在立法机关的法案审议会议中，依据一定的议事规则围绕一项法案动议所进行的正式论证、争辩和表决活动。立法辩论具有形式和目的双重价值，尽管在西方议会这些价值彰显面临着障碍。以各国议会议事辩论规则的文本设计为中心进行考察，可将立法辩论应遵循的原则归纳为有序、充分、切题、公开和文明五项。立法辩论的程序构造包括提出动议、辩论动议和辩论动议的终结三个阶段。通过对我国中央和地方立法文本以及地方立法实践的分析，论证了我国缺失立法辩论制度这一事实，并阐述了传统立法观念的消极影响、立法审议机制的条件制约和人大立法能力有待提升是主要原因。从必要性、可行性和可能性三个方面论证了我国当前人大立法中引入辩论制度的条件已经具备，当前需要遵循明确基本原则、突出中国特色、确立先行模式、强化制度构造和注重外部协调这一基本思路进行。

本章是对我国人大立法辩论制度建构研究所进行的一次有益探索，同时希望能够吸引更多学者加入这一问题的讨论之中，为我国人大立法辩论制度的科学建构和有效实施提供合理化建议。当然，我国人大立法辩论制度的建构并不是一蹴而就的，因为制度的选择、引入、整合都需要知识、经验和技术的积累，这不仅需要立法机关正视立法辩论制度的价值和积极进行实践探索，而且相关领域的学者也应勇于肩负起学术引导和理论创新的使命。

复习思考题

1. 简述立法辩论的含义和价值。
2. 分析美国制宪会议辩论是否属于立法辩论的范畴。
3. 谈谈你对我国人大立法缺乏辩论制度的理解。
4. 我国现行的立法讨论制度与立法辩论制度有什么不同?
5. 试述我国立法辩论制度建构的基本思路。

第五章

立法公开

学习目标

准确理解立法公开的概念；掌握立法公开的价值和原则；了解我国立法公开的范围；把握我国立法公开制度完善的途径。

材料引入

据报道，截至2016年，民法总则草案已经历3次审议，分别是在2016年6月27日的全国人大常委会第21次会议、2016年10月31日的全国人大常委会第24次会议和2016年12月19日的全国人大常委会第25次会议。

全国人大常委会法工委民法室副主任石宏在接受采访时说，每次审议之后，都会把民法总则草案在“中国人大网”上全文公开，征求社会公众意见，共收到15503人次提出的70227条意见。

石宏说，还曾两次将民法总则草案送交所有的全国人大代表，印发中央有关部门、地方人大、法律教学研究机构征求意见，共收到32个地方（含解放军、有关人民团体和社会组织）、7个院校和法学研究机构及31个地方反馈的修改意见和建议。

石宏说，全国人大常委会也将编纂民法典作为一项重要的立法任务。2016年10月和11月，全国人大常委会在北京、四川、宁夏、上海召开了4次座谈会，听取全国31个省自治区直辖市人大常委会和各方面代表的意见。

2015年4月20日，中国法学会民法典编纂项目领导小组发布了《对〈中华人民共和国民法典·民法总则专家建议稿（征求意见稿）〉公开征求意见的通知》，共413人、15个团体对专家建议稿提出意见或建议，共计2381条，字数总计超过83万字。此外，在专家建议稿征求意见期间，召开相关的研讨会、座谈会共计13次。①

思考：如何理解我国的法律草案公开征求意见机制？法律草案公开征求意见与立法公开是什么关系？

① 孟亚旭：《民法总则草案今日亮相 征求意见逾八十万字》，载 http：//news. sohu. com/20170308/n482652617. shtml.

2015年修改后的《立法法》首次对立法公开问题予以了规定，将其作为推进民主立法的重要机制，即“立法应当体现人民的意志，发扬社会主义民主，坚持立法公开，保障人民通过多种途径参与立法活动”。民主立法是现代民主原则在立法程序中的具体体现，也是保障立法形式合理性的必然要求，这要求立法机关的立法活动除法律规定的以外，都应当是公开的、透明的，以便于民众的知情、参与和监督。如何从制度上设计民主立法的程序，并使之能够切实保障人大代表充分发扬民主、人民群众充分参与立法，切实推进民主立法的进程，是我国当前立法工作的重点。而加强立法公开的制度建设，着力推进公开立法、透明立法则是推进民主立法的切入点，也是中国特色社会主义法律体系形成之后的一项重要工作。

一、立法公开的含义

要弄清楚立法公开的含义，必须首先对“立法”和“公开”两个词的含义作出科学的解释。关于“立法”的界定在学界一般存在形而上的定义和形而下的定义两种类型，前者认为立法并非制定法，而是法律的发现；后者认为立法是制定或产生法律的过程。我国大部分学者对立法的界定采用的是形而下的模式，但也存在多种观点：（1）立法是指全国人民代表大会及其常设机关制定法律这种特定规范性文件的活动。（2）立法就是国家专门机关遵循掌握国家政权的社会集团的意志，根据一定的指导思想和基本原则，依照法定的权限和程序，使之上升为国家意志，从而创制、修改和废止法律的专门活动。(3)立法是指一切国家机关依据法定权限和程序制定、修改和废止各种不同规范性文件的活动。(4）立法是指一切有权制定、修改和废止法律的活动。从上述观点可以看出，对立法的不同界定主要来源于对立法的主体、内容和行为方式的理解不同，但一般都认为立法是一种专门的活动。目前，比较受认可的观点就是“立法”既可指代行为的过程又可指代行为的结果，即立法既指制定或改变法的一个过程，又指在立法过程中产生的结果即制定的法本身。如果从立法公开内容的角度来看，立法公开中的“立法”就应作上述过程和结果说的解释，这也是“立法公开”不同于“立法参与”“立法听证”“立法论证”等概念的重要表现形式之一，因为后面那些概念中的“立法”指代的仅仅是行为过程。

按照《现代汉语词典》的解释，“公开”是指不加隐蔽的、面向大众的；使秘密成为公开。但一般认为，“公开”一词，意指主体以主动或被动的方式将所掌握的信息向外界公布，以为他人所知晓。公开的内容就是信息，信息可以依据一定的载体存在，也可以以无形的方式进行传播。作为日常用语，“信息”经常是指“音讯、消息”的意思，但至今“信息”还没有一个公认的定义。在最一般的意义上，我们可以将信息定义为事物存在的方式和运动状态的表现形式。

关于立法公开的含义界定，比较为大多数人所接受和运用的观点是：立法公开是指立法的各个阶段以及各个阶段的成果向社会公开。学界对这一概念的界定方式目前还没有人提出质疑，而且几乎所有关于立法公开的研究都坚持采用这一界定方式。这种界定虽然简洁明了，但在一定程度上缺乏科学性。强调立法公开是“立法各个阶段的公开”是不存在问题的，问题的关键在于没有点明立法公开的本质和目的。立法公开的本质就是有关立法的信息的公开，或者是立法信息的公开，立法公开的过程就是各种信息对外传播的过程。这些信息不仅会对立法产生积极或消极的作用，对普通民众也会有重要的影响，立法公开的目的就是为了保障公民的权利。以“成果”来代替“信息”进行表述也是于现代汉语中“成果”的原意是不相符的。成果一般是指一项行为或活动所产生的具有积极意义的结果，并不包括消极意义的结果。按照这个思路，立法公开公开的仅是成果，而其他的信息却不予透露，这显然不符合立法公开的意旨。

关于立法公开的表述还有其他几种形式：（1）立法信息公开。有一部分学者并未对立法公开进行含义界定，而是把“立法公开”表述为“立法信息的公开”。当然，这种表述也是有一定的道理的，就如我国“行政公开”与“政府信息公开”这一对概念的运用一样。这种表述虽然揭示了立法公开的本质，但作为一项制度而言，“立法公开”如同“审判公开”“检务公开”一样不仅已经成为约定俗成的一个概念，而且提及“立法公开”自然就包含着公开立法信息。（2）也有人认为立法公开和立法程序公开是相同的概念，立法公开应当将立法程序的各种环节，以及阶段性的立法成果都向社会开放，并允许公共参与、民意介入。（3）在大多数的媒体报道中都以“开门立法”“公开立法”“透明立法”“阳光立法”等词语指代立法公开。其实，立法公开与“公开立法”等上述概念的含义并无原则性不同。这是由于媒体传播需要获取较强的感染力来决定的，因为通俗易懂或带有修饰性的词语比无任何感情色彩的学术语言更能引起人们的关注。

综上，尽管关于立法公开的理解和概念运用并未达成一致性，但其基本的含义却已为人们所把握。比较科学的立法公开含义应该是：立法公开是相关主体依据一定的权限、程序和方式，将立法过程中所掌握的各种信息向社会公布，以保障公民的权利和提高立法质量的一项立法理念和制度。

从上述关于立法公开的定义，我们可以看出需要把握的重点有两个，一是立法信息的范围界定，二是立法公开目的的全面分析，而立法信息的范围界定直接影响着对立法公开目的的理解。

立法信息是立法过程中立法机关所掌握的信息，包括可以公开的，也包括禁止公开的。从信息类型来说，立法者的立法活动主要依赖两类信息。第一类信息是规则信息，即可供立法者选择的规则的信息，主要包括：（1）从外国特别是发达国家的成文法、判例法、法律学说，以及国际条约、国际惯例中寻找同类问题的规则；（2）从本国历史上和实践中形成的各种正式或非正式的制度中搜寻可能的规则。这些正式或非正式的制度来源于传统的法律制度、现行的法律法规、官方的法律解释、执政党和国家的政策、司法判例、民间的风俗习惯、社会组织的规章制度等。第二类信息是事实信息，即规则所生存的社会环境的信息，包括自然条件、经济、政治、文化等方面的信息。从信息的来源上看，立法信息主要来源于两个方面：一是立法机关本身所产生的信息，二是来自民众关于立法的建议意见等信息。从对信息的理解上看，以往关于立法公开的研究主要是集中于阐述立法机关产生的信息公开的必要性，而忽视了民众反馈信息公开的必要性。

“没有任何人可能知道所有的信息和经验。那么，作出决定最合理的方式是，汇集个人的知识。”① 尤其在今天复杂的社会中，一个民主有效的立法机关总是依赖信息和分析

① ［美］沃尔德伦：《法律与分歧》，王国柱译，法律出版社2009年版，第175页。

来作出最后决定，立法机关工作的实际意义就是全力引导人民大众支持其立法活动，并使这一活动具有权威性。因此，对立法机关而言，作出科学的决策既需要依赖一定的内部信息，也需要依赖一定的外部信息。立法机关的内部信息就是自身活动过程中所产生的信息，往往比较容易获得、整理和分析，但要获得外部民众关于立法的信息则需要通过一定的途径。因此，立法机关在公开内部信息的同时也是为了获取外部信息，公开内部信息是获取外部信息的手段。从整体上看，立法公开中信息的流转是经历了一个过程，即立法机关内部信息公开——人民群众外部信息反馈——立法机关信息利用。可以看出，在这个过程中，其既保障了公民的信息知悉和获取等权利，也为立法机关提高立法质量提供了条件。

在立法公开的过程中，立法机关承担着大量的工作，其既要为满足民众需要而考虑，也要为提高立法质量而考虑。如立法机关通常采用一定的程序将信息公之于众，如设置机关、配备人员、发布信息、意见反馈等；如果从信息运转的角度来讲，立法机关则要进行内部信息管理、信息发布、信息获取、信息分析和信息利用等方面的工作。决策者常常发现，一方面，与决策相关的支持性信息不足；另一方面，又面临无关信息干扰的“超载”局面，其必然要在信息能力与信息搜索、甄别费用之间进行调适。压力型立法是立法者信息能力不足的产物，在实证制度层面，它提出了一个任何制度建设都不能回避的重大现实问题：在媒体具有强大公共话语塑造功能的“传播时代”，立法者应如何通过强化信息能力，实现外部信息汲取和审慎立法之间的有效均衡？如果进行形象比喻的话，立法机关在立法公开过程中所起到的就是过滤网的作用。一方面，立法机关要将大量的内部产生的信息进行搜集、整理、分析、筛选，将可以公开的向民众发布，其所发布的信息范围明显小于其掌握的信息范围；另一方面，面对众多的反馈信息，立法机关也要进行搜集、整理、分析、筛选，将可以利用的信息加以采纳，其所真正采纳的信息范围也明显小于民众反馈的信息总量。

二、立法公开的价值

立法公开不仅体现了手段价值也体现了目的价值，其既可以作为立法保障其他价值实现的手段，也可以作为其他立法制度设计的目的，但其更主要体现为一种手段价值。立法的法治、民主、科学、公正、和谐、效率等价值已日益被人们所重视，立法公开对这些价值的实现都有着重要的意义。但从总体上讲，表现更为突出的是立法公开对民主立法、科学立法和公正立法的价值，即立法公开是民主立法的构成要件、科学立法的重要保障和公正立法的实现途径。

（一）立法公开是民主立法的构成要件

立法公开是民主立法的一个基本要求，民主立法强调立法不应是一个封闭的过程，而应是一个面向社会公众的开放过程。只有在开放性的立法过程中，在公开性的立法程序保障下，人民群众才能真正参与立法，才能对立法者及立法行为实施有效的监督，才能保障立法真正体现人民的意志和愿望。改革开放以来，在我国立法工作中民主观念日益受到重视，也不乏“民主立法”“立法民主化”“立法坚持人民民主”“发扬立法民主”的提法，但“民主立法”这个词被正式使用于官方文件却是21世纪之后的事情。近年来，“民主立法”一词成为了国家和党的文献中的一大亮点，法学和政治学界的不少论著中也有对民主立法这一问题的专门探讨。但学者们对民主立法的理解却存在诸多差异，在概念界定上也十分混乱。

笔者认为，建构民主立法的概念应坚持三点原则：第一，民主立法的概念中至少体现民主理念中的自由价值、权利保障和程序正当三个要素，并由此可推导出民主立法包含精神要件、实质要件和形式要件；第二，突出民主立法的本质在于是一种立法模式，并且是一种值得期待的理想立法模式，并区别于立法民主化；第三，体现民主立法是对立法主体的价值引导，也是民众对立法行为和结果的价值期待，还是判断法律是否体现民意的评价标准。以此为基础，可将民主立法界定为：民主立法是以观念的人本性、目的的民意性和价值的公正性为前提，以内容人民性、权力制约性和权利保障性为核心，以主体的广泛性、机关的民意代表性和过程的公开性为关键的关于立法运行的理想模式。

立法公开是民主立法的形式要件之一。民主立法的形式要件，指的是立法的民主运作方式及外部表现形态，其是实现立法民主实质要件的制度设计和条件保障，其主要包括：第一，立法主体的广泛性。伟大的革命导师列宁认为：“立法中民主原则，意味着使每一个群众代表，每一个公民都能参加国家法律的讨论。”① 立法者要能充分反映民意和集中民智，不仅要求立法机构的成员有广泛的社会联系，还要在立法各个环节吸收广泛的公众参与其中。立法主体的广泛性，一方面使立法在主体范围上直接体现民主性，另一方面又能通过保障内容上的科学性和程序上的可监督性间接体现民主性。第二，立法机关的民意代表性。考察立法机关的民主化道路，主要有四条重要线索，即党的领导与立法工作的关系、立法机关在处理与“一府两院”关系方面的民主化进展、立法机关自身的民主化进展以及立法机关吸收外部意见机制的建立和完善。在这一点上，目前最令人担忧的就是行政立法，因为其公众参与机制的缺乏而导致权力行使的正当性受到质疑。因此，要实现民主立法和保障立法的正当性，克服立法机关的行政化倾向和“官本位”色彩，立法机关必须具有广泛的民意代表性。第三，立法过程的公开性。立法过程的公开性是立法民主的应有之义，只有过程公开了，才能保障公民的立法知情权，使立法成为“阳光下的事业”。立法过程的公开包括立法决策信息、立法决策程序和立法决策结果的公开。立法过程的公开对于保障立法参与、立法中立和立法权威都具有现实的意义，能最大限度地实现民主立法和排除恣意、任性和偏执，使立法程序良性运作。

（二）立法公开是科学立法的重要保障

立法公开本身就是科学立法的应有之义，因为科学立法之所以科学，在一定的角度上而言是相对于封闭立法的。科学立法主要涉及认识和反映法所调整社会关系的客观规律以及遵循法律体系的内在规律两个方面的问题。社会主义制度是由人民行使权力的制度，立法权归属于人民的权力，人民行使权力虽有多种途径，但权力的本质是人民性的。康德认为：“立法权，从它的理性原则来看，只能属于人民的联合意志。因为一切权利都应该从

① 《列宁全集》(第34卷)，人民出版社1959年版，第143页。

这个权力中产生，它的法律必须对任何人不能有不公正的做法。如果任何一个个人按照他与别人相反的观点去决定一切事情，那么，他就可能经常对别人做出不公正的事情。但是，如果由大家决定，并颁布作为他们自己的法律，就绝不会发生这种事情。"① 可见，法律的人民性和社会化是立法权人民性和社会化的必然要求。事实上，任何社会中的法律都可能体现的是权力行使者的意志，但在它行使时都是存在于社会之中的，是社会进程的组成部分。既然是社会进程的组成部分，立法就应当是一个开放的系统，即立法过程是对全社会开放的。

在社会多元化的时代，各个利益群体都可以通过国家规定的立法程序，尽可能地谋求把自己的意愿转化为国家的法律规则，从而最大限度地长期维护自己的利益。同样，在立法过程中，相关的各个利益群体也都可以寻找自己的代言人，委托他们来争取自身的正当利益。政府官员和法律精英搞起了立法腐败，恐怕与近年来愈演愈烈的利益代言趋势不无关系。不可否认的是，随着市场经济体制不断深入完善，社会的利益格局日趋多元化，公众不断分化整合为不同的利益群体，而专业人士为不同利益群体代言也正成为常态。然而，立法的过程应是一个利益博弈的过程，是一个各方利益群体有序参与、寻求共识、达成平衡的过程。可以说，制定法律，从来都不怕台前幕后存在什么利益代言，关键是各方利益能否充分表达，能否实现公平有效的博弈。在立法活动过程中实行立法公开制度，广大群众可以及时了解立法机关的活动内容，同时对于自己关心的问题及时掌握，并在必要的时候，通过适当的合法渠道，将自己的利益、要求、想法和建议告知立法机关，使立法机关能够有机会了解各个利益群体的意见和呼声，避免立法的盲目性和腐败性，有效预防立法的偏颇和缺失。

立法公开可以降低立法、执法、法制宣传和守法的成本。(1) 过去我们的立法项目往往是由立法机关独自完成，这难免导致立法项目、内容要经历一个长期复杂的论证过程，而立法公开则可以使广大群众参与到立法活动的过程中，缩短反复讨论论证的过程，降低立法的成本。(2) 因为立法公开制度具有透明性高、民主性和科学性强等特点，所以更容易吸收利害相关人的意见，得到相对人的配合和理解，执行起来的阻力自然要小一些。(3) 立法公开制度利于提高普通群众的法律意识，降低法律的宣传和教育成本。尽管普通群众由于自身知识结构的局限，在参与立法的过程中缺少一些专业性的"真知灼见"，但群众参与立法活动本身却可以让他们在"热情参与"中自发地学习有关法律知识，成为法制教育的义务宣教员，拓展法制教育的途径，从而为学法、知法、守法的良好社会氛围的形成做出贡献。(4) 良好的法律意识不仅是法制建设内在的精神支撑，也是推动民主政治建设巨大的精神力量。立法公开制度利于提高普通群众的法律意识，使守法由国家力量的外在强制转化为公民对法律权威以及法律内涵价值要素的认同，从而严格依照法律行使自己的权利和履行自己的义务，充分尊重他人的权利和自由，遇到矛盾和问题时才会积极寻求法律途径解决纠纷和争议，并在日常生活中积极抵制违反法律的行为。

① ［德］康德：《法的形而上学原理》，沈叔平译，商务印书馆 1991 年版，第 140 页。

（三）立法公开是公正立法的实现途径

公正立法是通过程序公正来实现的正义，而判断程序公正的标准之一就是程序本身具有公开性。程序公开是现代法治国家的一项基本原则，就现代法律程序而言，追求民主科学、保护公民合法权益是其主要特征，而公开原则是促成这些特征的必要性条件和体现。程序公开原则主要指国家机关的决策、实施及其过程向社会和民众开放。它是实体公正和程序公正共同的基本标准和要求，也是实体有效、程序正当的关键。正如休厄特大法官所说："公平的实现本身是不够的。公平必须公开地、在毫无疑问地被人们所能够看见的情况下实现。这一点至关重要。"①

立法作为公共规则的制定过程，也应将其信息公布于众，以便人们查阅和提出有利于完善的意见。不公开的立法是无视公众平等表达意见的权利，属于立法程序不公正，因为立法程序不公正，法律内容的公正性也就难以保证。美国在法律实践中就比较强调程序公开原则，其实现程序公开原则的主要途径是实施程序性法律。如针对信息公开，美国1966年制定的《情报自由法》和1976年制定的《阳光下的政府法》都强调政府和议会文件公开是原则、不公开是例外，一切人都具有同等得到政府和议会文件的权利。

作为民意代表机关，立法机关本身应具有高度的开放性，立法程序的公开性便是这种开放性的突出体现。具体而言，立法程序的公开性要求立法活动，包括提案、质询、讨论、审议和表决等应当让公众知晓；立法听证应当公开进行，尽可能通过新闻媒体对外传播。除涉及国防、外交或其他不宜公开的重大事务以外，任何立法会议均应公开举行。除可以自由旁听和采访外，立法会议的一切文件及记录均应公开发表或允许公民自由查阅。尽管立法程序的开放性本身会对法律机构的完整性和能力有一定的损害，但是就立法的宗旨和程序的特性而言，它则是完全必要和合理的。"公开是专横独断的自然敌人，也是对抗不公正的自然盟友。"② 由于引入了公众的利益博弈，能最大限度地吸纳民意，充分均衡各种利益冲突，从而制定出契合法治需要的良法，保障立法程序的公正性；而且立法公开可以阻止直接参与立法的人员同与该法有利害关系的人接触，从而避免立法参与人员与该法间接产生的利害关系，确立其对立法内容的超然地位，实现程序上的公正。

在我国，立法活动的公开是由我国国家的根本性质决定的，因为人民是国家的主人，人民群众有权了解国家机关的立法决策并参与立法活动。"如果一个政府是真正地民有、民治、民享的政府的话，人民必须能够详细地知道政府的活动。没有任何东西比秘密更能损害民主，公众没有了解情况，所谓自治，所谓公民最大限度地参与国家事务只是一句空话。"③ 在实行依法治国方略和构建和谐社会的今天，公正的立法是民主、科学的立法，也应是公开的立法，立法活动的公开是时势的必然要求。事实上，由于缺乏公开程序的立法，草案不公布于媒体，不征求人民的意见和不允许讨论，导致我国一些法律出台后存在

① ［英］彼得·斯坦、约翰·香德：《西方社会的法律价值》，王献平译，中国人民公安大学出版社1989年版，第97页。

② 罗传贤：《行政程序法基础理论》，台湾五南图书出版公司1993年版，第111页。

③ 王名扬：《美国行政法》（下），北京大学出版社2016年版，第716页。

许多不完善的地方，而且已经引起公众的不满。比如我国《邮政法》规定，邮政部门丢失了平信可以不负任何责任；而丢失了邮包则以重量计，不管包里装的是金银还是棉花，都只能得到很低的赔偿额等。为了解决不公正的立法出现，目前最可行而有效的方案就是，在立法程序中，尽可能多地设计立法公开的环节和手段，为各相关利益群体提供表达意见的机会。总之，只有通过公开立法才能实现公正立法，一个被最大多数人认可的具有民意基础的法律，必定是经过公开的立法程序而形成的法律。

三、立法公开的原则

立法公开的核心原则是理性，具体可以分为目的理性、法治理性、社会理性和技术理性四个方面。

（一）目的理性原则

1. 以公开促参与

公开、开放和充分的立法信息，是公众民主参与立法的前提和关键，原因在于立法者与公众之间存在着严重的信息不对称，即公众对立法的意义缺乏了解、对参与立法的权利认识不够、对参与的途径和方法不甚明了，只有让其获得相应的立法信息，公众才有可能真正主动参与立法活动；反之，没有立法信息的公开，公众则会无动于衷、缺乏热情，参与立法的目的也就无从实现。因此，立法公开要真正发挥对公众参与立法的积极作用，应将“个案公开”变为“常态公开”，扩大立法公开的信息范围和深度，真正使立法机关与民众之间实现信息均衡。

2. 以公开促质量

提升立法的公开性、透明度，对于提高立法的质量意义举足轻重。无数事实证明，缺乏博弈的决策容易偏执而失去正当性，只有在开门立法、阳光立法的基础上引入第三方机制，通过立法听证、立法公示等程序规则，将受立法影响的不同利益主体吸收到立法过程中来，实现各自的利益表达，并在相互博弈中达成最佳妥协，才能从根本上防止“立法割据”。因此，立法过程中，需要进一步注重听取民意和基层人大代表的意见，增强立法民主性，立法程序尽可能公开，真正做到“开门立法”。立法公开制度最重要的功能就是为立法主体——最广泛的民众提供切实可行的表达自己意愿、意志和要求的渠道。只有人民的意志充分表达出来，立法机关才能以此为根据，制定出符合民意、代表民意的法律。同时，在透明度较高的情况下，立法机关的努力会比较容易地反映到绩效上，民众也会对立法机关寄予较高的信任，即便是立法机关的失误也会得到群众的理解。

3. 以公开促自律

按照目前普遍存在的“泛法治主义”的观点，“法律是他律”，而“道德是自律”。自律依靠的是一种约定俗成的道德力量，与法律这种“他律”相比，这种规范能够更自觉地得到遵守，其根基更为强大、影响更为广泛，自然成本也更为低廉。尽管法治是他律的基本方式，但与德治是相辅相成的，没有充分的自律做保证，他律也会大打折扣。因此，必须设计可行的、有效的民主立法程序，对立法机关进行限制并促使其提高自律性。立法公开是促进立法机关实现自由裁量自律的一种有效方式，它加强了立法的法治化和民主化，也是现代法治的新形式。立法公开制度的意义不仅在于通过他律的形式实现对立法机关的约束，还在于通过外在压力实现立法主体、立法程序和立法决策的自律。

（二）法治理性原则

1. 公开权限的法制性

公开权限的法制性要求立法公开权的归属和界限都应当由法律予以明确规定，其体现了立法公开权的权威性和限制性，这正是立法公开法治理性原则所追求的最高境界。在我国，有权决定公布法律草案的主体包括：中央人民政府委员会、全国人大常委会、全国人大常委会委员长会议等。我国《立法法》第37条规定："列入常务委员会会议议程的法律案，应当在常务委员会会议后将法律草案及其起草、修改的说明等向社会公布，征求意见，但是经委员长会议决定不公布的除外。向社会公布征求意见的时间一般不少于三十日。征求意见的情况应当向社会通报。"自《立法法》实施以来，公布法律草案的决定都是由委员长会议作出的，委员长会议享有立法公开权的决定权，这体现了我国立法公开权限的法制性，避免了无法可依的盲目、随意公开现象的发生。

2. 公开程序的法定性

只有在法定的立法公开程序中才能保证公开权限不被滥用，净化立法公开的环境和过程，使立法公开按照人们的意愿和法治的要求运转。在美国，《阳光下的政府法》对大约50个联邦会议、委员会和机关的例行工作方式作了规定，主要是有关公开举行各种会议的规定，特别是规定，禁止上述机关的官员同该机关有管理关系的公司及其代表进行非正式接触，除非将接触的内容列入公开记录。目前，我国立法公开的程序一般是遵循立法程序进行的，也即从立法规划开始，在立法的每一个阶段都奉行公开制度。这一点在实际运作中虽然能全面展示立法公开的过程，但对比西方发达国家来讲，如果能在《立法法》中作出程序性规定，则更显法治理性了。

3. 公开内容的合法性

立法公开内容的开放性也是有限度的，必须符合法律的规定。在某些特定情况下，立法程序奉行不公开的原则，如涉及国防、外交等国家重大利益的议事记录就不宜公开。美国《阳光下的政府法》规定免除公开的会议有10项内容，其中有诸多项也不适用于立法公开，如会议讨论事项涉及国防秘密或外交机密的、会议讨论的内容纯粹是机关内部人事规则或习惯的、会议讨论的内容涉及个人隐私的、会议讨论的内容过早公开可能会对经济产生不良影响的等。立法公开应采取以公开为原则，不公开为例外的方式，对公开的内容进行慎重的甄别，而不能盲目地扩大公开的范围，涉及国家秘密、商业秘密和个人隐私的立法信息应当保密。

（三）社会理性原则

1. 机会均等

机会均等要求立法机关在立法公开的过程中，应为每位公民参与到其中去提供一个均等的机会。每个人都应有得到必要的情报资料的平等权利，立法机构不能有选择地通知某些个人或组织。当然，信息资料的公开，不仅包括向社会的公开，更应该包括立法机关内部的公开，即立法机关的所有成员对研究成果和信息可以自由分享。为此，应采取多种公开方式如报纸、电视、政府网络、各种座谈会、听证会、论证会等，为民众广泛参与立法提供畅通的渠道，使社会公众均可以通过各种方式向立法机关提出立法建议。此外，我国在加入 WTO 的议定书中承诺，在我国境内居住、工作的外国人、无国籍人享有同我国公民平等的信息获取权和利用权。

2. 说明理由

由于民众对立法机关享有的权利属于终极意义上的所有者权利，因此，遇到公民向立法机关申请公开立法信息时，立法机关应及时给予答复。公民申请立法公开遭到拒绝时，立法机关有义务说明拒绝的理由。因为，实施公权力行为，特别是实施影响相对人权益的行为，应向社会公众，特别是向利害关系人说明理由，这是现代程序正义的重要要求。说明理由的途径、方式可以是各种各样的，可以通过向人民代表大会报告或通过政府刊物、新闻媒体发布进行。此外，立法部门对征求来的意见无论采纳与否，应尽量给出解释和回应，变单向征集为双向互动。这样的开门立法，才能广纳民意，汇集民智，增强法治建设的民意基础。

3. 言论免责

立法机关代表的言论公开受到法律的保护，这就是所谓的议员言论免责权。言论免责权来源于英国 1689 年的《权利法案》，以后为美国宪法和法国宪法所继受，与国民主权原则相结合，构成近代议会制度不可或缺的原则。如在美国，在立法会议上发表言论的一切人——参、众两院的议员、各州议员、地方议会议员都享有发表意见的绝对特许权，无须顾虑因诽谤之罪而受到起诉。在日本也是如此，譬如议员批评政府、攻击内阁总理大臣和国务大臣时，如果有相当于一般国民毁坏名誉而追究刑事责任或民事责任的事由时，在院内与院外均不得通过法院追究其责任。这个制度的宗旨，在于议员的言论自由构成议会政治的基础，所以对议员的言论自由给予超过一般国民的保护。

（四）技术理性原则

1. 公开语言的规范性

公开语言的规范性是准确性、专业性和通俗性的结合，其基本要求至少包括三点：一是语言规范，即字词、句子、标点符号和格式的规范；二是逻辑规范，即概念界定、语句表述、逻辑联系词和词语的规范；三是法理规范，即立法理念、内容、技术和体系的规范。如语言表达欠规范、准确和精练，或表述不清、指代混乱，有的甚至出现法律常识性错误，容易造成歧义和误解。因此，立法公开语言必须明了、准确、通俗易懂，甚至要有形象化的解释，而不能将完全是出自专家之手、只有业内人士才能看懂的草案公布。如公开立法信息的语言过于专业化，只会导致将大多数民众排除在参与之外或民众对立法参与主动排斥现象的发生。

2. 公开方式的多样性

立法公开应采用主动公开和被动公开相结合的方式，建立公民与立法机关之间的互动机制，充分运用法规草案公开登报、立法听证会、座谈会、论证会等各种形式，广泛征求社会各阶层、各方面的意见。在我国，全国人大法律委员会和其他有关专门委员会在论证、草拟、审查法律草案时，通过到地方进行立法调研、召开立法座谈会、立法论证会、征求全民意见等形式开展民主立法；各省、直辖市除采取向公众征求意见的方式外，还以听证会的形式邀请公众参与立法活动，听取公众意见。

3. 公开内容的全面性

在保障立法公开内容合法性的同时还要考虑到在具体的公开程序中全面、彻底的公开可以公开的内容。从历史上看，我国部分法律草案在公布之后，立法机关通过媒体及时通报了征集意见的情况，但仅仅是简单地归类和列举，并没有详尽地展示民意，至于一些意见为什么采纳，为什么不采纳，更是缺乏有说服力的解释和说明，使公布法律草案的效果打了折扣。因此，立法公开的内容要具有全面性，主要表现在：第一，起草阶段广泛听取意见。第二，审议阶段提高开放程度。第三，提高阶段坚持程序透明。第四，公布阶段力求广为人知。

四、立法公开的范围

立法公开的范围，从其字面上讲，包含两个层次的含义：一是立法公开的主体范围；二是立法公开的内容范围。从严格意义上讲，立法公开的范围是指立法公开的信息内容范围。至于哪些适于公开、哪些不适于公开，应由法律规定。应本着公开是通例、不公开是特例的原则，不适于公开的，应作出解释和说明。

（一）立法资料的公开

我国立法资料的公开为公众广泛参与立法提供了平等的机会，逐步增强了我国立法程序以及当代中国法律产生背景的透明度，也体现我国人大推进民主立法的努力。但不可否认的是，我们在立法资料公开方面取得重大进步的同时，还存在一些需要解决的问题。

1. 法律草案公开

草案并不具有法律效力，它只是提出用于征求意见或者交由有权机关审议的法律初稿，只有经过有权机关通过的草案才属于法律。在我国，重要的法律草案，经委员长会议决定，可以在报刊上公布，并广泛征求人民群众的意见。尽管历史上曾经公布过几十部宪法或法律草案，但它们在中央立法总量中仅占1%左右，公开比例明显偏低。更重要的是，在现有的制度框架下，何种法律草案需要公布，在什么阶段公布等，并无统一的标准。如《行政处罚法》《行政许可法》等涉及行政权力和公民权益的重要法律，包括引发民意强烈质疑的《治安管理处罚法》，其草案都未曾公布，甚至《民法通则》《刑法》《刑事诉讼法》等基本法律在正式出台或修改之前都未曾向民众公开。可见，我国的法律草案公开机制还不健全，还需要进一步扩大草案公开的范围，实现草案公开常态化和制度化。

2. 草案说明公开

我国《立法法》第54条规定："提出法律案，应当同时提出法律草案文本及其说明，并提供必要的参阅资料。修改法律的，还应当提交修改前后的对照文本。法律草案的说明应当包括制定或者修改法律的必要性、可行性和主要内容，以及起草过程中对重大分歧意见的协调处理情况。"可见，对法律草案作出说明是审议和通过立法的前置程序、必经程序，对法律草案的审议起着说明、引导的作用，保障了法律审议工作的顺利进行，因而产生的文件也是一种必不可少的法定文件。法律草案是否已经成熟、能否通过审议，一定程度上有赖于草案的说明是否全面、合理，是否令被审议人信服、赞同。法律草案的说明实际上反映了立法的过程和阶段成果，荟萃了前期立法起草、征求意见、修改完善而形成的诸多重要内容，其中有些是对立法背景和必要性的说明，有些是对立法原则和适用范围的阐述，有些是对具体条文的解读。草案说明应和法律草案一同通过网络、公报、报纸、电视等多种途径以征求意见的形式向社会公开。

3. 立法理由书公开

立法理由说明同立法说明完全不同，立法理由说明或立法理由书，是对于整个立法从立法精神到立法目的，从学说理论到规则来源，从意见分歧到最后立场选择等等的全面阐释说明；立法说明则只是立法机关履行职责的工作汇报。目前作为专家建议稿的《能源法（草案）》《证据法（草案）》《人格权法（草案）》《行政程序法（草案）》均附有立法理由书。必须指出的是，立法理由书必须能够在一定程度上体现法治国家的立法理念：民主性、透明性和责任性。当然，我国目前立法理由公开还只是理论界的呼唤，在实践过程中还没有制度化，因此，在立法理由公开制度的建设过程中，应采取循序渐进、逐步推进的方式。首先就某些社会热点问题的立法先行公开理由，以此作为试点；积累经验后，在所有"涉及社会公众切身利益"的立法都公开理由，将立法理由公开制度化；最后，在条件允许的情况下，尝试将所有的立法都公开理由，并将立法理由公开作为人大或政府的一项义务，并建立相应的责任制度和救济制度。

4. 立法会议记录公开

在会议过程中，由记录人员把会议的组织情况和具体内容记录下来，就形成了会议记录。会议记录是指忠实地记录议院全体会议所有内容的文书，这个记录，只要技术上允许，必须完全记录会议的全部内容。公布会议记录就是公布于众，置于任何人都可见到的状态之下。完整、准确的立法记录虽然不具有任何法律效力，但它却十分有助于人们了解立法意图，掌握法律精神，准确适用法律。会议记录的内容主要包括：（1）准确写明会议名称，开会时间、地点，会议性质。（2）详细记录下会议主持人、出席会议应到和实到人数，缺席、迟到或早退人数及其姓名、职务，记录者姓名。（3）忠实记录会议上的发言和有关动态。会议发言的内容是记录的重点。其他会议动态，如发言中插话、笑声、掌声，临时中断以及别的重要的会场情况等，也应予以记录。（4）记录会议的结果，如会议的决定、决议或表决等情况。会议记录要求忠于事实，不能夹杂记录者的任何个人情感，更不允许有意增删发言内容。

（二）立法会议的公开

由于历史的原因，我国宪法对于立法会议公开未作出明确规定，只有1954年、1982年和1989年三次通过的《全国人大组织法》对此作了基本相同的原则性规定。现行全国人大组织法第20条规定："全国人民代表大会会议公开举行；在必要的时候经主席团和各代表团团长会议决定，可以举行秘密会议。"关于全国人大会议的旁听制度，全国人大议事规则规定，全国人大会议全体会议设旁听席，旁听办法另行规定；关于全国人大常委会会议的旁听制度，1988 年 7 月 1 日第七届全国人大常委会第二次会议通过的《七届全国人大常委会工作要点》决定积极创造条件，建立全国人大常委会和专门委员会会议的旁听制度。关于地方人大会议是否公开，地方人大组织法亦未作明文规定。不过，各地方人大在其议事规则中，对地方人大会议公开举行基本上都作了肯定的规定，包括列席制度和旁听制度等。

我国自改革开放以来，在人民代表大会召开期间，允许中外以及港、澳、台地区的记者到场采访，各种新闻媒体予以充分报道。特别是 1989 年《全国人民代表大会议事规则》的出台以及旁听人大会议制度的确立，推动了我国人大立法会议公开制度的建立。目前在全国人民代表大会和全国人大常委会举行会议期间，各种媒体都可以报道列入会议议程的法律案的说明、法律案的审议情况等。在落实旁听制度上，全国人大常委会及地方人大常委会更先行一步，根据《七届全国人大常委会工作要点》的要求，全国人大常委会从七届二次会议起，即向社会有条件地开放，主动邀请工会、共青团、妇联等人民团体和群众组织的有关人士参加旁听。在地方层面，自 2001 年以来，福建、云南、湖南、甘肃等地先后在立法过程中推行立法会议的公开制度。如 2000 年吉林省出台了《吉林省公民旁听省人大常委会会议办法（试行）》、2003 年山东省出台了《山东省人民代表大会常务委员会会议公民旁听办法》、2003 年浙江省出台了《浙江省人民代表大会常务委员会关于建立公民旁听省人民代表大会常务委员会会议制度的决定》等。但需要说明的是，近年来，我国立法对会议的公开报道高度重视，但对立法旁听却呈现重视衰减。

人大议事公开虽在实践中稳步推进，也还存在一些问题和不足之处，具体表现在：第一，全国人大的换届大会及年会都是公开举行的，允许中外媒体进行包括现场直播在内的采访报道；但除了安排全国政协委员及政府部门负责人列席会议外，没有安排一般公众旁听各种会议。第二，全国人大的分组会议、各专门委员会的会议及平时召开的全国人大常委会会议、委员长会议等，也是公开举行的，但一般只安排特定的少数几家媒体作报道，没有一般公众旁听。第三，省级人大中，曾有上海、辽宁等地的人大就某一专项问题召开会议时，邀请普通公民列席会议，甚至在会上发表意见。第四，省辖市中已有大连、广州、深圳、沈阳、哈尔滨、西安、贵阳、武汉等多个市人大实行了不同形式的会议公开。第五，地方各级人大信息公开中一个普遍存在的现象是，各种会议都只允许特定的少数几家媒体采访报道，而不是对所有媒体全程开放，更没有在互联网上发布即时的会议信息。在立法会议的公开上也是同样存在立法会议议事记录和会议表决票数等基本没有公开、公民旁听内容过于程序化和形式化、会议公开过程公布不够、会议对媒体并没有完全开放等问题。

（三）法律的公布

从法律史的角度看，早在公元前 536 年，郑国子产就已将郑国的法律条文铸在象征诸侯权位的金属鼎上，向全社会公布；公元前 513 年，晋国赵鞅把前任执政范宣子所编刑书正式铸于鼎上，在形式上明确了“法律公开”这一新兴地主阶级的立法原则。可以说，

"我国数千年来，皆执法律公布主义，且以使人民有法律智识，为国家之一义务，其事甚明。"① 但与此同时，我们会发现古代反对法律公布的声音也不绝于耳，如老子的"国之利器，不可以示人"、孔子的"民可以使由之，不可以使知之"等。我国现行的法律公布制度是和我国的政体形式、现实国情相适应的，但也存在一些需要改进和完善的地方，其基本内容主要表现在以下几个方面：

1. 法律公布的主体

我国法律公布的主体经历了一个发展变化的过程，1954 年宪法规定由国家主席签署公布法律，1975 年宪法删去了这一规定，1978 年宪法规定由全国人大常委会委员长公布法律，1982 年宪法重新规定由国家主席签署公布法律。作为我国有权公布法律的主体，根据《宪法》和《立法法》的有关规定，对于由全国人大及其常委会所审议通过的法律，一律由国家主席公布。在中国，国家主席行使公布法律权，这种权力不是西方那种对议会实行牵制与平衡的权力，实践中从未发生国家主席拒绝公布法律的情况。由国务院审议通过的行政法规，由国务院总理签署国务院令公布；国务院审议批准各部门制定的行政法规，由该部门公布。至于地方性法规的公布主体，一般由制定该地方性法规的人民代表大会或大会主席团或人大常委会自行公布。在地方立法实践中，有些地方性法规在获得通过后，还必须经法制委员会或立法工作机构对法规文本或立法技术进行审查，这一做法的实质在于对民意的公然践踏，因为法案一旦获得通过其本身即已默认了法规文本于立法技术的合法性与正当性，因而就必须无条件公布。

2. 法律公布的时限

法律草案在被通过形成法律到公布该法律往往有一段时间，我国法律对国家主席应在草案通过后多长时间内公布法律没有具体规定，但法律通过后，就应该尽快公布。在实践中，全国人大或其常委会通过的法律，一般是在当日就由国家主席予以签署公布，或者隔几日才由国家主席予以签署公布。我国《立法法》第 58 条规定："法律签署公布后，及时在全国人民代表大会常务委员会公报和中国人大网以及在全国范围内发行的报纸上刊载。"由于这里使用"及时"一词，所以就容易被认为"刊登"行为必须在法律"通过"当天实现。这样的逻辑，容易造成"公布"和"刊登"之间的关系混乱。为此，建议应在法律中明确规定公开和刊登法律文本的日期，如通过"国家主席署名后在几日内正式出版或发行"的方式进行明文规定，并且也应在正式刊发后方能生效。目前比较合理的日期应是 10~15 日内这一时间段。如《上海市制定地方性法规条例》第 52 条第 2 款对媒体刊登法规就是采用这样的做法，即"自通过之日起十五日之内，在《上海市人大常委会公报》和《解放日报》《上海法治报》上全文刊登"。

3. 法律公布的方法

公布法律要采用特定的方式来进行，一般是在立法机关的特定刊物上或在指定的其他刊物上进行公布。如我国《立法法》第 58 条规定："法律签署公布后，及时在全国人民代表大会常务委员会公报和中国人大网以及在全国范围内发行的报纸上刊载。"全国人大及其常委会通过的法律，都要在全国人民代表大会常务委员会公报和在全国范围内发行的

① 梁启超：《梁启超法学文集》，中国政法大学出版社 2000 年版，第 172 页。

报纸上以“主席令”的形式予以公布，签署公布法律的“主席令”中须载明该法律的制定机关、通过和施行日期。国务院制定的行政法规，或国务院各部门发布的部门规章由国务院总理或该部门主要领导人签署发布令，在国务院公报和在全国范围内发行的报纸上予以公布，在国务院公报上刊登的法律文本为标准文本。所有地方性法规，均以各地人大常委会的公报为正式公布刊物，由当地报纸进行刊载，在地方人大常委会公报上刊登的法律文本为标准文本。

五、立法公开的完善

虽然我国《立法法》《全国人民代表大会议事规则》《全国人民代表大会常务委员会议事规则》《行政法规制定程序条例》《规章制定程序条例》和各地方的立法程序法规都零散规定了立法公开的相关内容，但由于立法公开的制度化、规范化和程序化不够，导致其实施的效果没有达到人们的心理预期。有学者认为，我国立法公开存在的问题包括范围有待拓展、方式有待多样、内容有待统一。也有学者认为，我国立法公开存在随意性较大和实效性不足的问题，原因在于立法机关的认识不够、理论研究不足、公开责任缺失、公民参与不够和立法者能力有限。上述学者的分析比较客观和全面，但忽略了最为关键的一点，就是我国的立法公开制度尚不健全，有必要进一步完善。

（一）树立立法公开理念

树立立法公开理念，就是要求相关主体从思想上确立立法的公开意识和观念，具体而言就是要求相关主体树立立法公开的权利意识、参与意识和责任意识。立法过程涉及许多主体，立法制度的推行是这些主体共同努力的结果，他们的立法理念科学与否都会对立法公开的实施产生影响。就我国而言，立法机关、人大代表和普通民众是立法过程中的三方重要力量，他们都应该树立立法公开理念。

1. 立法机关应树立立法公开理念

首先，立法机关应破除保密思维，强化公开意识；破除官僚观念，强化平等观念；将立法公开既看做是自身的一项义务，又看做是公民的一项权利。其次，立法机关要积极采取各种措施引导民众参与到立法活动中去，因为民众对法律生活的参与会产生对法律的信任，对法律的信任同时又是他们主动参与这类活动的前提：陪审法院、自治以及议会制。① 再次，立法机关在立法过程中要贯彻“从群众中来，到群众中去”的路线。

2. 人大代表应树立立法公开理念

首先，人大代表要培养信息公开的意识，深刻认识到自己是人民选出来的代表，理应站在人民的立场上，维护人民的利益和权利。其次，人大代表要在立法公开过程中敢于、勇于担当模范先锋，要将自己所掌握的公众对立法的各种意见和建议及时反馈到立法机关，对群众需要的信息敢于向立法机关提出公开的建议。再次，人大代表在立法过程中要密切联系群众，主动向社会公布自己的联系方式。最后，人大代表要有全局意识，对信息公开与否要做出科学的衡量，将立法过程中获得的可以公开的信息及时传达给民众，应予

---

① ［德］拉德布鲁赫：《法学导论》，米健等译，中国大百科全书出版社 1997 年版，第 149 页。

保密的信息予以封闭。

3. 普通民众应树立立法公开理念

首先，民众要充分认识到自己在立法中的主人翁地位；认识到立法不仅是国家的事情，而且关系到自己的切身利益；认识到立法公开不仅是为法治国家立法献计献策的有效途径，也是维护自身合法权益和利益的重要制度。其次，民众应该提高自身的法治观念，打破传统思维模式和行为方式的影响，提高立法参与的热情，以积极的姿态参与到立法公开活动中去。最后，民众要积极行使自己的立法知情权和表达权，并能在权利受到侵害时，敢于通过各种合法的途径进行维护和救济。

（二）通过立法实现立法公开的法制化

1. 把知情权写入宪法，为立法公开提供宪法基础

知情权作为公民的一项宪法权利，它的实现应通过我国具体法律的规定来加以实现，最有力的一项措施便是在宪法中加以明确定位。如果在其他下位法中作出规定，则普通公民一般对这类法律了解很少，常常不能够引起足够的重视。如果以宪法的形式对立法公开制度加以规定，其效果将大不相同，它可以使公民的知情权得以充分体现，进而更加有效地保障公民参与立法活动，切实保障人民在立法时当家做主。把知情权写入宪法的设想就是在现行《宪法》第2章“公民的基本权利与义务”增加关于公民知情权的规定，即关于知情权利的规定宜放在宪法第三十五条和第三十六条之间。

2. 修改各级人大议事规则，为立法公开提供可操作性规范

为保障立法公开制度的可操作性，仅仅在《宪法》和《立法法》中作出原则性规定是远远不够的，目前可行的办法就是对各级人大的议事规则进行修改，增加相关立法公开的具体内容。有人以《全国人民代表大会议事规则》为例，设计了立法公开的相关制度。如关于信息公开的机构设置问题，建议在第18条第3款增加“由全国人民代表大会秘书局设点，公开受理公民、团体和社会组织旁听全国人民代表大会的申请”；关于立法旁听的完善，建议在第18条第4款之后增加1款“大会、中型会议、小组会及各专业委员会的各种公开会议均允许记者采访，允许电视台、广播电台录音、录像、现场直播或录播”；关于公开范围的问题，建议将第23条规定的“对准备提请会议审议的重要法律草案，可以将草案公布，广泛征求意见，并将意见汇总印发会议”中的“重要法律草案”改为“所有法律草案”；关于调查报告的公开问题，建议在第48条“全国人民代表大会根据调查委员会的报告，可以作出相应的决议”增加“并公布调查报告的全文或摘要”的表述。如自党的十八大以来，广东省人大常委会先后制定完善了立法论证、立法公开、立法听证、立法咨询专家、立法评估和高校立法基地六个方面的立法公开制度，切实强化立法工作透明度，增加群众话语权。

3. 制定地方立法公开规则，为立法公开具体实施提供规范

鉴于我国目前针对立法听证、议事旁听、立法评估等制度在实施的过程中各地都出台了专门的规则，因此我国也应考虑制定专门的立法公开规则。立法公开规则的基本内容应包括：决定公开信息、拟定信息公开工作方案、制定信息公开规则、发布立法信息、接受公民意见建议、进行信息整理、制作反馈意见等内容。为了更好地践行立法公开的法制

化，地方各级立法机关可以尝试在中央立法出台之前，开始地方先行立法，各地的立法在具体规范设计上内容可以有所不同，但指导思想和基本原则必须是一致的。我国政府信息公开的立法路径就是如此，这也是实现立法公开法制化可以借鉴的。

（三）完善立法公开的具体机制

1. 构建立法公开的运行步骤

立法公开的运行步骤主要包括：（1）设立专门的信息公开和信息咨询机构，接受公民对相关立法信息的查询和获取，指导公民利用各种立法信息。（2）配备专门的信息公开人员。在信息公开人员的选择上，应坚持专业性和效率性的原则，目前可以通过立法助理的聘任来解决这一问题。（3）确立依职权公开的标准、范围和程序。依职权公开就是立法机关主动通过公报、报纸、互联网等方式将各种立法信息向公众公开，并且存档备查；依职权公开应坚持“信息公开为主、信息保密为辅”的原则。（4）确立依申请公开的主体、标准、范围、程序和费用。依申请公开是指除国家保密的法律文件外，根据申请人的申请，立法主体被动地把有关信息向特定人公开。应扩大信息查阅人的范围，赋予外国公民和我国公民同等的信息获取权。（5）明确信息公开法律责任。信息公开是立法主体的义务，如果公民申请查阅信息受到立法机关的拒绝，立法机关应当相应承担举证义务。立法机关有义务公开而不公开，或者不该公开的信息予以了公开应承担相应的法律责任。（6）设定信息公开的救济制度。对于享有信息获取权的公民，没有通过申请获取信息，而且信息公开机关没给予合法理由的，公民可以通过诉讼、申诉等各种法律途径实现权利的救济。

2. 健全立法公开的方式

坚持采用传统的信息公开方式，如出版印刷品，新闻媒体采访报道，会议旁听，召开听证会、论证会、研讨会等。除此之外，可以考虑通过下列方式推行立法公开：（1）建议建立统一的立法信息公开网站，立法信息除了在各级人大或政府网站予以公布外，无论是中央立法信息还是地方立法信息必须在该网站上进行公布。虽然，我国一般通过中国人大网和地方立法网进行法律法规草案的公开，但前者主要是以中央立法信息为主，地方立法信息比较缺乏，后者以地方法规草案和立法规划公开为主，其他立法信息匮乏。（2）为了发挥人大代表的作用，建议凡有条件的人大代表，均宜在互联网上开设个人博客，公布自己的议案及有关部门的答复，公布自己对人大所讨论的议题的意见，定期在自己的博客上公开向选民述职并公布选民及网友的相关评议。（3）立法机关通过手机短信的形式，将立法的动态信息及时向公民发送；开设手机短信平台对法律草案公开征求意见。（4）通过电话、传真、电报、电子邮件的形式，对依申请公开的信息予以答复，对公民的立法建议和意见进行反馈。

3. 完善立法旁听制度

虽然我国人大立法旁听制度，增强了人大会议和权力运行方面的透明度，但还存在一些需要完善的地方。首先，就全国人民代表大会而言，除全体会议以外还有多种，然而据“议事规则”的规定看，似乎旁听形式也只局限于“全体会议”而不能旁听其他会议形式。“公开”隐含着旁听的内涵，旁听的规定应当适用于各种形式的人大会议。显然，议事规则有关旁听的内容仍属粗陋，有待进一步完善。其次，可以参加旁听的人员目前一般只允许20~30人，而且旁听手续繁杂。因此应逐步扩大公民参与立法旁听的范围，简化公民参加旁听的手续，一般来说，公民在提前登记后，凭有效证件即可参加旁听。再次，对公民直接旁听会议，可实行邀请制和申请制并行的原则。一方面，各级人大有权邀请各界人士列席立法会议；另一方面，公民可依申请旁听会议，具体的做法可参照听证会。最后，建议赋予旁听公民以发言权，以更好实现立法旁听的价值。

4. 充分利用一切现代传播手段，将立法会议通过各种媒体进行报道、直播或转播

由于受会议场所等诸多客观条件的限制，许多人实际上无法直接进入会议现场旁听或获取立法会议的同步进展信息。因此，仅有旁听自由、会议记录公开的规定而无媒体报道、直播或转播会议进程，立法会议公开的效果将会大打折扣。而现代化传播媒体的功能，能够克服上述许多客观障碍，使许多人能够通过新闻媒体的传播而有效地了解会议实况。虽然，我国长期以来对人民代表大会的报道、直播和转播是相当重视的，但所传播出去的信息还不够全面，因此要求对立法会议的报道、直播和转播要坚持客观、真实和全面的原则。如2016年5月5日，全国首例微信立法听证会在深圳举行，听证的内容是《深圳市公共信用信息管理办法（征求意见稿）》。把立法听证会开到微信上，让现场和微信互动起来，正符合开门立法的初衷，也是立法公开的新样本。

5. 国家尽快制定新闻自由法，给报道自由以切实保障

如果仅允许旁听自由、记录公开，而没有新闻媒体报道自由的规定，则还不能说做到了真正意义上的立法会议公开。因为，当今新闻媒体承担着越来越多的社会责任和法律责任，没有切实的法律保障，报道真实、客观和全面只能流于形式。赋予新闻媒体报道自由对传递立法信息、反映群众意见、协调利益冲突和监督权力运行都会有重要意义。为了充分发挥新闻媒体的社会功能，必须使新闻活动法治化，以规范和保障公民的言论、出版等宪法权利。我国目前还没有新闻自由法，新闻传媒自由报道权利的保护主要是通过宪法及其他相关法律法规来实现。因此，要保障报道自由，国家应尽快制定专门的新闻自由法，确认新闻自由的基本原则和规则，对真实报道予以保障，对违法报道予以制裁。

操作题

针对我国当前公开征求意见的民法典草案，组织班级同学探讨立法公开的价值、存在的问题及完善建议。

本章小结

立法公开是相关主体依据一定的权限、程序和方式，将立法过程中所掌握的各种信息向社会公布，以保障公民的权利和提高立法质量的一项立法理念和制度。立法公开是民主立法、科学立法和公正立法的价值所在，即立法公开是民主立法的构成要件、科学立法的重要保障和公正立法的实现途径。立法公开的核心原则是理性，具体可以分为目的理性、法治理性、社会理性和技术理性四个方面。立法公开的范围包括立法资料的公开、立法会议的公开和法律的公布。完善我国立法公开制度需要树立立法公开理念、通过立法实现立

法公开的法制化和健全立法公开的具体机制。立法公开作为一项制度在国外已经有两个多世纪的历史，其适用的范围也从英美等早期创始国，扩展至世界上许多国家。我国的立法公开还没有完全走向制度化，加强我国立法公开的理论研究可以使我国的研究跟上国外理论研究的步伐，丰富立法学理论研究体系，解决原有理论研究存在的问题，为其他方面的理论研究提供翔实的资料。

复习思考题

1. 简述立法公开的含义。
2. 分析立法公开的价值取向。
3. 谈谈你对立法公开原则的理解。
4. 我国立法公开的范围是什么？
5. 试述我国立法公开制度完善的具体途径。

第六章

立法语言

学习目标

准确理解立法语言的含义；清晰区分立法语言与日常语言的异同；了解立法语言审查的重要性及审查程序；把握立法语言对立法质量的意义；了解立法语言存在的问题。

材料引入

据东方网2017年3月10日报道（记者刘晓晶）：十二届全国人大五次会议上海代表团举行全体会议，审议《民法总则（草案）》。全国人大代表李碧影建议，《民法总则》中维护胎儿合法权益的立法语言逻辑性需要更强一些。

李碧影认为，审议《民法总则》不能脱离中国的社会实际，违背中国人的常识和共识。民事主体是一个特定的法律范畴，是民法上权利和义务所归属的主体。在现行的法律规定当中，特别是在《民法通则》的规定当中，自然人的权利能力是始于出生，但对于胎儿的保护也有必要。

李碧影说，我国现行的《继承法》规定，“遗产分割时，应当保留胎儿的继承份额。胎儿出生时是死体的，保留的份额按照法定继承办理”。而《民法总则》中也有对胎儿的利益确立进行保护的规则。

李碧影表示，权利能力的取得始于出生，一般的认知也应该如此。没有出生，完全依附于母亲，不可能成为一个独立的生物体，所以也不应该是具有民事权利能力的主体。从法律上赋予胎儿民事权利主体的能力，是不是牵涉到堕胎的合法性问题？如果胎儿有合法权利能力，如何确定胎儿合法权利的起始期限？为此，建议在维护胎儿合法权益的基础上，在立法语言上、逻辑性上可以再下一点功夫。

思考：如何理解民法典制定与立法语言的关系？立法过程中的语言运用应当注意哪些问题？

在现行法律体系中，语言失范现象大量存在，如语义模糊、歧义、句式冗余、篇章结构混乱、标点使用错误等。① 这看似是一种无关法律痛痒的缺陷，但实际上却映射出制定

① Reed Dickerson. The diseases of legislative Language. Harvard Journal on Legislation, 1964 (1): 5-15.

法的不规范性。目前，《十八届四中全会公报》鲜明地提出，“法律是治国之重器，良法是善治之前提”，而“提高立法质量”则是实现良法善治的关键。《立法法修正案（草案）》也将“提高立法质量”、实现法律的明确性和具体性作为立法工作的重要目标。因此，立法语言的失范现象对我国法治体系与法治国家的建设而言，便不再是一个无关痛痒的问题。细推立法语言失范现象的根源可以发现，语言规范运用意识淡薄、语言运用标准不统一以及语言审查程序缺失构成立法语言失范现象的主要原因。语言规范运用意识淡薄可以通过强化注意意识来提升，语言运用标准不统一也已经通过创设立法语言运用标准及语料库来逐步改进。立法语言审查程序的缺失却是目前我国立法实践中尚未警醒和重视的问题。

一、我国立法语言研究发展概述

法学研究者对于立法语言的研究是在20世纪80年代开始的，但这仅限于对少数学者而言。大部分法学研究者在法学研究以及立法实务中尚未形成“立法语言”这一专业性概念，只是司法实务界中的法律适用者在案件办理过程中对于立法语言的运用问题有所思索，但一直未能上升到理论的高度。20世纪90年代末，法学研究者开始对立法进行微观研究，尤其对立法术语的探究开始触及立法语言。直到21世纪初，随着立法语言在我国研究的不断深入，许多法学研究者才开始真正关注这一研究课题，立法语言学也才真正成为法学的一门学科。

（一）关于立法与语言的关系的研究

立法与语言的关系问题是我国法学界研究立法语言最早涉及的课题。上世纪80年代末，边缘法学研究者、现就职于江西农业大学人文学院的李振宇教授在研究边缘法学的同时，开始涉足立法语言学研究。李振宇教授作为我国法学界早期研究立法语言的主要代表，其在研究之初就对立法与语言的关系问题进行了论证。李振宇教授在谈论边缘法学如何使立法实践取得更好的社会效果时指出，立法会受到语言的影响。他指出，立法不仅需要法律知识作为基础，其制定的效果如何还受到语言等因素的影响。①语言是法律的载体，是推动法律发展的重要因素。法律是语言的产品，法律是语言的具体运用。法律与语言的融合，是法律语言学历史发展的必然趋势。② 近几年，立法语言学的研究已成为法学界关注的课题，但是立法与语言的关系问题并没有随着对于立法语言学研究的深入而被边缘化，法学研究者们对于立法语言的研究愈加深入，愈加认为立法与语言的关系问题是一个极为重要的问题。他们对此问题也存在以下共识：首先，法律的产生、变化和发展离不开语言，对于立法而言尤其如此。立法的发展史在一定程度上浓缩了语言的发展史。随着人类语言能力的不断完善，人类制定法律逐步从最初口语形态的习惯法，向文字形态的习惯法、成文法方向发展，即使是法律移植也无法摆脱对语言的依赖。其次，语言的选择、适用决定立法的范围、法律意义。人际交流需要语言作为媒介，而立法作为人们之间关系的

---

① 参见李振宇：《边缘法学与其他学科的关系》，载《当代法学》2003年第6期。

② 李振宇：《论法律和语言的融合》，载《法律语言学说》2007年第00期。

规范化表达，其用语多是基础用语的直接表达。这些语词的意义也就决定了立法的意义、质量。最后，语言的适用将影响立法者的思维方式。每一种语言的运用都具有独特的语法特征，从而影响立法者的立法思维方式。立法语言的合理运用能够影响法律思维的全过程，这尤其在影响立法的思维结果方面。由于思维结果引发的行为会作用于现实世界，从而影响立法质量。因此，语言工具的合理运用能够提升立法的质量。

法律与语言究竟何为本体的问题又成为法律语言学研究不可避开的一个问题。冯占省认为，20 世纪的西方立法语言学受到海德格尔的语言本体论、伽达默尔的解释学、维特根斯坦的语言哲学和以索绪尔、福柯为首的结构主义语言学等学说的影响。这些学说使得法学开始向以注重法律语言分析为主的方向转变，例如，语言分析哲学对以哈特为代表的分析法学产生了巨大的影响，哈特的《法律的概念》也因此成为法律语言学研究中的经典之作；而修辞学和解释学又促成了新修辞学法学和法律解释学的产生和发展。制度法学派的代表人物麦考密克认为："法学其实不过是一门法律语言学。"因此，冯占省指出，语言是法律的本体，起着核心与本源的作用。语言法律本体论是法律语言学的理论基础，旨在寻求法律语言的意义、事实和知识的统一。王国龙同冯占省的观点较为一致。前者在论及语言对法律的意义时指出，"语言建构起法律的意义世界"。他认为，"语言对于对象的指称以及事物的陈述是语意上的观察，这种观察是通过语言描述世界从而服务于人与人之间的沟通……事物通过'词语'而获得其存在，人们也只有通过'词语'才能去感知他们并进行交流。"由此引发王国龙的感叹"通过语言追问法律的意义是法律人的学术使命。"①

（二）对法律语词的考证

对立法语言的考证在我国最初是以研究法律文化和法律史的形式出现的，这尤其表现为对立法语词的研究。20 世纪 80 年代，随着法律文化研究的不断深入，许多法学研究者开始将文化分析法纳入到法学研究中去。在对"法"渊源进行考证过程中，梁治平教授用"语言—文化分析"法对"法"和"法律"进行了区分。他指出，在语词渊源角度来看，"法"并不等同于"法律"。"法"与"法律"这两个词分别来源于拉丁语中的"Jus"和"Lex"，前者有法、权利的涵义；后者即指法律。而我国古汉语中的"法"的涵义与现代"法律"一词相距甚远，并不能准确表述法律之涵义。梁治平教授认为，我们现在使用的具有独立意义的"法律"一词则来源于日本。

世纪之交的法学界，除少数人外，对于立法语言学的研究重点依旧停留在立法语词的研究上。李贵连教授在研究清末法学时，从法史学角度出发对我国立法语词的运用进行了研究。在他众多的学术成果中，以对"权利"一词的考证最为典型。李贵连教授认为，"权利"一词源自中国古汉语，而非由日本引进。他论述了"权利"一词的来源，并指出"权利"一词在丁题良翻译《公法便览》时由于"时人不解"而依据汉语意义给予特别解释。之后，李贵连教授对台湾地区学者李复甸教授在《权利辨正》一文中提出的"'权

① 王国龙：《从语言追问法律的意义》，载《边缘法学论坛》2006 年第 1 期。

利’一词为东洋日本之译词”的观点给予了回应,① 系统论述了“‘权利’一词源自中国古汉语，而非由日本引进”这一观点。其理由有四点：一是近代意义上的“权利”一词始见于《万国公法》和《公法便览》，而非清末立宪和民国立法；二是《万国公法》的编译发生在日本明治维新之前，而在明治维新之前日本没有新词传入中国以供《万国公法》的编译者们所借用；三是《万国公法》和《公法便览》原版本皆为英语，应以英文为准；四是日本明治维新之后借用中译本了解西方世界，且日本学者大槻文彦在《箕作麟祥君传》中认为日本借用《万国公法》中的“权利”。王健通过考证日本与中国关于“权利”一词的相关文献，认可了李贵连教授的观点。此外，王健教授还指出，许多类似于“法律”“权利”等现代意义上的法律新词好多是由中国传至日本的，几十年后才又回到了中国。

（三）我国立法语言学的发展趋势

根据我国现阶段立法语言学的研究成果及研究热点来看，在未来相当长的一段时间内，我国立法语言学的研究重点是促进立法与日常语言的融合。立法语言学研究中法学进路与语言学进路的存在，一方面表明交叉学科研究重点的不同，另一方面也表明了我国立法语言学在立法知识与语言知识融合程度上的不足。李振宇教授认为，立法语言学的发展是“沿着法律与语言的组合、法律与语言的结合和法律与语言的融合这样一条路线逐渐地进化着。法律与语言的组合是法律语言学产生的起点，法律与语言的结合是法律语言学创建的基础，法律与语言的融合是法律语言学发展的目标。因此，加快立法与语言的融合将成为我国立法语言学发展的历史性要求。在将来的研究中，我们不仅需要对立法语言的本体进行研究，更要重视其在司法实践中的功能变体的研究，加强立法语言与法律实施情况、司法实践的联系。

二、立法语言发展过程中的影响因素

（一）语词概念变化背后的社会因素

语言作为人与人之间的交流工具和信息载体，在社会生活中扮演着重要角色。但是语言不是一成不变的，它的变化会随着社会历史条件的不断变化而进行。语言的发展变化主要受到内生因素和外生因素两方面的影响。内生因素是指语言本体的自我演变。而影响语言发展变化的外生因素主要分为两大方面：社会因素和心理因素。此处仅就社会因素对法律语词的影响进行讨论。

在社会发展过程中产生新事物、新现象时需要对法律语词重新定义。法律语词除了记载人类社会已经存在的法律主体及法律关系外，它本身还需要同社会发展产生一种互动联系。这种联系需要法律语词保持自身的语言弹性，以便承载社会发展过程中出现的新事物、新现象。作为法律基本用语，其概念必然受到社会变迁和领域语言发展的双重影响。

① 我国学者郭道晖也支持“‘权利’一词为东洋日本之译词”的观点。参见郭道晖：《论法定权利与权利立法》，载《法制现代化研究》1995 年第 00 期。

以我国《宪法》第49条第1款中的“母亲”概念为例。该概念的演变经历了“直系血缘关系”向“直系血缘关系和拟制血亲关系”的发展。“拟制血亲关系”属于法学界对于养母、继母等类型的“母亲—子女关系”的称呼，它是法律对养母、继母这种社会现象的一种认可，并且“拟制”一词属于法律领域的专门语言。由此看来，现代法律意义上的“母亲”概念是社会变迁与法律语言综合发展的结果。而且，随着社会的不断发展，许多夫妻主动或被动选择既不生育也不收养子女，仅将家庭维持两人以内。例如：“丁克家族”（Double Income No Kids四个单词首字母的组合DINK的谐音）就是传统社会中“父母—子女”所组成的家庭形式的一种变异。如果对该形式家庭中的弱势成员的保护仍然沿用“母亲”概念的话，显然缩小了家庭弱势成员的范围，由此也会造成法律语词的使用不当。

此外，在社会发展过程中，人们对原有事物产生的新认识也会要求法律语词做出相应变化。人们对社会和语言的新认识促使法律语言在内涵和外延上不断变化，并且这种变化对于法律文本而言将成为语词概念不确定的原因之一。法律基本用语在法律文本中，意在强调其独特的法律含义。但在社会转型时期，受多方面因素的影响——例如语言规范对法律语词的影响、立法目的与语词表达的外延差异、社会发展对语词外延的影响等——法律基本用语的内涵不确定性必然导致外延的不周延，而语词外延的不周延则将导致法律保护范围的不确定性。由此看来，语言难题最终将演变为一个法律规制难题。

（二）语言意识问题

法律是一个对规范性要求比较高的领域，无论是立法工作者还是法学研究者都对法的规范化问题给予了高度重视。但是法律语言学研究在我国才只有近30年的历史，立法语言的规范化问题也只是在近几年才有学者提出。因此，立法语言规范的使用尚未能够在立法工作者中产生较大的影响。因此，在语言学研究者开始研究法律文本时发现现行法律中存在诸多语言错误。立法语言规范意识的薄弱也成为我国法律中存在诸多语言错误的重要原因之一。《立法法》作为我国立法工作的重要依据，全文分为六章，共105条，分别对各种规范性法律文件的立法主体、立法权限、立法程序以及立法监督等内容进行了详细规定，但对立法语言的使用问题却未提及。在起草《立法法》过程中，学者们提出的《立法法》（建议稿）曾经专设一章《法的体例》，对法的名称、法的标题、法的语言、法的结构、法的用语等提出了相应的要求，然而最终未能为立法者采纳。有人曾提出在法律草案定稿的最后阶段，请语言学家就语法修辞方面的问题把把关，最终也没有被采纳。现在看来，《立法法》对规范立法语言并未持重视态度，并最终导致了我国立法工作在语言问题上的缺陷。诸多语言失范现象的存在也是立法者的语言规范意识薄弱的表现。立法语言的失范具有严重的社会危害性，如纵容违宪行为、冲击语言科学、诱发不良意识等，应当引起各国立法机关的高度重视。

（三）立法语言技术研究

法律的表达离不开语言的支持，而立法语言恰是专门适用于立法领域的语言。然而我国立法技术的研究尚处于成长期，立法语言研究作为立法技术研究中的一部分同样呈现出不成熟之处。然而，任何立法，不论其属于哪种形式，都要通过立法语言文字表达出来。作为立法的一项重要技术——法的语言文字的表达技术，包括句子使用、字词使用、标点符号使用、语气语态使用以及其他诸如此类的问题的技术。这些技术对于提升我国立法质量具有不可估量的积极作用。

我国现在虽然已基本构建起了社会主义法律体系，法律的门类和条款亦较为齐全，但立法语言技术并未在立法过程中显示出应有的作用，这也导致我国中央至地方各级颁布的规范性法律文件中存在众多的语言错误。不仅立法语言在我国法律制定中得不到重视，立法语言的研究同样在法学界难以成为研究的热门课题。潘庆云认为，在已经颁布的地方乃至中央的法律、法规，甚至在国家一些重要法律或法规中，词语、句子、标点符号等方面出现的语言文字问题并不鲜见，这与我们对语言文字，特别是法律语言中的语言文字运用不够重视，对立法语言研究比较粗疏有直接的关系。① 我国立法语言研究受到忽视的原因还在于我国立法实践中“重实质，轻表述”的现象比较严重，立法者在立法过程中更注重对立法目的、立法价值、权利义务分配、责任划分等实体内容的考量，而忽视了法律中语词的使用、语句的表达、篇章结构的营造等立法语言技术方面的问题。这也导致了我国立法理论研究者将大部分的研究精力放在了法律实体内容的研究上，忽视了对立法技术，尤其是立法语言的研究，从而导致了我国立法语言失范情况较为严重。现阶段，立法语言研究的滞后已经在实践层面显现出了诸多弊端，加强立法语言的研究已成为实现法律规范化的迫切需求。

三、我国立法语言规范化探索：立法语言审查程序

所谓立法语言审查程序，是指对立法语词、句式、篇章结构等文本表达进行审查的立法程序。它有广义和狭义之分。广义的立法语言审查程序是指在法律制定、认可和修改阶段，负有立法语言审查职能的国家机关、社会组织或公民对现行法律文本或法律草案的语词、句式及篇章结构等用语规范情况进行审查的工作方法、步骤和次序。它包括法律草案的语言审查程序和现行法律文本的语言审查程序。而狭义的立法语言审查程序仅指法律制定阶段的语言审查程序，即法律草案语言审查程序。在此我们仅就狭义的立法语言审查程序进行探讨。

（一）立法语言审查程序的内在构成

立法语言审查程序在内在构成上主要是由四层概念组成的，即“立法”“语言”“审查”“程序”。这四层概念分别对应着不同的立法要求。

第一，“立法”概念表明立法语言审查程序的适用范围。一般来说，立法是指享有立法权的国家机关依据一定的法律程序，制定、认可或修改法律规范的活动。但在此，立法不再是一种动态的活动，而被视为法律运行的一个阶段，其与执法、司法相对，表现为一种程序性规定的适用范围。换言之，在立法语言审查程序建构中，“立法”概念的适用明确了该程序只能适用于立法阶段，执法、司法阶段产生的语言失范现象不属于该程序审查

① 潘庆云：《中国法律语言鉴衡》，汉语大词典出版社2004年版，第266页。

的范围。

第二，“语言”概念指明立法语言审查程序的调整范围。在立法学视域下，“语言”仅指立法过程中所使用的语言，即制定法律过程中所使用的语言文字表意系统。然而，立法程序的整体性表明，立法语言并非仅指制定法律过程中所使用的语言，同样的，作为立法结果的法律文本也属于立法语言的表意范围。因此，立法语言审查程序的调整范围一方面包括从立法规划开始，到法的公布这一整个立法期间所使用的语言，如“立法规划”“起草”“备忘录”“草案说明”等语词；另一方面也包括各个现行法中所使用的语言，如“过失”“可以”“婚姻”“情节严重”等。这些法律语词在立法中已经超越了其日常语义所在，立法语言审查程序的价值之一便在于保证该类法律语词运用的准确性。

第三，“审查”概念指向立法语言审查程序的功能。依照我国《立法法》第 90 条的规定，国家机关、社会组织以及公民认为行政法规、地方性法规、自治条例和单行条例同宪法或者法律相抵触的，可以以书面形式向全国人大常委会提请立法审查。这意味着我国现行的立法体制已经确立了立法审查制度。那么，在立法程序中嵌入语言审查程序，既符合立法机关“科学立法”的职能要求，也是提高我国立法质量的必要举措。但值得注意的是，立法语言审查程序中的“审查”只是对法律草案语言运用规范性的审查，属于一种前置性立法监督功能。审查主体仅具有审查权和提出异议的权力，而无权修改法律草案的实体内容。可以说，“审查”概念在立法语言审查程序中主要体现为监督功能和合理怀疑功能。

第四，“程序”概念指向立法语言审查程序的正义属性。在立法中，“程序”是一种动态、非实体的价值判断。它无助于增进立法的实体正义，却能够保证集体理性按照同一目标有步骤地自我衍进。罗尔斯以“蛋糕的公平分配”来隐喻立法程序的重要性。他认为，立法的过程预设了两种达到正义的路径：其一，存在一种决定何种结果为正义的标准，并且该标准在结果出现之前即已确定；其二，设定一种能够保障结果为正义的程序。由此推知，程序对于立法语言审查而言，除了为审查主体提供审查步骤之外，也在于确保立法机关遵循结果正义的程序法精神，保证立法结果的形式正义与实质正义。

立法语言审查程序的四层概念之间是彼此相连、密不可分的，例如“立法—语言”“立法—审查”“立法—程序”以及“语言—审查”。每一概念层级都能够彼此联结，构成立法体系的重要组成部分。这些概念联结的正当性、合法性既表明了立法语言审查程序设置的必要性，也在某种程度上凸显了立法语言审查程序的法律价值及意义。

（二）立法语言审查程序的法律意义

首先，立法语言审查程序完善了法律文本拟定的程序性技术。程序性技术是实现立法正当性的必要条件，一般表现为立法的手段或形式。但在现代立法观念下，这种程序工具主义的外观并未否定程序本身的价值取向。诚然，在立法领域，程序性技术较之于实体性规范，缺乏影响公民权利、义务以及责任的显见后果。但是，从严格法治的角度而言，程序性技术能够在“可视化”“可触摸”层面保障立法的正当性、合法性，而实体性规范本身则相对较弱。因此，立法语言审查程序的设置意义之一便是将法律文本草拟与外部审查程序相联结，既保证立法者能够公开、公正以及公平地制定法律草案，又防止了权力的

“暗箱操作”。

其次，在法律的文本表达层面上，立法语言审查程序能够缓解立法语言的失范化现象。从我国的立法现状来看，法律文本中普遍存在语言运用的失范化现象，例如语法错误、主语缺失、语义模糊、标点错误以及篇章结构不合理等。其中，我国《宪法》中的语言失范现象就达140余处，而刑法、民法、行政法、诉讼法等领域的法律法规中的语言失范现象也较为常见，地方性法规中的语言失范现象更是比比皆是。因此，建立立法语言审查程序的意义不仅在于解决法律草案与现行法中的实体性表达问题，也有助于法律的传播。

再次，从法律运行的角度考量可以发现，对立法语言的审查可以减少执法、司法过程中的运用难题。英国法学家曼斯斐尔德勋爵（Lord Mansfield）认为，世界上的大多数纠纷都是由词语所引起的。① 立法语言失范现象的存在即是导致部分法律纠纷产生的原因之一。为此，执法者、司法者不仅要面对纷繁复杂的社会事实，同时也要面对法律文本的语言失范难题。而立法语言审查程序的审查范围涵盖了法律术语的确定性、模糊语词的指称范围、法条句式的完整性以及篇章布局的合理性等问题。相应地，执法机关与司法机关在具体法律条款的运用中便具备了明确的规则指引，有助于疑难案件的解决。因此，立法语言审查程序的建构并非仅在于解决立法层面的问题，同时也解决了执法者与司法者的法律适用难题。

最后，从权力监督层面来说，立法语言审查程序有效地缓解了立法者的“监督悖论”难题。众所周知，“监督悖论”源出于立法者的权力重叠性，即立法权与监督权在立法者身份上的混同。但立法程序的公开性却能够在一定程度上缓解“监督悖论”难题，而立法语言审查程序则构成破解“监督悖论”中的重要一环。理由在于：程序性规范能够满足外部观察者（如社会组织、公民等）对集体行动的合理预期。由于外部观察者介入或影响权力运行机制的作用极其有限，因此，对于集体行动的衍生物——法律规范——是否属于理性建构的结果，外部观察者就需要采用某种制度性设计或防御措施来加以保障。所以，相比于立法的内容，外部观察者对立法的程序性技术更为关注。而语言审查程序则是在立法表达的确定性、合理性上解决了立法机关的权力运行与监督问题，确保了立法权行使的正当性。

（三）我国立法语言审查程序的设置基础

1. 语言失范规制说与效力冲突规制说构成我国立法语言审查程序的理论基础

立法语言审查及其程序建构的问题早已进入法律人及语言学者的研究视野，并已形成不同的学说。其中，较有影响力的观点之一是“语言失范规制说”。该学说认为，立法语言审查程序是语言失范现象引发的前置性规制措施。从当前世界各国的立法实践来看，语言失范现象已是各国制定法中普遍存在的技术性难题，这显然与现代立法所宣扬的规范主义与形式主义精神背道而驰。因此，有学者指出，鉴于立法规范化之需求，各国应当在立法程序中内嵌一种前置性程序——立法语言审查程序，并且由语言学专家、专门性国家机

① 刘仁文：《明确性：现代立法应追求的重要目标》，载《中国国情国力》2003年第4期。

构等主体对法律草案的语言进行审查。非经立法语言审查程序的审查，该法案不得生效。① 另一具有影响力的学说是“效力冲突规制说”，即立法语言审查程序是一种避免下位法与上位法冲突的程序性技术。该学说主张，在实行单一的两级立法体制国家中，中央与地方之间的立法权限差异极易导致下位法与上位法之间的效力冲突。以中国的立法体制为例。我国实行的是“一元、两级、多层次”的立法体制，不仅中央与地方在立法权限上存在较大差异，而且在法的效力等级上，宪法、法律、行政法规、地方性法规以及部门规章之间也有严格的效力限定。因此，为了防止下位法的文本表达同上位法相冲突，我国应当建立立法语言审查的程序性规范，以引导、规范下位法文本表达的合宪性、合法性。概言之，“语言失范规制说”与“效力冲突规制说”已经为立法语言审查程序的实体建构提供了一定的理论研究，但不无遗憾的是，在我国乃至世界范围内，立法语言审查程序的理论成果仍旧相对稀少，系统化研究更是薄弱。而且，理论界与实务界始终未能清晰地认识到立法语言审查程序对于推动法治现代化的积极意义。这显然与立法语言审查程序的重要性严重不符。

尽管理论界能够提供的直观性研究成果较少，但这并不妨碍我们从其他视角审视立法语言审查程序建构的理论基础，例如立法语言视角与立法审查程序视角。前者从法律文本的语言构成出发，对立法语言的语词、句式结构、篇章布局以及文本风格等内容进行了规范分析，指明了法律的文本表达与语法规范之间的显见差距，从而为我国立法语言审查程序的建构提供了语言规范。后者则从程序设定与权力分配的维度出发，一方面明确了立法审查的正当性、合法性，同时也将“立法审查”视为一种事后监督程序，肯定了审查程序对于法律文本规范化的积极意义；另一方面，立法审查程序也为语言审查程序提供了适格的审查主体。鉴于语言审查与立法审查之间的种属关系，语言审查程序完全可以借鉴立法审查程序理论研究中的有益成果。综合来看，虽然立法语言、立法审查以及立法语言审查程序的研究均有待进一步提高，但上述理论成果已经为我国立法语言审查程序的构建提供了充分的理论支持。

2. 法律案审议程序和立法审查程序成为我国立法语言审查程序的雏形

我国现行立法程序虽未明确规定关于立法语言的审查程序，但是支撑立法语言审查的程序基础却是存在的。其中，较为典型的两种程序性事实是：法律案审议程序和立法审查程序。就立法语言的规范性审查而言，法律案审议程序发生于法律草案的民主审议过程中，属于一种事中审查程序。按照我国《立法法》第13、17条的规定，无论法律案是否已列入会议议程，均需要经过专门委员会审议。并且，法律委员会有权根据各专门委员会的审议意见，对法律案进行统一审议并提出审议结果报告。在这一过程中，专门委员会主要负责审议法律草案的以下内容：(1) 立法的必要性与可行性；(2) 法律草案是否与宪法、上位法相抵触；(3) 法律草案的结构、条款设计、调整范围是否准确；(4) 重要问题的解决方案是否科学、合理；(5) 立法技术的适当性、立法语言表述的准确性、语言运用的规范性等。由此可见，虽然我国《立法法》尚未设置刚性的语言审查程序，但在法律案审查实务中，专门委员会，尤其是法律委员会已经将立法语言运用的准确性与规范

① 刘大生：《浅论立法语言规范化》，载《法学论坛》2001年第1期。

性、篇章结构的科学性、文本表达与宪法、上位法的一致性等问题，视为法律案审议的重要内容。

而立法审查程序则属于一种对法律文本规范性的事后监督、审查机制。根据我国《立法法》第90、91条的规定，该程序审查的内容是行政法规、地方性法规、自治条例和单行条例同宪法或者法律的相抵触的情况，并且具体审查主体仍然是各专门委员会。按照“语言失范规制说”与“效力冲突规制说”的理论推衍，尽管“同宪法或者法律相抵触”构成立法审查的主要动因，但这种法律文件之间的抵触事实皆是以语言文字的形式表现出来的。因此，即便专门委员会坚信立法审查的目的在于消除法律之间的抵触状况、实现国家立法的统一性，但是，除开规范层面的考量，其审查行为的实质影响依旧是对法律文本的语言运用的改变。由此证明，在我国现行立法审查程序的深层次机理中，法律的规范性审查构成立法审查程序的外在表象，而语言审查则已内化为实质性影响结果。总而言之，法律案审议程序和立法审查程序共同构筑了我国立法语言审查程序的雏形。

3. 立法用语规范化专家咨询委员会及地方经验已经为我国立法语言审查程序的建立奠定了实践基础

随着近几年立法语言研究的不断发展，一些地方立法机关和政府开始关注立法语言规范化问题，这种关注主要表现在立法技术规范的制定上。从目前来看，我国立法技术规范主要分为三种类型：一是行政法规类立法技术规范，如《政府规章立法技术规范》《行政法规制定程序条例》；二是地方性立法技术规范，如《广东省人民代表大会常务委员会立法技术与工作程序规范（试行）》《重庆市地方立法技术规范》；三是专业性立法技术规范，如《水利立法规范》《民航规章立法技术规范》。2001年，国务院率先出台《行政法规制定程序条例》，其中第5条规定：“行政法规应当备而不繁，逻辑严密，条文明确、具体，用语准确、简洁，具有可操作性。”可见，立法语言的准确、简洁已成为法律规范化、确定化的一项基本要求。但是在缺乏语言审查程序的情况下，立法语言的准确、简洁与否似乎无法得到全面保障。另外，地方立法机关也均制定了“立法技术规范”类文件，以期实现法律文本表述的规范化。广东省人大常委会于2007年颁布的《广东省人民代表大会常务委员会立法技术与工作程序规范（试行）》就对立法语言表述做出了规定。该技术规范从第122~137条对立法语词、句式、数词、量词、标点符号等做了详细规定。但遗憾的是，该技术规范亦未能对立法语言审查程序作出详细规定。显然，这也导致了立法语言规范化的“宣而不用”。故此，我国在制定立法技术规范过程中也应当增加语言审查程序，已达到立法监督的目的。此外，全国人大法工委于2007年设立了“立法用语规范化专家咨询委员会”。该委员会由14位语言文字学家组成，涉及语言研究、语言编辑、语言教学等领域。该咨询委员会在法律草案的审查方式上，主要采取专家与草案起草人共同审查的方式。并且，为了加强立法语言审查工作的制度化、程序化，全国人大法工委还专门制定了《立法用语规范化专家咨询委员会工作细则》。这些实践不仅为我国建立立法语言审查程序提供了宝贵经验，还将成为一种有效的立法权力限制机制。

（四）我国立法语言审查程序的具体建构

一方面，我国立法语言审查程序的建构应当扩大审查主体的范围，吸收社会组织和公众参与到立法语言审查中来；另一方面，审查程序的设计要适合我国立法的具体情况。因此，我国应当从以下几个方面建构具有中国特色的立法语言审查程序。

1. 立法语言审查主体

立法语言审查主体，即谁有权审查法律文本的语言表达的问题。纵观世界各国的立法实践，无论该国实行何种立法体制，在立法程序设定上都需要设置明确的立法主体。但值得注意的是，立法主体并不与立法语言审查主体完全相重叠。所谓立法主体，是指在法治意义上和功能意义上具有立法权或者对立法活动起实质性作用、对立法产生重要影响的主体。它主要包括议会、政府、社会团体和公民个人等，其中起主导性作用的是立法机关，常常表现为国会、议会、人民代表大会等形式。而立法语言审查主体是指在法律制定、修改过程中负有审查立法语言职责的主体。它主要包括立法语言审查机构和专家委员会。此外，为了凸显我国立法民主性、提高立法语言的规范性、普适性，我国立法机关也应当注重公民与社会组织的立法参与功能，我国应当通过设立或认可立法语言审查机构、专家委员会、社会组织等方式来确立立法语言审查主体以及参与主体。

2. 立法语言审查程序的审查内容

立法语言审查程序是对立法语言运用情况的审查，不包括对司法语言、执法语言等法律语言形式的审查。而且，该程序审查的内容也较为单一，它仅就法律草案的语言运用问题进行形式审查，而不关注法律的实质问题。也就是说，立法语言审查程序是对立法语言的形式审查，任何规范层面的立法事项——如法律权利的赋予、义务的设定、责任的设置等问题，均不属于立法语言审查程序的审查范围。语言审查应当以消除法律的模糊性、歧义性为目的，将立法语词适用的准确性和简洁性、上下文立法语词适用的统一性、各法律部门之间立法语词概念的一致性、相近立法语词概念辨析、立法语句的句式、句法结构选择以及篇章布局等作为审查内容。并且，立法语言审查、修改应当以维持法律草案的基本含义为原则，尽量保证法律草案的原意。总之，语言审查的内容就是审查立法语词、语句以及篇章结构的设置问题。

3. 立法语言审查的具体程序设置

立法语言审查程序由六步骤构成：提请语言审查、审读、听取起草人意见、论证、修改、提出审查结果报告。这六个步骤通常按照顺序进行，但在某些情况下会因为法律案的修改意见不一而需要反复性的、交叉性的审查。如在立法语言论证阶段，草案审查人员对立法语言的运用持有不同意见时，可以重新听取起草人意见。但无论立法语言审查过程如何，审查程序的所有步骤缺一不可。具体说来，立法语言审查程序的运作方式如下：

一是提请语言审查。在法律草案表决稿完成后、提请下次会议表决前，由法律委员会提请立法语言审查机构进行语言审查。法律委员会内部组建立法语言审查专家委员会时，可以由法律委员会提请专家委员会进行语言审查。

二是审读。审查申请提出后，法律委员会将法律草案交由立法语言审查机构（或专家委员会），由审查人员对法律草案进行审读、研究，标明存在语言失范现象的篇章、语句、语词。

三是听取起草人意见。立法语言审查人员邀请法律案起草人列席审查会议，与法律案起草人当面交流，听取起草人的意见，并针对存在的语言失范现象与起草人进行沟通、讨论。

四是论证。召开立法语言审查会议，由审查人员对法律草案的语言问题和修改意见（包括公民与社会组织反馈的意见和建议）进行说明，其他与会人员提出意见，由会议主持人汇总审查人员的修改意见。

五是提出修改建议。立法语言审查机构（或专家委员会）对法律草案进行修改，提出法律草案修改建议稿。

六是提出审查结果报告。立法语言审查机构（或专家委员会）提出审议结果报告，对重要的不同意见应当在审查结果报告中予以说明；对有关审查人员的重要审议意见没有采纳的，应当向有关审查人员反馈。

资料一

《立法技术规范（试行）（一）》（2009 年）

目录

22. 抵销，抵消
23. 账，帐
24. 以上，以下，以内，不满，超过
25. 日，工作日
四、法律修改形式规范
26. 法律修正
27. 法律修订
五、法律废止形式规范
28. 法律废止

一、法律结构规范

1. 目录

1.1 法律设章、节的，在正文前须列“目录”将各章、节的名称按序排列表述，各章下的节单独排序。条、款、项、目不列入目录中。附则单列为一章。

示例：第一章 ……
　　第一节 ……
　　第二节 ……
第二章 ……
　　第一节 ……
　　第二节 ……
　　……
第×章　附则

1.2 法律设编、章、节的，各章连续排序。附则不单列为一编或者一章。

示例：第一编　总则
　　第一章 ……
　　第二章 ……
第二编　分则
　　第三章 ……
　　　第一节 ……
　　　第二节 ……
　　第四章 ……
　　　第一节 ……
　　　第二节 ……
　　　……
　　附则

2. 定义条款

2.1 贯穿法律始终的基本概念，在总则中或者法律第一条立法目的之后规定。如果规定适用范围的，定义条款在适用范围之后规定。

2.2　涉及多个法律条款的专业术语，一般在附则中规定。

2.3　概念、术语只涉及某章节的内容时，可以在该章节的开头、结尾或者有关条文中规定。

2.4　定义条款表述为："本法（本章、本节、本条）所称××，是指（包括）……"。

2.5　一个定义条款中规定多个概念、术语的，应当分项表述。

示例：本法中下列用语的含义：

（一）××，是指（包括）……

（二）××，是指（包括）……

……

3. 过渡性条款

3.1　过渡性条款内容一般包括：对新法施行（颁布）前相关法律行为、法律关系效力的确定；新法对某种特殊情形所做出的特别生效时间或者依法特别办理的规定；对依据旧法获得的权利、资格、资质效力的承认或者处理等。

示例：本法公布前已经批准设立的企业，依照当时的税收法律、行政法规规定，享受低税率优惠的，按照国务院规定，可以在本法施行后五年内，逐步过渡到本法规定的税率；享受定期减免税优惠的，按照国务院规定，可以在本法施行后继续享受到期满为止，但因未获利而尚未享受优惠的，优惠期限从本法施行年度起计算。

法律设置的发展对外经济合作和技术交流的特定地区内，以及国务院已规定执行上述地区特殊政策的地区内新设立的国家需要重点扶持的高新技术企业，可以享受过渡性税收优惠，具体办法由国务院规定。

国家已确定的其他鼓励类企业，可以按照国务院规定享受减免税优惠。

3.2　过渡性条款一般在附则中规定。但是，只涉及某章节或者某条文的，可以在相应的章节或者条文中规定。

4. 法律适用关系条款

新法颁布后，涉及相关法律有关规定的适用问题时，一般采用具体列举的方式；难以全部列举的，在具体列举之后，再作概括表述。

示例1：《中华人民共和国××法》《中华人民共和国××法》《中华人民共和国××法》与本法的规定不一致的，适用本法。

示例2：《中华人民共和国××法》《中华人民共和国××法》和其他在本法施行前公布的法律与本法的规定不一致的，适用本法。

二、法律条文表述规范

5. 立法目的与立法依据的表述

5.1　法律一般需要明示立法目的，表述为："为了……，制定本法"，用"为了"，不用"为"。立法目的的内容表述应当直接、具体、明确，一般按照由直接到间接、由具体到抽象、由微观到宏观的顺序排列。

5.2　法律一般不明示某部具体的法律为立法依据。但是，宪法或者其他法律对制定该法律有明确规定的，应当明示宪法或者该法律为立法依据。表述为："……根据宪法，制定本法。”或者“……根据《中华人民共和国××法》的规定，制定本法。”

5.3　立法目的与立法依据（需要规定立法依据时）一般在第一条一并表述，先表述立法目的，再表述立法依据。

6. 引用法律名称的表述

6.1　引用本法时，表述为：“本法……”。

6.2　引用其他法律时，在特指具体法律时，所引法律的名称用全称加书名号。

示例：商业银行的组织形式、组织机构适用《中华人民共和国公司法》。

6.3　引用《中华人民共和国宪法》时，不用全称，也不加书名号，直接表述为“宪法”。

7. 适用法律的表述

7.1　具体指明适用某部法律的，表述为：“……适用《中华人民共和国××法》的规定”或者“……适用《中华人民共和国××法》……的规定”。为了避免以后法律修改可能出现的条文不对应问题，一般不出现具体条文的序号。

7.2　概括适用其他法律、法规的，表述为：“……适用《中华人民共和国××法》和其他法律（法规）的规定”，或者“……适用有关法律（法规）的规定。”

7.3　优先适用其他法律、法规的，表述为：“……适用本法，《中华人民共和国××法》另有规定的，适用其规定。”或者“……适用本法，《中华人民共和国××法》和其他法律（法规）另有规定的，适用其规定。”

7.4　优先适用本法的，表述为：“……与本法规定不一致的，适用本法。”

8. “有下列情形之一的”与“有下列行为之一的”表述

8.1　“情形”用于表示事物所表现出来的外在形态和状况。

8.2　“行为”用于表示人的活动。

8.3　如果列举的内容既包括“情形”又包括“行为”时，统一用“情形”。

8.4　“有下列情形之一的，……”和“有下列行为之一的，……”中的“的”字不能省略，其所列各项末尾是否用“的”字，根据下列三种情况确定：

8.4.1　所列项是名词时，不用“的”。

示例：本章有关规定中，有下列情形的，可以保留或使用繁体字、异体字：

（一）文物古迹；

（二）姓氏中的异体字；

（三）书法、篆刻等艺术作品；

……

8.4.2　所列项是主谓结构时，视为名词性短语，不用“的”。

示例：有下列情形之一的，委托代理终止：

（一）代理期间届满或者代理事务完成；

（二）被代理人取消委托或者代理人辞去委托；

（三）代理人死亡；

……

8.4.3　所列项是动宾结构时，应当用“的”。

示例：企业法人有下列情形之一的，除法人承担责任外，对法定代表人可以给予行政处分、罚款，构成犯罪的，依法追究刑事责任：

（一）超出登记机关核准登记的经营范围从事非法经营的；

（二）向登记机关、税务机关隐瞒真实情况、弄虚作假的；

（三）抽逃资金、隐匿财产逃避债务的；

（四）解散、被撤销、被宣告破产后，擅自处理财产的；

……

9. 引用法律条文中第×项的表述

9.1　引用某项时，该项的序号不加括号，表述为："第×项"，不表述为："第（×）项"。

9.2　引用某条的某项时，表述为："第×条第×项"或者"第×条第×款第×项"。

9.3　引用两项时，表述为："第×条第×项、第×项"。

9.4　引用三项以上的，对连续的项表述为："第×条第×项至×项"；对不连续的项，列出具体各项的序号，表述为："第×条第×项、第×项和第×项"。

10. 部门的表述

10.1　法律中一般不写部门的具体名称。

10.2　法律中行政机关的表述，一般使用"××主管部门"。

示例：国务院城乡规划主管部门负责全国的城乡规划管理工作。

10.3　对某些部门，实践中已有固定表述的，如"公安机关""工商行政管理部门""海关"等，仍保留原来的表达方式。

示例：县级以上地方人民政府公安机关对本行政区域内的消防工作实施监督管理，并由本级人民政府公安机关消防机构负责实施。

10.4　对少数情况特殊的部门，应当表述准确，如司法部就不能表述为"司法部门"，而应当表述为"司法行政部门"。这里"行政"与"主管"不能并用。

示例：司法行政部门依照本法对律师、律师事务所和律师协会进行监督、指导。

10.5　法律授权履行监督管理职能的组织机构，表述为"××机构"。

示例：国务院保险监督管理机构依法对保险业实施监督管理。

国务院保险监督管理机构根据履行职责的需要设立派出机构。派出机构按照国务院保险监督管理机构的授权履行监督管理职责。

11. 数字的使用

11.1　序数词、比例、分数、百分比、倍数、时间段、年龄、人数、金额，以及表示重量、长度、面积等计量数值的数字，均用汉字数字表述。

示例：宪法的修改，由全国人民代表大会常务委员会或者五分之一以上的全国人民代表大会代表提议，并由全国人民代表大会以全体代表的三分之二以上的多数通过。

11.2　公历年、月、日，统计表中的数字，需要精确到小数点后的数字，法律条文中"目"的序号等，均用阿拉伯数字表述。

示例1：承运人对货物的灭失或者损坏的赔偿限额，按照货物件数或者其他货运单位数计算，每件或者每个其他货运单位为666.67计算单位，……

示例 2：本章下列用语的含义：

……

（三）“托运人”，是指：

1. 本人或者委托他人以本人名义或者委托他人为本人与承运人订立海上货物运输合同的人；

2. 本人或者委托他人以本人名义或者委托他人为本人将货物交给与海上货物运输合同有关的承运人的人。

……

12. 标点符号的使用

12.1　主语和谓语都比较长时，主语和谓语之间加逗号。

示例：全国人民代表大会常务委员会、国务院、中央军事委员会、最高人民法院、最高人民检察院、全国人民代表大会各专门委员会，可以向全国人民代表大会提出法律案，由主席团决定列入会议议程。

12.2　一个句子内部有多个并列词语的，各个词语之间用顿号，用“和”或者“以及”连接最后两个并列词语。

示例：国家保护公民的合法的收入、储蓄、房屋和其他合法财产的所有权。

12.3　一个句子存在两个层次以上的并列关系时，在有内在联系的两个并列层次之间用顿号，没有内在联系的两个并列层次之间用逗号。

示例：全国人民代表大会常务委员会 1957 年 10 月 23 日批准、国务院 1957 年 10 月 26 日公布的《国务院关于国家行政机关工作人员的奖惩暂行规定》，1993 年 8 月 14 日国务院公布的《国家公务员暂行条例》同时废止。

12.4　在多重复句中，各并列分句内已使用逗号的，并列分句之间用分号。

示例：……人员，有……行为之一的，依法给予行政处分；情节严重的，依法开除公职或者吊销其从业资格；构成犯罪的，依法追究刑事责任。

12.5　在修正案、修改决定中，使用引号时，根据下列情况确定：

12.5.1　引用内容是完整的条、款的，条、款末尾的标点符号标在引号里边。

示例：将刑法第一百五十一条第三款修改为：“走私珍稀植物及其制品等国家禁止进出口的其他货物、物品的，处五年以下有期徒刑或者拘役，并处或者单处罚金；情节严重的，处五年以上有期徒刑，并处罚金。”

12.5.2　引用内容是条文中的局部或者是名词、短语的，在引号内引用部分的末尾不加标点符号，但是在引号外的句末，应当加注标点符号。

示例：将本法其他各条款中的“全民所有”改为“国家所有”，“国营”改为“国有”。

12.5.3　引用内容是分款（项）的条文，每款（项）的前面用前引号，后面不用后引号，但是在最后一款（项）的后面，应当用后引号。

示例：第一百七十九条第一款改为第一百七十九条，修改为：“当事人的申请符合下列情形之一的，人民法院应当再审：

（一）有新的证据，足以推翻原判决、裁定的；

（二）原判决、裁定认定的基本事实缺乏证据证明的；

（三）原判决、裁定认定事实的主要证据是伪造的；

……

（十三）据以作出原判决、裁定的法律文书被撤销或者变更的。

对违反法定程序可能影响案件正确判决、裁定的情形，或者审判人员在审理该案件时有贪污受贿，徇私舞弊，枉法裁判行为的，人民法院应当再审。

三、法律常用词语规范

13. 和，以及，或者

13.1　“和”连接的并列句子成分，其前后成分无主次之分，互换位置后在语法意义上不会发生意思变化，但是在法律表述中应当根据句子成分的重要性、逻辑关系或者用语习惯排序。

示例1：一切法律、行政法规和地方性法规都不得同宪法相抵触。

示例2：较大的车站、机场、港口、高等院校和宾馆应当设置提供邮政普遍服务的邮政营业场所。

13.2　“以及”连接的并列句子成分，其前后成分有主次之分，前者为主，后者为次，前后位置不宜互换。

示例1：开庭应当公开，但涉及国家秘密、商业秘密和个人隐私以及当事人约定不公开的除外。

示例2：国务院和省、自治区、直辖市人民政府根据水环境保护的需要，可以规定在饮用水水源保护区内，采取禁止或者限制使用含磷洗涤剂、化肥、农药以及限制种植养殖等措施。

13.3　“或者”表示一种选择关系，一般只指其所连接的成分中的某一部分。

示例：任何组织或者个人不得侵占、买卖或者以其他形式非法转让土地。土地的使用权可以依照法律的规定转让。

14. 应当，必须

“应当”与“必须”的含义没有实质区别。法律在表述义务性规范时，一般用“应当”，不用“必须”。

示例：仲裁庭对农村土地承包经营纠纷应当进行调解。调解达成协议的，仲裁庭应当制作调解书；调解不成的，应当及时作出裁决。

15. 不得，禁止

“不得”“禁止”都用于禁止性规范的情形。“不得”一般用于有主语或者有明确的被规范对象的句子中，“禁止”一般用于无主语的祈使句中。

示例1：任何组织或者个人都不得有超越宪法和法律的特权。

示例2：禁止非法拘禁和以其他方法非法剥夺或者限制公民的人身自由，禁止非法搜查公民的身体。

不再使用“不准”“不应”“不能”“严禁”等与“不得”和“禁止”相近的词语。

16. 但是，但

“但是”“但”二者的含义相同，只是运用习惯的不同。法律中的但书，一般用“但是”，不用单音节词“但”。“但是”后一般加逗号，在简单句中也可以不加。

17. 除……外，除……以外

“除……外”和“除……以外”搭配的句式用于对条文内容作排除、例外或者扩充规定的表述。对条文内容作排除、例外表达的，置于句首或者条文中间，表述为“除……外，……”或者“……除……以外，……”；对条文内容作扩充表达的，置于条文中间，表述为“……除……以外，还……”。

示例1：除法律另有规定外，任何组织或者个人不得检查、扣留邮件、汇款。

示例2：农村和城市郊区的土地，除由法律规定属于国家所有的以外，属于集体所有；宅基地和自留地、自留山，也属于集体所有。

示例3：买卖合同内容除依照本法第十二条的规定以外，还可以包括包装方式、检验标准和方法、结算方式、合同使用的文字及其效力等条款。

18. 依照，按照，参照

18.1 规定以法律法规作为依据的，一般用“依照”。

示例：国务院和地方人民政府依照法律、行政法规的规定，分别代表国家对国家出资企业履行出资人职责，享有出资人权益。

18.2 “按照”一般用于对约定、章程、规定、份额、比例等的表述。

示例1：投保人可以按照合同约定向保险人一次支付全部保险费或者分期支付保险费。

示例2：履行出资人职责的机构应当按照国家有关规定，定期向本级人民政府报告有关国有资产总量、结构、变动、收益等汇总分析的情况。

18.3 “参照”一般用于没有直接纳入法律调整范围，但是又属于该范围逻辑内涵自然延伸的事项。

示例：本法第二条规定的用人单位以外的单位，产生职业病危害的，其职业病防治活动可以参照本法执行。

19. 制定，规定

19.1 表述创设法律、法规等规范性文件时，用“制定”；表述就具体事项作出决定时，用“规定”。

示例1：省、直辖市的人民代表大会和它们的常务委员会，在不同宪法、法律、行政法规相抵触的前提下，可以制定地方性法规，报全国人民代表大会常务委员会备案。

示例2：全国人民代表大会代表名额和代表产生办法由法律规定。

19.2 在表述制定或者规定的语境下，与“规定”“制定”相近似的用语“确定”“核定”“另订”等，今后立法中一般不再使用，统一代之以“规定”“制定”或者“另行制定”“另行规定”。

20. 会同，商

20.1 “会同”用于法律主体之间共同作出某种行为的情况。“会同”前面的主体是牵头者，“会同”后面的主体是参与者，双方需协商一致，共同制定、发布规范性文件或者作出其他行为。

示例：具体办法由国务院证券监督管理机构会同有关主管部门制定。

20.2　“商”用于前面的主体是事情的主办者，后面的主体是提供意见的一方，在协商的前提下，由前面的主体单独制定并发布规范性文件。

示例：司法鉴定的收费项目和收费标准由国务院司法行政部门商国务院价格主管部门确定。

21. 缴纳，交纳

“交纳”较“缴纳”的含义更广，涵盖面更宽。法律中规定当事人自己向法定机关交付款项时，一般使用“交纳”。但是在规定包含有强制性意思时，可以用“缴纳”。

示例1：当事人进行民事诉讼，应当按照规定交纳案件受理费。财产案件除交纳案件受理费外，并按照规定交纳其他诉讼费用。

示例2：违反本法规定，应当承担民事赔偿责任和缴纳罚款、罚金，其财产不足以同时支付时，先承担民事赔偿责任。

22. 抵销，抵消

“抵消”用于表述两种事物的作用因相反而互相消除，“抵销”用于表述账的冲抵。法律中表述债权债务的相互冲销抵免情形时，用“抵销”，不用“抵消”。

示例：合伙人发生与合伙企业无关的债务，相关债权人不得以其债权抵销其对合伙企业的债务；也不得代位行使合伙人在合伙企业中的权利。

23. 账，帐

表述货币、货物出入的记载、账簿以及债等意思时，用“账”，不用“帐”。

示例：保险代理机构、保险经纪人应当有自己的经营场所，设立专门账簿记载保险代理业务、经纪业务的收支情况。

24. 以上，以下，以内，不满，超过

规范年龄、期限、尺度、重量等数量关系，涉及以上、以下、以内、不满、超过的规定时，“以上、以下、以内”均含本数，“不满、超过”均不含本数。

示例1：盗窃、诈骗、哄抢、抢夺、敲诈勒索或者故意损毁公私财物的，处五日以上十日以下拘留，可以并处五百元以下罚款；情节较重的，处十日以上十五日以下拘留，可以并处一千元以下罚款。

示例2：公安机关对吸毒成瘾人员决定予以强制隔离戒毒的，应当制作强制隔离戒毒决定书，在执行强制隔离戒毒前送达被决定人，并在送达后二十四小时以内通知被决定人的家属、所在单位和户籍所在地公安派出所；被决定人不讲真实姓名、住址，身份不明的，公安机关应当自查清其身份后通知。

示例3：劳动合同期限三个月以上不满一年的，试用期不得超过一个月；劳动合同期限一年以上不满三年的，试用期不得超过二个月；三年以上固定期限和无固定期限的劳动合同，试用期不得超过六个月。

25. 日，工作日

“日”和“工作日”在法律时限中的区别是：“日”包含节假日，“工作日”不包含节假日。对于限制公民人身自由或者行使权力可能严重影响公民、法人和其他组织的其他权利的，应当用“日”，不用“工作日”。

示例1：公安机关对被拘留的人，认为需要逮捕的，应当在拘留后的三日以内，提请人民检察院审查批准。在特殊情况下，提请审查批准的时间可以延长一日至四日。

对于流窜作案、多次作案、结伙作案的重大嫌疑分子，提请审查批准的时间可以延长至三十日。

示例 2：人民法院对当事人提出的回避申请，应当在申请提出的三日内，以口头或者书面形式作出决定。

四、法律修改形式规范

26. 法律修正

法律修正有两种形式，一种是法律修正案，一种是法律修改决定。

26.1 采用修正案形式的，修正案单独公布。公布修正案，一般不重新公布原法律文本。

在表述方式上，按照通过时间先后标明序号，表述为：《中华人民共和国××法修正案》，《中华人民共和国××法修正案（二）》……

每修改原法律一条内容，在修正案中就列为一条。

修正案增加或者删除法律条文，不改变原法律条文的序号。增加的条文排序在内容最相关的条文之后，表述为："第×条之一"，"第×条之二"……

26.2 采用修改决定形式的，根据修改决定，重新公布修改后的法律文本。在表述修改的内容时，表述为：将第×条修改为："……"。

增加条文的，表述为："增加一条（一款或一项），作为第×条（第×条第×款或第×项）"。

删除某条、款、项的，单列一条表述。

示例：×、删去第×条第×款第×项。

删除两条以上的，被删除条文为连续排列或者虽然不是连续排列，但是被删除条文之间的其他条文没有被修改的，汇总表述为一条。

示例：×、删去第×条（至第×条）、第×条。

26.3 对多部法律或者一部法律的多处文字作相同修改的，对修改的文字单列一条，集中表述。

示例：×、将××法、××法……（本法）相关条文中的"……"修改为"……"，"……"修改为"……"。

27. 法律修订

采用法律修订形式的，公布新的法律文本，法律实施日期为修订后的实施日期。

修订的法律需要明确规定原相关法律停止施行，表述为："本法自×年×月×日起施行。×年×月×日第×届全国人民代表大会（常务委员会）第×次会议通过的《中华人民共和国××法》同时废止。"

五、法律废止形式规范

28. 法律废止

28.1 制定法律时，在法律条文中规定废止相关法律的，表述为："本法自×年×月×日起施行。×年×月×日第×届全国人民代表大会（常务委员会）第×次会议通过的《中华人民共和国××法》同时废止。"

28.2　单独通过一个决定废止法律的，表述为："×年×月×日第×届全国人民代表大会（常务委员会）第×次会议通过的《中华人民共和国××法》自×年×月×日起废止。"废止法律的决定由主席令公布。

资料二

《立法技术规范（试行）（二）》（2011年）

目录

一、法律条文表述规范

1. 部门（机构）职责的表述

1.1　涉及一个职能部门（机构）的职责的，表述为：××部门（机构）主管（负责）全国××工作。

示例1：国家保密行政管理部门主管全国的保密工作。县级以上地方各级保密行政管理部门主管本行政区域的保密工作。（保守国家秘密法第五条）

示例2：国务院公安部门负责全国道路交通安全管理工作。县级以上地方各级人民政府公安机关交通管理部门负责本行政区域内的道路交通安全管理工作。（道路交通安全法第五条）

示例3：国务院银行业监督管理机构负责对全国银行业金融机构及其业务活动监督管理的工作。（银行业监督管理法第二条第一款）

1.2　涉及多个职能部门（机构），需要明确各自职责的，分别表述为：××部门（机构）主管（负责）全国××工作，××部门（机构）负责××工作，××部门（机构）负责××工作。

示例1：国务院农业行政主管部门主管全国农业和农村经济发展工作，国务院林业行政主管部门和其他有关部门在各自的职责范围内，负责有关的农业和农村经济发展工作。（农业法第九条第二款）

示例2：国务院环境保护行政主管部门……负责全国防治陆源污染物和海岸工程建设项目对海洋污染损害的环境保护工作。

国家海洋行政主管部门负责海洋环境的监督管理，组织海洋环境的调查、监测、监视、评价和科学研究，负责全国防治海洋工程建设项目和海洋倾倒废弃物对海洋污染损害的环境保护工作。

国家海事行政主管部门负责所辖港区水域内非军事船舶和港区水域外非渔业、非军事船舶污染海洋环境的监督管理，并负责污染事故的调查处理；对在中华人民共和国管辖海域航行、停泊和作业的外国籍船舶造成的污染事故登轮检查处理。船舶污染事故给渔业造成损害的，应当吸收渔业行政主管部门参与调查处理。

国家渔业行政主管部门负责渔港水域内非军事船舶和渔港水域外渔业船舶污染海洋环境的监督管理，负责保护渔业水域生态环境工作，并调查处理前款规定的污染事故以外的渔业污染事故。

军队环境保护部门负责军事船舶污染海洋环境的监督管理及污染事故的调查处理。

沿海县级以上地方人民政府行使海洋环境监督管理权的部门的职责，由省、自治区、直辖市人民政府根据本法及国务院有关规定确定。（海洋环境保护法第五条）

1.3　涉及多个职能部门（机构），需要明确主管部门（机构）及其职责，但不必明确其他部门（机构）及其具体职责的，

表述为：××部门（机构）主管（负责）全国××工作，其他有关部门（机构）负责××工作。

示例1：国务院能源主管部门依照本法规定主管全国管道保护工作，负责组织编制并实施全国管道发展规划，统筹协调全国管道发展规划与其他专项规划的衔接，协调跨省、自治区、直辖市管道保护的重大问题。国务院其他有关部门依照有关法律、行政法规的规定，在各自职责范围内负责管道保护的相关工作。（石油天然气管道保护法第四条）

示例2：国务院社会保险行政部门负责全国的社会保险管理工作，国务院其他有关部门在各自的职责范围内负责有关的社会保险工作。（社会保险法第七条第一款）

2. 制定行政法规或者部门规章的表述

2.1　为确保法律规定的制度、有关事项的实施，需要国务院制定行政法规的，表述为：×××，由国务院制定。

示例1：民间统计调查活动的管理办法，由国务院制定。（统计法第四十九条）

示例2：保险保障基金筹集、管理和使用的具体办法，由国务院制定。（保险法第一百条第二款）

2.2　为确保法律规定的专业性、技术性规定的实施，需要国务院有关部门（机构）制定部门规章的，表述为：×××，由国务院××部门（机构）制定。

示例1：使用空调采暖、制冷的公共建筑应当实行室内温度控制制度。具体办法由国

务院建设主管部门制定。(节约能源法第三十七条)

示例 2：保险公司提取和结转责任准备金的具体办法，由国务院保险监督管理机构制定。(保险法第九十八条)

3. 制定地方性法规或者地方政府规章的表述

3.1　需要由省级人大或其常委会制定地方性法规的，表述为：×××，由省、自治区、直辖市人民代表大会或者其常务委员会制定。

示例 1：食品生产加工小作坊和食品摊贩从事食品生产经营活动，应当符合本法规定的与其生产经营规模、条件相适应的食品安全要求，保证所生产经营的食品卫生、无毒、无害，有关部门应当对其加强监督管理，具体管理办法由省、自治区、直辖市人民代表大会常务委员会依照本法制定。(食品安全法第二十九条第三款)

示例 2：地方重点保护野生动物和其他非国家重点保护野生动物的管理办法，由省、自治区、直辖市人民代表大会常务委员会制定。(野生动物保护法第三十条)

3.2　需要由省级人大或其常委会或者较大市人大或其常委会制定地方性法规的，表述为：×××，由地方性法规规定。

示例：农村生活垃圾污染环境防治的具体办法，由地方性法规规定。(固体废物污染环境防治法第四十九条)

3.3　需要由省级人民政府制定规章的，表述为：×××。

由省、自治区、直辖市人民政府制定（规定）。

示例 1：临时建设和临时用地规划管理的具体办法，由省、自治区、直辖市人民政府制定。(城乡规划法第四十四条第三款)

示例 2：预备役军官参加军事训练、执行军事勤务期间，其工作单位是国家机关、社会团体、企业事业单位的，由其所在单位照发工资和奖金，其享受的福利待遇不变。

前款规定以外的其他预备役军官参加军事训练、执行军事勤务期间，应当给予误工补贴，具体办法和标准由省、自治区、直辖市人民政府规定。(预备役军官法第五十三条)

3.4　可以由省级人大或其常委会制定地方性法规，也可以由省级人民政府制定规章的，表述为：×××，由省、自治区、直辖市制定（规定）。

示例 1：在乡、村庄规划区内使用原有宅基地进行农村村民住宅建设的规划管理办法，由省、自治区、直辖市制定。(城乡规划法第四十一条第二款)

示例 2：父母或者其他法定监护人在非户籍所在地工作或者居住的适龄儿童、少年，在其父母或者其他法定监护人工作或者居住地接受义务教育的，当地人民政府应当为其提供平等接受义务教育的条件。具体办法由省、自治区、直辖市规定。(义务教育法第十二条第二款)

4. 罚款规定的表述

罚款是行政处罚的一种方式，对当事人有惩戒教育作用。罚款可以是警示性的，也可以是经济性的。设定罚款应当根据违法行为的主观恶性、造成的损失、社会危害程度确定。

4.1　罚款规定一般应明确罚款的数额或者幅度。

4.2　对违法行为能够以违法数额、违法所得数额、造成的实际损失等作为参考系数确定罚款数额的，可以使用处以该系数的倍数或者比例罚款的表述。

示例1：机动车所有人、管理人未按照国家规定投保机动车第三者责任强制保险的，由公安机关交通管理部门扣留车辆至依照规定投保后，并处依照规定投保最低责任限额应缴纳的保险费的二倍罚款。(道路交通安全法第九十八条)

示例2：对造成一般或者较大水污染事故的，按照水污染事故造成的直接损失的百分之二十计算罚款；对造成重大或者特大水污染事故的，按照水污染事故造成的直接损失的百分之三十计算罚款。(水污染防治法第八十三条)

示例3：违反本法第五十三条的规定，在煤炭产品中掺杂、掺假，以次充好的，责令停止销售，没收违法所得，并处违法所得一倍以上五倍以下的罚款，可以依法吊销煤炭生产许可证或者取消煤炭经营资格；构成犯罪的，由司法机关依法追究刑事责任。(煤炭法第七十二条)

4.3　对违法行为难以用违法数额、违法所得数额、造成的实际损失等作为参考系数确定罚款数额的，可以使用确定数额以内或者一定幅度以内罚款的表述。

示例1：冒充国家机关工作人员或者以其他虚假身份招摇撞骗的，处五日以上十日以下拘留，可以并处五百元以下罚款；情节较轻的，处五日以下拘留或者五百元以下罚款。(治安管理处罚法第五十一条)

示例2：发行人、上市公司或者其他信息披露义务人未按照规定披露信息，或者所披露的信息有虚假记载、误导性陈述或者重大遗漏的，责令改正，给予警告，并处以三十万元以上六十万元以下的罚款。对直接负责的主管人员和其他直接责任人员给予警告，并处以三万元以上三十万元以下的罚款。(证券法第一百九十三条)

4.4　在规定处以一定幅度的数额罚款时，最低数额与最高数额之间一般不超过十倍。

示例1：违反本法规定，有下列情形之一的，由有关主管部门按照各自职责分工，责令改正，给予警告；拒不改正的，处二千元以上二万元以下罚款；情节严重的，责令停产停业，直至吊销许可证：……(食品安全法第八十七条)

示例2：非法安装警报器、标志灯具的，由公安机关交通管理部门强制拆除，予以收缴，并处二百元以上二千元以下罚款。(道路交通安全法第九十七条)

4.5　规定罚款数额上限不规定下限的，表述为：可以处××元以下罚款。规定确定罚款数额或者数额幅度的，"处"之前不加"可以"。

示例1：违反本法规定，采集发菜，或者在水土流失重点预防区和重点治理区铲草皮、挖树兜、滥挖虫草、甘草、麻黄等的，由县级以上地方人民政府水行政主管部门责令停止违法行为，采取补救措施，没收违法所得，并处违法所得一倍以上五倍以下的罚款；没有违法所得的，可以处五万元以下的罚款。(水土保持法第五十一条)

示例2：违反本法规定，在崩塌、滑坡危险区或者泥石流易发区从事取土、挖砂、采石等可能造成水土流失的活动的，由县级以上地方人民政府水行政主管部门责令停止违法行为，没收违法所得，对个人处一千元以上一万元以下的罚款，对单位处二万元以上二十万元以下的罚款。(水土保持法第四十八条)

5. 刑法以外的法律中刑事责任规定的表述

5.1　只有个别条文涉及追究刑事责任的，一般在该条文中直接表述："构成犯罪的，依法追究刑事责任”。

示例1：仲裁员有索贿受贿、徇私舞弊、枉法裁决以及接受当事人请客送礼等违法违纪行为的，农村土地承包仲裁委员会应当将其除名；构成犯罪的，依法追究刑事责任。（农村土地承包经营纠纷调解仲裁法第十七条第二款）

示例2：弄虚作假骗取护照的，由护照签发机关收缴护照或者宣布护照作废；由公安机关处二千元以上五千元以下罚款；构成犯罪的，依法追究刑事责任。（护照法第十七条）

5.2　有多个条文内容涉及追究刑事责任的，可在法律责任部分最后单设一条，表述为：违反本法规定，构成犯罪的，依法追究刑事责任。

示例1：违反本法规定，构成犯罪的，依法追究刑事责任。（社会保险法第九十四条）

示例2：违反本法规定，构成犯罪的，依法追究刑事责任。（石油天然气管道保护法第五十七条）

二、法律常用词语规范

6. 作出，做出

6.1　“作出”多与决定、解释等词语搭配使用。

示例1：农村土地承包仲裁委员会对回避申请应当及时作出决定，以口头或者书面方式通知当事人，并说明理由。（农村土地承包经营纠纷调解仲裁法第二十九条）

示例2：最高人民法院、最高人民检察院作出的属于审判、检察工作中具体应用法律的解释，应当自公布之日起三十日内报全国人民代表大会常务委员会备案。（监督法第三十一条）

6.2　“做出”多与名词词语搭配使用。

示例1：对在社会主义建设中做出显著成绩的残疾人，对维护残疾人合法权益、发展残疾人事业、为残疾人服务做出显著成绩的单位和个人，各级人民政府和有关部门给予表彰和奖励。（残疾人保障法第十三条）

示例2：国务院和沿海地方各级人民政府应当加强对海岛保护的宣传教育工作，增强公民的海岛保护意识，并对在海岛保护以及有关科学研究工作中做出显著成绩的单位和个人予以奖励。（海岛保护法第七条）

7. 公布，发布，公告

7.1　“公布”用于公布法律、行政法规、结果、标准等。

示例1：本法自公布之日起施行。（村民委员会组织法第四十一条）

示例2：统计调查项目的审批机关应当对调查项目的必要性、可行性、科学性进行审查，对符合法定条件的，作出予以批准的书面决定，并公布；对不符合法定条件的，作出不予批准的书面决定，并说明理由。（统计法第十三条）

示例3：食品安全国家标准由国务院卫生行政部门负责制定、公布，国务院标准化行政部门提供国家标准编号。（食品安全法第二十一条）

7.2　“发布”用于公开发出新闻、信息、命令、指示等。

示例1：履行统一领导职责或者组织处置突发事件的人民政府，应当按照有关规定统一、准确、及时发布有关突发事件事态发展和应急处置工作的信息。（突发事件应对法第

五十三条）

示例 2：突发事件发生地的其他单位应当服从人民政府发布的决定、命令，配合人民政府采取的应急处置措施，做好本单位的应急救援工作，并积极组织人员参加所在地的应急救援和处置工作。（突发事件应对法第五十六条第二款）

7.3　“公告”用于向公众发出告知事项。

示例 1：遇有大型群众性活动、大范围施工等情况，需要采取限制交通的措施，或者作出与公众的道路交通活动直接有关的决定，应当提前向社会公告。（道路交通安全法第三十九条）

示例 2：专利复审委员会对宣告专利权无效的请求应当及时审查和作出决定，并通知请求人和专利权人。宣告专利权无效的决定，由国务院专利行政部门登记和公告。（专利法第四十六条）

8. 违法，非法

8.1　“违法”一般用于违反法律强制性规范的行为。

示例 1：被检查单位或者个人拒不停止违法行为，造成严重水土流失的，报经水行政主管部门批准，可以查封、扣押实施违法行为的工具及施工机械、设备等。（水土保持法第四十三条）

示例 2：村民委员会不及时公布应当公布的事项或者公布的事项不真实的，村民有权向乡、民族乡、镇的人民政府或者县级人民政府及其有关主管部门反映，有关人民政府或者主管部门应当负责调查核实，责令依法公布；经查证确有违法行为的，有关人员应当依法承担责任。（村民委员会组织法第三十一条）

8.2　“非法”通常情况下也是违法，但主要强调缺乏法律依据的行为。

示例 1：任何组织和个人不得侵占、挪用义务教育经费，不得向学校非法收取或者摊派费用。（义务教育法第四十九条）

示例 2：非法占有高度危险物造成他人损害的，由非法占有人承担侵权责任。所有人、管理人不能证明对防止他人非法占有尽到高度注意义务的，与非法占有人承担连带责任。（侵权责任法第七十五条）

9. 设定，设立

“设定”和“设立”都可以用于权利、义务、条件等的设置。“设立”还可以用于成立或者开办组织、机构、项目等。

示例 1：行政机关和法律、法规授权的具有管理公共事务职能的组织不得滥用行政权力，以设定歧视性资质要求、评审标准或者不依法发布信息等方式，排斥或者限制外地经营者参加本地的招标投标活动。（反垄断法第三十四条）

示例 2：不动产物权的设立、变更、转让和消灭，应当依照法律规定登记。动产物权的设立和转让，应当依照法律规定交付。（物权法第六条）

示例 3：国务院设立食品安全委员会，其工作职责由国务院规定。（食品安全法第四条）

示例 4：国务院和县级以上地方人民政府根据实际需要，设立专项资金，扶持农村地区、民族地区实施义务教育。（义务教育法第四十七条）

10. 执业人员，从业人员

10.1 “执业人员”用于表述符合法律规定的条件，依法取得相应执业证书，并从事为社会公众提供服务的人员。

示例1：本法所称律师，是指依法取得律师执业证书，接受委托或者指定，为当事人提供法律服务的执业人员。(律师法第二条)

示例2：注册会计师是依法取得注册会计师证书并接受委托从事审计和会计咨询、会计服务业务的执业人员。(注册会计师法第二条)

10.2 “从业人员”用于表述在一般性行业就业的人员。

示例1：无雇工的个体工商户、未在用人单位参加基本养老保险的非全日制从业人员以及其他灵活就业人员可以参加基本养老保险，由个人缴纳基本养老保险费。(社会保险法第十条第二款)

示例2：从业人员有依法接受职业培训和继续教育的权利和义务。(教育法第四十条第一款)

11. 批准，核准

11.1 “批准”用于有权机关依据法定权限和法定条件，对当事人提出的申请、呈报的事项等进行审查，并决定是否予以准许。

示例1：进行下列施工作业，施工单位应当向管道所在地县级人民政府主管管道保护工作的部门提出申请：……

县级人民政府主管管道保护工作的部门接到申请后，应当组织施工单位与管道企业协商确定施工作业方案，并签订安全防护协议；协商不成的，主管管道保护工作的部门应当组织进行安全评审，作出是否批准作业的决定。(石油天然气管道保护法第三十五条)

示例2：从事考古发掘的单位，为了科学研究进行考古发掘，应当提出发掘计划，报国务院文物行政部门批准；对全国重点文物保护单位的考古发掘计划，应当经国务院文物行政部门审核后报国务院批准。(文物保护法第二十八条)

11.2 “核准”用于有权机关依据法定权限和法定条件进行审核，对符合法定条件的予以准许。

示例1：公开发行证券，必须符合法律、行政法规规定的条件，并依法报经国务院证券监督管理机构或者国务院授权的部门核准；未经依法核准，任何单位和个人不得公开发行证券。(证券法第十条)

示例2：公证机构的负责人应当在有三年以上执业经历的公证员中推选产生，由所在地的司法行政部门核准，报省、自治区、直辖市人民政府司法行政部门备案。(公证法第十条)

12. 注销，吊销，撤销

12.1 “注销”用于因一些法定事实出现而导致的取消登记在册的事项或者已经批准的行政许可等。

示例1：建设用地使用权消灭的，出让人应当及时办理注销登记。(物权法第一百五十条)

示例2：有下列情形之一的，行政机关应当依法办理有关行政许可的注销手续：

（一）行政许可有效期届满未延续的；

（二）赋予公民特定资格的行政许可，该公民死亡或者丧失行为能力的；

（三）法人或者其他组织依法终止的；

（四）行政许可依法被撤销、撤回，或者行政许可证件依法被吊销的；

（五）因不可抗力导致行政许可事项无法实施的；

（六）法律、法规规定的应当注销行政许可的其他情形。（行政许可法第七十条）

12.2 “吊销”作为一种行政处罚，用于有权机关针对违法行为，通过注销证件或者公开废止证件效力的方式，取消违法者先前已经取得的许可证件。

示例1：邮政企业、快递企业不建立或者不执行收件验视制度，或者违反法律、行政法规以及国务院和国务院有关部门关于禁止寄递或者限制寄递物品的规定收寄邮件、快件的，对邮政企业直接负责的主管人员和其他直接责任人员给予处分；对快递企业，邮政管理部门可以责令停业整顿直至吊销其快递业务经营许可证。（邮政法第七十五条）

示例2：城乡规划编制单位取得资质证书后，不再符合相应的资质条件的，由原发证机关责令限期改正；逾期不改正的，降低资质等级或者吊销资质证书。（城乡规划法第六十三条）

12.3 “撤销”用于有权机关取消依法不应颁发的行政许可或者发出的文件、设立的组织机构，也可以用于取消资质、资格等。

示例1：城乡规划主管部门违反本法规定作出行政许可的，上级人民政府城乡规划主管部门有权责令其撤销或者直接撤销该行政许可。（城乡规划法第五十七条）

示例2：违反本法规定，食品检验机构、食品检验人员出具虚假检验报告的，由授予其资质的主管部门或者机构撤销该检验机构的检验资格；依法对检验机构直接负责的主管人员和食品检验人员给予撤职或者开除的处分。（食品安全法第九十三条第一款）

13. 根据，依据

13.1 引用宪法、法律作为立法依据时，用“根据”。

示例1：为了加强国防建设，完善国防动员制度，保障国防动员工作的顺利进行，维护国家的主权、统一、领土完整和安全，根据宪法，制定本法。（国防动员法第一条）

示例2：省、自治区、直辖市的人民代表大会常务委员会根据本法，结合本行政区域的实际情况，制定实施办法。（村民委员会组织法第四十条）

13.2 适用其他法律或者本法的其他条款时，用“依据”。

示例1：提供的统计资料不能满足需要时，国防动员委员会办事机构可以依据《中华人民共和国统计法》和国家有关规定组织开展国防动员潜力专项统计调查。（国防动员法第十九条）

示例2：对反垄断执法机构依据本法第二十八条、第二十九条作出的决定不服的，可以先依法申请行政复议；对行政复议决定不服的，可以依法提起行政诉讼。（反垄断法第五十三条）

14. 谋取，牟取

“谋取”是中性词，可以谋取合法利益，也可以谋取非法利益。“牟取”是贬义词，表示通过违法行为追求利益。

示例 1：学校以向学生推销或者变相推销商品、服务等方式谋取利益的，由县级人民政府教育行政部门给予通报批评；有违法所得的，没收违法所得；对直接负责的主管人员和其他直接责任人员依法给予处分。（义务教育法第五十六条第二款）

示例 2：采购代理机构不得以向采购人行贿或者采取其他不正当手段谋取非法利益。（政府采购法第二十五条第三款）

示例 3：人民调解员在调解工作中有下列行为之一的，由其所在的人民调解委员会给予批评教育、责令改正，情节严重的，由推选或者聘任单位予以罢免或者解聘：……（三）索取、收受财物或者牟取其他不正当利益的；……（人民调解法第十五条）

示例 4：国务院证券监督管理机构工作人员应当忠于职守，依法办事，公正廉洁，接受监督，不得利用职务牟取私利。（证券投资基金法第七十九条）

操作题

1. 对比民法与刑法在立法语言运用上的差异。

2. 选择一部法律、法规或规章，尝试发现其中的立法语言运用错误，并说明修改方式。

本章小结

我国立法语言的研究起步较晚，已有研究主要集中于立法与语言的关系、对法律语词的考证等。未来相当长的一段时间内，我国立法语言学的研究重点是促进立法与日常语言的融合。语言的发展要受到多种因素的影响，诸多语言失范现象的存在也是立法者的语言规范意识薄弱的表现，而且当前的立法理论研究中忽视对立法语言的立法技术原理的研究。为此，有必要构建立法语言审查程序，对立法语词、句式、篇章结构等文本表达进行专门的审查。我国立法语言审查程序的建构应当扩大审查主体的范围，吸收社会组织和公众参与到立法语言审查中来，同时审查程序的设计还要适合我国立法的具体情况。

复习思考题

1. 简述立法语言的含义与必要性。

2. 比较立法语言审查程序的含义。

3. 谈谈你对立法语言的理解。

4. 试述我国立法语言存在的问题及改进方案。

5. 试述立法语言审查程序的内容。

第七章

立法解释

学习目标

准确理解法律解释的含义；清晰区分立法解释与法官解释；了解立法解释制度存在的原因；把握立法解释与法官解释之间的衔接；了解现行立法解释制度存在的问题。

材料引入

据新华网北京2014年4月24日电（记者崔清新、陈菲）：十二届全国人大常委会第八次会议24日表决通过了关于刑法、刑事诉讼法有关规定的解释。其中，关于刑法第341条、第312条的解释规定，知道或应当知道是国家重点保护的珍贵、濒危野生动物及其制品，为食用或其他目的而非法购买的，属非法收购行为。

全国人大常委会法制工作委员会刑法室副主任李寿伟介绍，关于这条立法解释有个背景，即党的十八大专门把生态文明建设提到非常突出的地位，但事实上一些地方食用野生动物，尤其是珍贵、濒危野生动物的现象还比较猖獗，这既是一种社会陋习，同时又是违法猎杀珍贵、濒危野生动物的一个推手。所以根据这种形势，也根据刑法的规定，有必要明确对其中的一些行为依法追究刑事责任，对社会行为起到引领和规范作用。

此次立法解释还包括骗取社会保险金或者其他社会保险待遇的行为如何适用刑法有关规定的内容，明确以欺诈、伪造证明材料或者其他手段骗取养老、医疗、工伤、失业、生育等社会保险金或者其他社会保障待遇的，属于《刑法》第266条规定的诈骗公私财物的行为。

关于刑事诉讼法有关规定的解释有3条，包括关于违反取保候审、监视居住规定予以逮捕的解释；关于被害人对未成年人犯罪附条件不起诉的案件能否向人民法院起诉的解释；关于人民法院决定暂予监外执行和收监程序的解释。

据介绍，法律解释权是人大常委会的一项宪法职权。综合运用制定、修改、废止、解释等多种形式，可以增强立法工作的协调性、及时性、系统性，有利于增强法律的可执行性和可操作性。“立法法明确规定，法律解释同法律具有同等效力。”李寿伟说。

思考：如何理解全国人大常委会的法律解释？全国人大常委会的法律解释与司法中法官对法律的解释有什么不同？

没有法律解释就没有法律的适用。美国学者托克特·帕森斯（Talcott Parsons）曾说，解释功能可以说是法律制度的核心功能。尽管当前学界对法律解释的研究不断深入，但什么是法律解释、解释的主体包括哪些、解释的对象及目的各是什么等一系列问题都存在争议。不仅如此，《立法法》所规定的法律解释与一些学者所研究的法律解释更是大相径庭。《立法法》规定的法律解释属于一种立法活动，也可称之为立法解释，一些学者讨论的法律解释是一种司法适用解释或称之为法官解释。视角的不同，既是二者的区别所在，也是造成二者差异的原因所在。随着法律方法论研究的兴起，有学者在研究法官解释时对立法解释提出了质疑，如刘秀认为，从技术层面来说，立法解释实在没有存在的理由，司法解释完全可以代替立法解释，原因在于，从本质上说法律规则都是不完整的，在社会发展面前总是滞后的，法官、也只有法官能够、也应当根据社会生活的变化去自由地发现法律。这一观点值得商榷。法官解释不应也无法取代立法解释，两者有着不同的理论基础和存在价值。

一、法律解释、立法解释和法官解释的含义

从语词本身来看，解释法律和法律解释这两个词语都可以从我国有关法律中找到。《宪法》第 67 条在规定全国人大常委会职权时将“解释法律”作为其内容之一，《立法法》更是专设一节的内容来规定“法律解释”。无论是宪法规定的“解释法律”还是立法法规定的“法律解释”皆非广义的法律解释，而是仅指全国人大常委会对全国人大及其常委会所制定的法律所做的解释，不包括行政机关和司法机关以及其他主体所做的解释。

从历史角度来看，自 1949 年以来，宪法和法律曾多次就法律解释问题作出规定。1949 年 9 月通过的《中央人民政府组织法》第 7 条规定，中央人民政府委员会有权制定并解释国家的法律。1954 年宪法第 31 条规定，全国人大常委会有权解释法律，1975 年宪法保留了此项权力，1978 年宪法和 1982 年宪法则更进一步，增加了全国人大常委会“解释宪法”的权力。1979 年通过、1983 年修订的法院组织法第 33 条规定：“最高人民法院对于在审判过程中如何具体应用法律、法令的问题，进行解释。”全国人大常委会还于 1955 年和 1981 年先后两次就法律解释问题作出专门决议，其中后者在前者的基础上，就法律解释的对象、主体、权限划分、内容、争议解决等方面作了原则性的规定，确立了当代中国的法律解释体制的基本框架。2000 年的立法法明确规定法律解释权属于全国人大常委会，国务院、中央军事委员会等可以向全国人大常委会提出法律解释的要求等。

从宪法和法律对法律解释的相关规定中可以看出，我国正式法界定的法律解释的含义非常有限。它仅包括两部分：一是全国人大常委会对全国人大及其常委会制定通过的法律所作的解释（狭义的立法解释）；二是具体应用解释，包括最高人民法院的解释、最高人民检察院的解释和国务院及主管部门的单独或联合解释。2000 年 3 月 9 日，时任全国人大常委会法工委主任的顾昂然在《关于〈中华人民共和国立法法（草案）〉的说明》中是这样介绍法律解释的，“法律解释包括立法解释和具体应用解释等。立法解释是宪法赋予全国人大常委会的职权。为了加强立法解释工作，保证法律的正常执行，立法法草案规定，以下两种情况应由全国人大常委会进行立法解释：一是，法律规定需要进一步明确具体含义的；二是，法律制定后出现新的情况，需要明确适用法律依据的”。从该说明中可

以得知，虽然顾昂然主任认为法律解释应该包括立法解释和具体应用解释，但是立法法规定的法律解释主要是在立法解释的意义上来使用的，对于具体应用解释则未作规定。

但无论是立法解释还是具体应用解释，都与当前许多研究法律方法论的学者对法律解释的界定有着截然不同。陈金钊教授认为，“所谓法律解释就是要根据法律与事实及互动关系说清楚法律文本的含义及其事实的法律意义”，“法律解释就是要在法律与事实之间的目光往返中建构裁判规范。这里的裁判规范是指那种建立在一般法律规范基础上，由法官在其与事实的互动关系中找出的针对个案的判决标准或理由”。① 由此可见，法律方法论研究者所谓的法律解释主要是一种法官解释，这与我国立法法关于法律解释的规定显然不同。

如果将立法解释或者法官解释仅作为法律解释依据不同标准而做的分类，无论是对法律解释的理解，还是对立法解释抑或法官解释的理解，都不会存在太多的困惑。问题恰恰在于，立法解释和法官解释都将自己视为法律解释本身，这会导致法律解释、立法解释和法官解释三个概念含义的混乱。如果我们抛开法律解释这一术语，或者对究竟是立法解释还是法官解释才是真正的法律解释这一问题不予讨论，而只是分析立法解释和法官解释本身的含义的话，那么我们就可较为容易地理解二者各自的含义及相互间的关系。

二、立法解释与法官解释的比较

（一）含义

法官解释的含义是法律方法论研究者所讲的法律解释的含义。从广义上讲，像法官一样解释法律的专业性活动（如律师解释、检察官解释和行政官员裁决个案时的解释）与法官解释具有相同的特点或属性。从狭义上看，法官解释是司法中法官裁判个案时对法律规定的含义、案件事实的法律意义以及法律规定与事实之间的关系所作的适用性解释。广义上的法官解释可泛指一切法律适用解释。

与法官解释相比，立法解释含义的界定较为复杂。我们可从两方面来理解立法解释：(1) 立法解释指的是立法机关（主要是全国人大常委会、省和较大市级的人大常委会）对法律、行政法规和地方性法规有关规定的解释，它与行政机关的解释和司法机关的解释相对应；(2) 立法解释是制定抽象的解释规则的活动，而不是针对个案构建裁判规范或具体执法过程中对法律进行合场景性解释的活动。从这个意义上讲，无论是立法机关还是行政机关的一般规则解释，乃至最高人民法院和最高人民检察院所制定的司法解释都属于立法解释。

（二）性质

从性质上讲，立法解释属于立法权行使的方式或表现之一，解释与制定、认可、修改、废止等一样都是立法权的权能之一。《立法法》第 47 条关于法律解释效力的规定再次印证了立法解释的立法权的权能性质，即“全国人民代表大会常务委员会的法律解释

① 陈金钊等：《法律解释学》，中国政法大学出版社 2006 年版，第 2~3 页。

同法律具有同等效力”。尽管最高人民法院和最高人民检察院并不享有立法权，但其所制定的司法解释（又称具体应用解释）从本质上属于立法解释。在此，解释权能与立法权相脱离而独立存在。这一逻辑矛盾的出现并非立法解释理论的问题而是我国法律解释制度设计所致。至于法官解释，它属于法律职业共同体成员在适用法律处理或裁决个案时所必然存在的一种专业思维活动（方法或技巧）。法官解释与推理、论证等法律方法一起共同为法律职业共同体成员适用法律解决实际问题（主要是个案）铺就了专业性的思维之路。

（三）解释主体

立法解释的主体只能是有关国家机关，而且是法律明确规定的享有解释权的国家机关，这里的法律主要包括《宪法》《立法法》和1981年的《全国人大常委会关于加强法律解释工作的决议》等。具体而言，立法解释的主体包括全国人大常委会、最高人民法院、最高人民检察院和国务院及主管部门。可以推论的是，省级、较大市级和设区的市级人大常委会和人民政府等因其享有立法权，也应该享有对其所立之法的解释权。至于法官解释的主体则是具体的法律职业者而非国家机关。从广义上讲，法官解释的主体主要包括法官、律师、检察官、仲裁员和裁决个案时的行政执法人员等。

（四）解释对象

立法解释的对象是法律、法规和规章的规定本身，是对抽象规则的解释。法官解释的对象除了一般的法律规则（包括法律文本）之外，还包括事实以及法律与事实之间的逻辑关系。关于法律解释的核心究竟是法律文本还是法律事实，陈金钊教授认为应区分解释的场景，对法院针对一般法律适用问题进行解释时，法律解释的核心是法律文本，而法官在具体审案时的法律解释，其核心问题应是事实问题。

（五）解释目的

《立法法》第42条第2款规定，法律有以下情况之一的，由全国人大常务委员会解释：(1) 法律的规定需要进一步明确具体含义的；(2) 法律制定后出现新的情况，需要明确适用法律依据的。由此可见，立法解释的主要目的要么是“进一步明确具体含义”，要么是“明确适用法律依据”，并且进行立法解释是需要具备相应条件的而非每一部法律都必然伴随着相应的立法解释。法官解释的主要目的是要根据法律（但并不把法律当成僵化的教条）和事实，在法律方法和价值原则的指导下，针对个案构建裁判规范。

三、我国立法解释制度存在的原因

（一）立法解释制度的政治与历史原因

当前，包括我国在内世界上有近20个国家存在立法解释制度。立法解释制度存在的原因主要有二：一是我国的政治制度所决定。人民代表大会制度是我国的根本政治制度。全国人大是最高国家权力机关，国务院、最高人民法院和最高人民检察院与全国人大及其常委会不是平行的相互制约的关系而是要受全国人大及其常委会的监督，这一体制要求法律的最终解释权必须属于全国人大常委会，而不是最高人民法院，因为有监督权必须有法律解释权，否则监督权就无法实现。二是受苏联的影响。苏联宪法规定，法律的解释权属于最高苏维埃主席团。这一规定对无疑对我国法律解释制度产生了深远影响。

如果说历史因素即苏联的制度影响不构成当前我国需要立法解释的理由的话，那么当前我国的根本政治制度即人民代表大会制则是我们必须要考虑的。虽然我国并不实行三权分立和制衡，但立法解释不仅涉及权力机关立法权的行使，而且还关系到权力机关对司法机关和行政机关的监督问题。或许有学者会以美国为例予以反驳。美国不存在我们所谓的立法解释，法官不但可以对个案进行法律解释，而且还有权对成文法进行解释。但是，美国政治制度的设计从来就没有放弃“绝对的权力导致绝对的腐败”这一基本理念而对任何一种权力不加限制。这也是我们认识和引入美国法律解释制度必须注意的问题。具体来讲，美国司法活动中对法官解释的制约主要表现为成文法对法官解释的制约。在当今美国司法实践中，对成文法进行解释成为法官审判工作的主要组成部分，在美国联邦最高法院，50%以上的案件涉及成文法的解释；州法院也没有什么不同，例如，从1995年9月15日至1996年9月17日，马里兰州上诉法院的80个案件中有40个要求法院对州宪法或州成文法作出解释。要求法官判案必须依据议会制定的成文法是对法官解释的限制之一。成文法的效力高于法院的判例法，法官对成文法的解释只是针对个案的适用性解释而非普遍意义的解释，而且由于美国成文法大多制定的非常具体准确，所以法官对成文法本身的解释也是有限的。除此之外，法官解释法律还要受到法官的自尊心、责任感以及他们的自制力等限制。同样会有学者指出，我国法官审判时的法律解释也要受成文法的制约，为什么还需要立法解释对法官再行制约呢？我国的成文法非美国的成文法，有些问题必须通过立法解释予以明确，法官解释作用有限。这便涉及立法解释与法官解释的衔接问题。

（二）立法解释与法官解释之衔接

立法解释与法官解释并非相互对立的，在我国法制现代化建设中二者都有存在的必要，所不同的是二者所存在的场合及发挥的作用。立法解释进一步明确了法律、法规相关规定，为法官适用法律提供了更为准确的依据或参照。无论是法律还是立法解释在司法过程中发挥其法律效力的一个重要借助便是法官解释。没有法官解释，法律及立法解释就无法对具体的个案形成裁决意见。这样一来，立法解释和法官解释就实现了衔接或合作。

以刑法为例，全国人大常委会曾分别以立法解释的形式对刑法所规定的“违反土地管理法规”“非法批准征用、占用土地”“黑社会性质的组织”“人民法院的判决、裁定”，挪用公款“归个人使用”和“其他依照法律从事公务的人员”等的含义，以及“有能力执行而拒不执行，情节严重”的情形等进行了进一步解释，这些立法解释为法院和法官在审理刑事案件过程中提供了更为具体的法律依据，为法官解释提供了更为详细的法律文本，以保证案件审理的质量及裁决的公正。

再如，最高人民法院《关于贯彻执行〈中华人民共和国民法通则〉若干问题的意见》（以下简称《民通意见》）已成为司法实践中法官重要的审判依据。从制度上分析，固然该意见的作出存在很多问题，并且它被划分为具体应用解释的范畴，但该意见仍是针对一般法律进行的抽象的规则解释，仍属于立法性解释。这一特殊类型的立法解释，对我国之前施行的《民法通则》的有关规定（几乎是每一条规定）都进行了更为具体详细的解释。没有该意见，《民法通则》的施行会遇到很多困难，尤其在司法审判中的作用会大打折扣。有学者会说，可以将对《民法通则》的解释权交给法官，通过法官解释的方式来解决这一问题。有些问题法官可以通过法律解释予以明确，但有些属于一般的抽象规则性质的问题法官是无法解决的。比如《民法通则》中规定公民的民事权利能力始于出生，那么如何确定公民的出生时间呢？这个问题法官解释是无法解决的，只能通过立法解释来做出明确而统一的抽象规定，正如《民通意见》所规定的那样，"出生的时间以户籍为准；没有户籍证明的，以医院出具的出生证明为准，没有医院证明的，参照其他有关证明认定"。在这一解释的基础上，法官在裁决案件时就可以直接以此为据，对具体案件中的事实以及事实与法律之间的逻辑关系进行解释，并结合法律推理和法律论证等法律方法作出最终的裁决。

据上面分析可知：（1）立法解释和法官解释可以并行不悖地存在于司法过程中；（2）立法解释和法官解释分工不同，各有其独立的存在价值；（3）法官解释在许多情形下需要以立法解释为直接依据，同时又将立法解释的效力形诸个案之中；（4）我国许多法律条文规定的不够详细准确，经常出现所谓的"法律漏洞"，为司法审判中法官适用法律增加了难度，同时增强了立法解释存在的必要性。

（三）立法语言的准确性要求立法解释

准确是所有成文法遣词造句应该首先确立的价值取向。只有使用准确的语言文字，成文法才能正确地表达立法机关的立法意图和立法目的。因此，准确性是立法语言的灵魂和生命，也是立法政策和立法意志记载、表达和传递的第一要义，对于法律语言来说，清楚、准确地传达立法意志，让人们非歧义性地正确理解，这是最基本的要求，一切有悖于明确表意的手段和方法都在摒除之列。但是由于社会关系的复杂性与多变性，语言本身的局限性以及当前我国立法者专业立法技术和立法语言操作能力相对欠缺等原因，使得我国许多立法条文的规定或表述过于抽象而失之具体和准确。比如《公司法》第98条规定："股东有权查阅公司章程、股东名册、公司债券存根、股东大会会议记录、董事会会议决议、监事会会议决议、财务会计报告，对公司的经营提出建议或者质询。"该条文的语言看似表达准确，没有模糊和歧义，但它经不起进一步追问：查阅行为是否必须股东亲自进行？股东是否有权在任何时间查阅公司的账目和记录？如果公司无理由拒绝股东提出的查阅要求，股东如何取得法律上的救济？等等。所有这些可能发生的争议都无法在《公司法》条文中找到准确的答案。因此，由于"查阅"一词无法涵盖行使查阅权所必需的条件保障（这些保障包括查阅的内容、时间、地点、方式和救济等），该条立法保障股东查阅权的立法意图在实践中会遇到很多阻碍。究其原因并非"查阅"一词的含义模糊或不准确，而是对"查阅权"规定的模糊和笼统，影响了该条立法条文的准确性。

相比之下，《特拉华州普通公司法》对这些问题做出了详细准确的规定。该法第220节（a）款首先对有权进行查阅行为的"股东"进行定义，即本节中股东一词指"登记在册的股东"。其次，该节（b）款规定了具体的查阅程序："任何一位股东，不论其亲自还是由其律师或其他代理人，在其提出书面要求并宣誓说明目的时，便有权在业务时间为其正当目的检查公司的股票账目，股东名单和公司的其他簿册和记录，并制作这些文书的副本或摘要”，接下来该款还规定了何为“正当目的”和“经过宣誓的合理要求”等内容。随后，该节（c）款又详细规定了股东这一权利遭到拒绝时的救济手段、程序和举证责任等内容。

从上述事例可以看出，立法语言的不准确性与语言哲学或哲学解释学所讲的语言不确定性和意义的流变性不同，它主要不是指某个立法语词或句子自身含义的模糊或不准确，而是该语词或者句子所要传达的某种权利、义务或规范意图的模糊性或难以操作性。这就在客观上要求有关机关随之制定相应的立法解释，进一步明确相关规定。这种问题及做法是较为普遍地存在于我国的立法之中的，造成这种现象的原因除了立法语言技术有待更大地改进之外，也与立法传统和成文法本身的特点有关。这也可以从历史上找到相应的证据，最典型的如《唐律疏议》，该部律典将律文与疏议有机结合于一体，创造了一种新的法典编纂方法。疏议就是法律解释。这种法律解释在中国古代早已出现，如秦的《法律答问》，汉代的引经注律，魏晋张斐的《律表》等。

与我国的做法不同，美国的立法机关即议会所制定的成文法语言力求准确具体，这一点从《特拉华州普通公司法》的有关规定中可见一斑。这其中除了成文法所共有的对准确性的要求之外，还存在着美国法律制度体系所特有的原因：（1）议会成文法语言准确是权力之间相互制约的结果。议会同法院之间的关系从根本上说也是制约与平衡的关系。成文法制定的详略与判例法作用的发挥成反比，也与法官的自由裁量权成反比。成文法所作的规定越详备、越准确，判例法的适用场合越少，留给法官的自由裁量权也越小；反之亦成立。议会为了缩小法官自由解释的空间，总是会将成文法规定的尽量准确。（2）议会成文法语言具体准确是美国宪法的要求。一部美国的成文法如果其立法语言过于含糊，则有可能面临被法院宣布违宪而拒绝适用的尴尬境地。（3）语言具体准确是议会成文法吸纳判例法规则的结果。从这一分析中我们同样可以得出三点结论：（1）美国成文法制定的更为详备，以及法官享有一定的解释法律的自由，这是美国不存在立法解释的重要原因；（2）美国成文法制定详备的一个重要目的是要限制法官的法律解释，故在美国法官的法律解释权以及自由裁量权并非像我们有些学者所描述的那样大；（3）我国成文法不似美国成文法制定的那样详备，但同样也不具有美国成文法详备制定所承担的制度使命，故我们不应以美国成文法的制定标准苛求我国成文法的制定，并以此来批评立法解释存在的合理性。

（四）立法解释是为了所有主体更好地适用法律

法律调整社会生活的方方面面，立法的主要目的在于向社会输出可供遵守或参照的法律规则。立法解释的目的在于让有关社会主体更好地理解和把握法律规定含义，并在此基础上更好地遵守和适用法律。社会生活总是变动不居的，在法律制定后出现的新情况，如果符合原来法律规定的精神，是原来的法律规定所能包含的，则可以通过立法解释的办法明确其法律适用依据。如1980年9月《中华人民共和国国籍法》第2条规定：“中华人民共和国不承认中国公民具有双重国籍。”但香港回归后，有些香港居民中的中国公民持有外国护照，针对这种新的实际情况，1996年5月全国人大常委会《关于〈中华人民共和国国籍法〉在香港特别行政区实施的几个问题的解释》指出，所有香港中国同胞，不论其是否持有英国属土公民护照或者英国国民（海外）护照，都是中国公民。自1997年7月1日起，上述中国公民可继续使用英国政府签发的有效旅行证件去其他国家或地区旅行，但在香港特别行政区和中华人民共和国其他地区不得因持有上述英国旅行证件而享有英国的领事保护的权利。

之所以要以国籍法及国籍法的立法解释为例，目的在于说明法律并不只出现在司法过程中，适用法律的主体不单单是法院和法官。立法解释同样面向所有的社会生活，可能调整各种社会关系，而不仅仅是面向司法及法律职业共同体。我们并不否认法官解释法律的价值和意义，但是过分夸大法官解释的地位并企图以法官解释取代立法解释的做法是短视的，也是无法实现的。

四、现行立法解释制度存在的问题

立法解释有其独立的不依赖于司法的存在价值和理由，这并不意味着我国当前的立法解释制度是没有问题的。对于有些学者所指出的立法解释存在的问题，我们持不同意见。如陈斯喜先生认为，立法解释制度存在以下几个难以解决的问题：第一，立法解释无法解决是否具有溯及力问题。第二，立法解释会使法律的客观性和可预测性受到质疑。第三，立法解释会使法律的包容性、适应性受到破坏。立法解释是否有溯及力可以由立法者根据实际情况在立法解释文本中予以明确。立法解释需要遵循相应的规则，尤其要尊重立法原意即其所要解释的法律文本的原意而不能作实质性变更，这并不损害法律的客观性和可预测性。而且立法解释进一步明确有关法律条文的涵义，有助于增强法律的包容性和适应性。

立法解释存在的主要问题包括：第一，哪些情况下应当作立法解释不够明确，导致立法解释几近形同虚设，没有充分发挥其应有的作用，使宪法建立立法解释制度之初衷没有得到真正实现。非但如此，许多本应由立法解释的内容被具体应用解释所代替，即本应由全国人大常委会制定的立法解释最终却由最高人民法院或最高人民检察院越俎代庖了。第二，立法解释的程序缺乏明确规定，缺乏立法解释启动机制。这也是造成立法解释制度虚置的原因之一。第三，立法解释形式不规范。在20世纪50年代和80年代，立法解释都是采用决定的形式，这种方式使解释与立法很难区分，1996年以后才开始正式采用解释的方式。总之，立法解释存在的问题是制度本身不够完善的问题而非合理性的问题。对于立法解释我们所应持有的态度是如何更好地去完善之而非取消或以法官解释取代之。

资　料

全国人民代表大会常务委员会关于加强法律解释工作的决议（1981年）

第五届全国人民代表大会第二次会议通过几个法律以来，各地、各部门不断提出一些法律问题要求解释。同时，在实际工作中，由于对某些法律条文的理解不一致，也影响了法律的正确实施。为了健全社会主义法制，必须加强立法和法律解释工作。现对法律解释问题决定如下：

一、凡关于法律、法令条文本身需要进一步明确界限或作补充规定的，由全国人民代表大会常务委员会进行解释或用法令加以规定。

二、凡属于法院审判工作中具体应用法律、法令的问题，由最高人民法院进行解释。凡属于检察院检察工作中具体应用法律、法令的问题，由最高人民检察院进行解释。最高人民法院和最高人民检察院的解释如果有原则性的分歧，报请全国人民代表大会常务委员会解释或决定。

三、不属于审判和检察工作中的其他法律、法令如何具体应用的问题，由国务院及主管部门进行解释。

四、凡属于地方性法规条文本身需要进一步明确界限或作补充规定的，由制定法规的省、自治区、直辖市人民代表大会常务委员会进行解释或作出规定。凡属于地方性法规如何具体应用的问题，由省、自治区、直辖市人民政府主管部门进行解释。

由于林彪、江青反革命集团对社会主义法制的严重破坏和毒害，有些人的法制观念比较薄弱。同时，对法制的宣传教育还做得很不够，许多人对法律还很不熟悉。全国人民代表大会常务委员会认为，各级国家机关、各人民团体，都应当结合实际情况和问题，并利用典型案例，有计划有针对性地加强社会主义法制的宣传教育工作，使广大干部、群众了解有关的法律规定，逐步普及法律的基本知识，进一步肃清林彪、江青反革命集团破坏社会主义法制的流毒，教育广大干部、群众，特别是各级领导干部和公安、检察、法院等司法工作人员，认真遵守和正确执行法律，依法处理人民内部的各种纠纷，同时要善于运用法律武器，同一切破坏社会主义法制的违法犯罪行为进行斗争。

操作题

1. 比较全国人大常委会关于刑法的解释与最高人民法院关于刑法适用的有关司法解释。

2. 选择一部法律、法规或规章，尝试对其中的某个或某些条款分别作出“立法解释”和“法官解释”。

本章小结

我国正式法所规定的法律解释只包括立法解释和具体应用解释两种，其实质都为广义的立法解释，这显然与法学方法论研究者所讨论的法律解释即法官解释大相径庭。尽管立法解释与法官解释在涵义、性质、解释主体、对象和目的等方面存在诸多差异，但两者各有其独立的存在价值，并且二者在司法过程中可以实现衔接与合作。此外，立法语言的准确性以及立法解释调整范围的广泛性等也都证明，法官解释无法取代立法解释的地位。

复习思考题

1. 简述立法解释的含义与必要性。

2. 比较立法解释与法官解释。

3. 谈谈你对法律解释的理解。
4. 试述我国立法解释制度存在的问题及改进。
5. 试述全国人大常委会的法律解释与最高人民法院的司法解释之异同。

第八章

立法论证

学习目标

掌握立法论证的概念内涵，了解立法论证与法律论证之间的关系；了解立法论证之于法律正当性的作用；掌握立法论证在我国立法过程中的具体形式；了解立法论证应遵循的基本规则。

材料引入

自2000年《立法法》第34、58条第一次正式提出“论证会”的形式以来，立法论证已成为我国立法实践中的重要一环。2013年《广东省人民代表大会常务委员会立法论证工作规定》则标志着立法实践对立法论证活动本身有了更为规范的需求。而2014年党的第十八届中央委员会第四次全体会议在《中共中央关于全面推进依法治国若干重大问题的决定》中更是三次提到立法论证，明确将健全论证机制、完善论证制度、凝聚社会共识作为深化立法改革的重要举措，以此来深入推进科学立法和民主立法。

思考：为什么立法论证在立法过程中的作用越来越重要？实践中，应该如何设定程序规则来规范立法论证活动，并实现立法论证在立法过程中应发挥的功能？

一、立法论证的概念与理解

立法论证是指在立法机关制定法律的过程中，参与立法的主体旨在说服他人接受围绕立法议案提出的主张而进行的一种说理活动。这里需要对立法论证含义中所包含和引申出来的如下三个问题加以界定和澄清。

（一）立法论证发生在立法机关制定法律的过程中

在西方，“立法”一词并不和中文一样必然指向作为行使一个国家最高立法权的立法机关制定法律的活动，而是有着复杂的发展历程。而认识这一点将更有助于我们理解论证缘何需要在立法机关制定法律的过程中加以践行。

“立法”一词对应的英语表述有两种：一是legislation，二是law-making。legislation与legitimacy（正当性）、legality（合法律性）等词具有相同的词源，都来自表示阅读、收集、集中、摘取等意思的拉丁词根 legi-，-leg-，且这些词根与表示词语、话语的希腊词根 lexi 关系紧密。其含义首先始于“立法主权”对近代民族国家的政治建构过程。正如凯尔森所强调的，“立法这一术语具有历史和政治的来源。……一直到由专门的中央机关对一般规范周密的创造，在习惯的创造一旁或代替它而开始出现，并且这一职能又托付给一个说成是具有人民的或人民的某个等级的代表这种特征的机关时，现代的立法概念才能产生”；而 law-making 则是紧紧与法律（law）概念本身相联系和对应的概念。并且，law-making 以其赋予不特定多数事件法定效果的法律类型化规定的“普遍性”特征而基本为自己划定了概念范围。依此，从广义上讲，立法机关的立法（legislation）与法官造法，甚至经由习惯创造的习惯法一样都属于 law-making。但从另一个角度讲，二者也存在明显且重要的差异。

在西方，由于法律（law）概念本身最开始来自巫术、宗教、自然法等“神秘力量”对其的支配，所以 law-making 更多表述的是一种根据某种超越人的存在所制定的法律。而根据哈贝马斯的研究，正是这种来自于“神秘力量”的法律为世俗政治权力提供了权威与正当性，而反过来，具有了权威的世俗政治权力则为法律提供强制性支持。法律和政治权力共同成为建构由国家权力组织的具有法律形式统治秩序的工具。此时，不仅是法律使政治权力合法化，权力也把法律当做一种组织手段加以利用。借助于法律的这种工具功能，国家权力部门的规范权威获得了制定具有法律约束性的决定的能力。由此，法律和政治权力之间是互为前提、循环构建、彼此并存、共同支撑统治的关系。但随着人类向现代化这一全面“祛魅”过程的过渡和发展，法律中的各种神秘力量被彻底抽离而丧失为循环构建的政治秩序注入正当性的功能。正如伯尔曼将当代的“合法性危机”认定为“整个西方法律传统的危机”① 所表明的，法律的正当性资源的枯竭直接带来了政治权力统治的“合法性危机”。于是，“神灵法的拱顶塌陷之后，废墟上留下的是通过政治途径制定的法律和作为工具来运用的权力这两根支柱，世俗的、自我授权的法律只能从理性那里找到一个替代物，它可以把真正的权威送还给一个被设想为政治立法者的权力拥有者”。② 这就是说，只要人们还希望继续维持这种以法律为形式的国家统治秩序，就必须重新寻找到法律的正当性来源。而如果法律只能是人的世俗政治活动的产物，那么唯有建构一个体现人的理性的民主立法过程来代替“神秘力量”方能为政治权力的行使输送正当性。这正是现代 legislation 概念的内涵和历史使命。这也正是立法论证概念被引入到立法实践的根本目的之所在。

（二）立法论证是由参与立法的主体进行的说理活动

任何立法机关的立法活动都需要有具体的组织机构和人员的实施行为方能得以实现，即立法活动需要立法主体的运行。当然，这并不是说随意哪个组织机构和个人都可以参与

① ［美］伯尔曼：《法律与革命——西方法律传统的形成》，贺卫方等译，中国大百科全书出版社 1993 年版，第 44 页。

② ［德］哈贝马斯：《在事实与规范之间——关于法律和民主法治国的商谈理论》，童世骏译，生活·读书·新知三联书店 2003 年版，第 176 页。

到立法过程而成为立法主体，而是指仅有那些依据宪法和法律的规定能够行使立法权的组织机构和个人才能成为立法主体。从这个角度说，立法主体又是一个与立法权紧密相联的概念。不过，这里需要注意的是，立法权是存在“享有立法权”和“行使立法权”之分的。通常，我们对立法权的理解有两个层面，一是作为主权的首要特性，立法权是一主权国家所独立拥有的不经上级、同级或下级的同意便对公民个体和公民集体颁布法律的权力，是主权国家对内最高统治权力的体现；二是基于三权分立与制衡的原则，为立法机关所行使的与行政机关的行政权、司法机关的司法权相对应的权力。根据这两个层面对立法权的理解，其实，所谓享有立法权即是从第一个层面理解立法权而出发的。由于此时立法权是抽象的国家主权的重要体现，因此，其必然同主权一样具有独立、排他、不可分割和转让的特性。进而享有立法权的立法主体也只能是唯一的，且是国家最高的权力机构。显然，在一个民主政体的国家里，这一唯一且最高的立法主体只能是人民；而所谓行使立法权，则是针对第二个层面理解的立法权。此时的立法权只是国家权力在具体运作过程中从功能和结构上被分解后的一个组成部分，而根据一个国家的特定历史阶段和国情，该立法权会被配置于某个或某些主体来执掌，并在一国的最高效力的法——宪法中加以确认和体现。

纵观各国的立法实践，随着各国立法权的逐步划分，新的立法承担者不断涌现，从总统到独立控制委员会，从联邦制下的议会到单一制下的地方公共团体，从行政机关到法院、教会和社会团体，立法权的承担者的外延逐步拓展。因此，与行使立法权相联系的立法主体注定是多元的。此外，如在行使立法权的层面来理解立法权的话，立法权还可以被进一步划分为实体立法权和程序立法权，前者如制定权、修改权、解释权、废止权、撤销权等权力；后者如提出议案权、审议权、表决权和公布权等权力。基于此，我们就可以进一步区分出立法主体和参与立法的主体。作为立法主体，应当行使包括制定权在内的一系列实体性子权力和全部程序性子权力。如果某一主体不能行使上述各项子权力，而只能行使其中某一部分，则该主体只是参与立法的主体，而不是独立的、完整的立法主体。

可见，虽然立法主体在整体意义上行使着立法权，但具体而实际的立法工作则是由各个只行使某一部分立法权力的参与立法的主体根据自己的法定职权（权利和义务）来共同完成的，或者说，如果没有这些参与立法的主体的具体活动，立法主体的立法权将会无法运转和行使的。在厘清立法主体与参与立法主体的基础上，立法论证作为贯穿整个立法过程的一种活动，就是由这些参与立法的主体所展开和完成的。并且，结合前一个要素，可进一步将参与立法主体的范围限定在那些参与立法机关立法活动的主体，具体如立法议案的起草者、立法议案的提出者、专家、审议人、立法主体下设的工作机构及其工作人员等。

当然，并不是所有的参与立法的主体都需要进行立法论证，而只有那些依据法律规定有权提出自己立法主张的参与立法的主体，才需要为了说服他人接受自己的立法主张而进行说理。例如，在许多国家，被议会审议通过的立法议案最后还需国家元首的签署方能公布，而这种签署通常只仅是一种具有象征性意义的程序性权力，也就不需要国家元首做出什么立法论证了。因此，一个参与立法的主体是否需要进行立法论证也是与其所行使的立法职权的实质内容紧密相关的。

（三）立法论证与法律论证的关系

提出了立法论证的概念，就不得不论及其与法律论证之间的关系。从广义上讲，法律论证包括立法论证。或如阿列克西所说，立法论证是法律论证的一种形式。有完全不同种类的法律论辩。譬如，我们可以区分为法学的（法教义学）争论，法官的商谈（die richterliche Beratung），法庭的争论，立法机关（委员会和常委会）对法律问题的讨论，学生之间、律师之间，政府或企业的法律顾问之间的辩论，以及媒体有关法律问题所进行的带有法律论辩性质的争论。而这些论证形式之所以都可被称为法律论证，其最重要的共同特征是，在所有的形式中，（至少部分地）通过法律进行辩论。阿列克西这里所说的"通过法律"进行的论证即意指，尽管在不同的法律论证形式中其所受限制的种类和程度各有不同，但法律论证是一种在现行有效法秩序的框架约束下展开的论证。正是基于法律论证的各种形式都是"在受限的条件下进行的"论证这一共同特征，阿列克西将法律论证与其他的普遍实践论辩区别开来并认为法律论证是普遍实践论辩的一种特殊情形。而魏因贝格尔也认为法律论证是应用于多种领域的，尤其是：（1）在支持何为法律体系中的有效法律的时候；（2）在对法律判决给出理由或独立于真实的法律诉讼以外的法律问题出具意见时；（3）在法律推论的分析意见以及在作出法律决定过程中对政治法律的考虑与裁量问题当中；（4）在法学家的解释学分析当中。其中，"在支持何为法律体系中的有效法律的时候"的论证所指的应该就是立法论证。总体来说，立法论证属于法律论证形式中的一种已经是一个不太有争议的学术共识。不过，立法论证虽是法律论证中的一种，但和其它法律论证形式，尤其是司法论证（通常狭义的法律论证仅指司法论证）比较而言，立法论证则有着自己的特殊性和重要性。

其实，阿列克西对法律论证共同特征的概括就已经使立法论证在所有法律论证形式中别具意义起来。因为限制所有法律论证的那个前提条件——现行有效的法秩序，在逻辑上主要就是由立法过程所创设的。所以，法律论证是以立法的合理性为前提的，即"相关社会中，实践问题均被合乎理性地加以解决了。为了得出一种（其内容也包含有这些合理性条件的）法律辩论理论，普遍理性实践论辩理论似乎必须扩展至包括立法理论以及规范性社会理论（normative theorie der gesellschaft），而法律论辩理论只是这个规范性社会理论的一个组成部分"。① 这表明，阿列克西也意识到，如使法律论证理论得以成立，就需要有一种立法实践中的论证理论为其构建一个前提性条件作为逻辑起点。

尽管如此，但这并不是说立法论证是一个完全不同于法律论证的一种论证形式，二者之所以还可以归为是一类论证理论，其原因有二：一是，立法论证也必须以现行有效法秩序为前提，即尽管立法是创设这一法律秩序的主要渊源，但这并不意味着立法过程可以随意推翻和违反已经现行有效的法律。所以，立法论证仍具有阿列克西所说的法律论证的共同特征；二是，立法论证也是一种紧紧围绕法律而展开的论证。法律是一种规范，而规范作为一种应然命题，其内容就是对人类行为做出限制和要求，表述在文字上通常为应当、

① ［德］罗伯特·阿列克西：《法律论证理论——作为法律证立理论的理性论辩理论》，舒国滢译，中国法制出版社2002年版，第355页。

禁止、必须等这样的词语。因此，立法论证与其他法律论证形式，尤其是司法论证一样都是一种“规范论证”，即不是对真相或真理的证明，而是对规范或人类个别行为是否正确（richtig）或妥当（angemessen）提出合理的依据。这种规范的论证通常也称之为正当化（rechtfertigen = justify，也译为证立或证成）。其区别仅在于，立法论证指向的是制定某一规范的正当化，而司法论证指向的则是适用某一规范的正当化。也正是这一区别，使立法论证要比其他法律论证形式更强调论证过程的民主性。因为，作为一种政治过程，立法是否民主及其程度如何是确保某一法律规范正当化的一个核心参数。不过，除了强调民主性，作为法律论证，立法论证也同样需要通过体现理性来赋予其所制定规范以正当性。而根据现代法律论证理论，这一理性就表现在能够设计出一套合理的论证规则和程序。可见，立法论证理论作为法律论证理论中的一种，面临着与其他法律论证形式即相同又有差别的三个问题：民主、理性和程序规则。

二、立法论证与法律的正当性

在一个祛魅的、承认多元价值共存的现代社会背景下，关于法律正当性（legitimacy）的来源一直是困扰法治的一个最困难也是最核心的问题。在人们将法治作为国家最高政治统治的原则之后，从逻辑上讲，一切行为尤其是权力行使的正当性应当来源于法律的确认和规定，也就是说，政治统治的正当性来源于合法律性（legality）。正基于此，卢曼认为一种统治的正当性必须满足这样两个条件：一是，规范的秩序必须是被实证地建立的；二是，那些受法律约束的人必须要相信它的合法性，也即，相信立法和执法程序的形式正确性。显然，这是法律实证主义观念发展的结果。“但问题的吊诡之处恰恰在于，实证法在今天的确已经不再能从更高的（自然）法中获得自身的正当性，所以实证法就只能从自身的形式程序中寻找正当性，这种‘正当性源生于合法性’的悖谬现象正是我们这个时代所面临的困境。”由于程序规则也是规则，也是一种人定法，那么它凭什么能够代替宗教或道德赋予其他人定法以正当性？或者这一问题也可以这样问，程序规则与道德、自然法或宗教教义在赋予法律以正当性方面有什么区别？对这样问题的思考与回答，就促使我们不得不对法律的制定过程——立法加以审视，并且将会发现制定法正是借由立法程序规则所确保实现的论证获得正当性的。

关于正当性概念有很多解读。我们采用的是发生的进路，即追问法律正当性的来源，尤其是法律根据立法程序规则获得的正当性，而暂且不从目的的进路探讨法律本身是否合理或正义。

（一）主观抑或客观——现代法律正当性的内在纠结

根据周濂的分析，在亚里士多德那里，正当性概念就具有两个面向：一是基于被统治者的意志表达的主观面向，如信念、认可或者同意；一是作为某种外在规范的客观面向，即强调一个政治制度是正当的乃是因为它符合某种外在于人的主观态度和政治制度本身的客观规范。并且，在正当性的这两个结构性因素中，古代政治更倾向于正当性的客观面向。但这种状况在启蒙之后，随着神学以及自然法等这些形而上理论日益丧失说服力与权威，正当性的主观面向逐渐取得了根源性的地位。也就是说，形成一个共同意志的道德根据只能来自于人民的自我决定和自主性上，也即需要人民的同意或认可。正当性的这种从客观面向到主观面向的变化一方面是人类追求普遍自由与平等的结果，是文明进步的表现，但同时，由于将正当性的基础诉诸人的主观意志却也使正当性越来越失去了一个稳定的道德根基。因为在每个人的主观意志都要给予尊重的情况下，就必然出现因个体价值的多元而冲突的局面。这反过来恰恰破坏和减损了正当性的权威，因而造成社会秩序失范，引发政治统治的危机。正如哈贝马斯在评判马克斯·韦伯将正当性建基于个体信念或态度时曾指出的："如果正当性信念被视为一种同真理没有内在联系的经验现象，那么，它的外在基础也就只有心理学意义。"①

可见，将正当性全部诉诸人的主观方面所带来的最直接的问题就是，任何价值判断都会是一个有争议的命题。而面对争议与分歧，暴力似乎是最直接且有效地解决方法。但是，人类的历史经验表明，社会秩序的维持如果仅仅依靠暴力或胁迫，那么人类将会时刻处于一种不稳定的状态，并还要以损耗巨大的资源为代价。显然，这是人类要极力避免的。针对于此，现代法律正当性的建构就不得不在制定法律的方式上寻找突破口，以使人们既能放弃暴力又能解决分歧与冲突，而且更重要的是，还会心甘情愿地服膺于以此种方式制定出的法律。此时，法律正当性中的客观面向不得不被重新加以关注。

（二）程序规则——实现法律正当性的主客观统一

依据马克斯·韦伯的观点，正当性存在之意义就是要处理一种支配与服从的关系，即"一群人会服从某些特定的（或所有的）的命令的可能性"。② 然而，如果人们始终在价值判断上无法达成共识和一致则意味着正当性自身还尚不足以充分解释服从与支配之间的关系。因此，为了获得解释力，就必须在正当性概念中引入一定的客观要素来处理和化解人们之间部分重要的价值冲突，从而使人们至少能够服膺于某一关于正当性的解释体系。也正因如此，哈贝马斯认为："在当代社会学中，正当性本身是一个毫无争议的概念，且根据这个正当性的形式和内容可以界定正当权威的类型（韦伯意义上）。人们所争议的实则是正当性与真理之间的关系。如果人们认为一个'意义'资源的系统性缺乏可能会造成一种动机危机，那么我们就必须设定正当性与真理是存在关联的。也就是说，正当性消失的非附带性原因只能来自于一种'独立的'——即真理独立的——解释系统的演化，而这个解释系统能系统地限制着社会的适应能力。"③ 这就需要我们了解什么是真理的本质，进而推知法律能否也像真理一样因程序性证成而获得正当性。

与古代的自然主义和超自然主义（即神明）所宣示的真理有着本质不同，在现代，尤其是自然科学领域里，真理仅指人运用自己的理性不断证明和反驳某种现有认知的过程

---

① Habermas. Legitimation Crisis. Translated by Thomas McCarthy, London: Heinemann, 1973, p. 97. 中译本参见［德］哈贝马斯：《合法化危机》，刘北成、曹卫东译，上海人民出版社 2000 年版，第 127 页。由于本教材对 legitimation 一词的翻译取意"正当性"，而与该中译本有所冲突，故在此直接引用英文版本。

② ［德］马克斯·韦伯：《经济与历史；支配的类型》，康乐等译，广西师范大学出版社 2004 年版，第 297 页。

③ Habermas. Legitimation Crisis. Translated by Thomas McCarthy. London: Heinemann, 1973, p. 97.

与结果。这是因为，科学产生于人对探索自然、宇宙和社会发展变化规律的强烈好奇心。它一直被认为就是一个理性系统，以至于科学与理性几乎是同义词。研究自然的结果只能证实对理性的信念，而理性的信念就是相信事物的终极本质是聚集于一种没有任何武断情形的谐和状态中。也就是相信我们在事物的后面所找到的将不仅是一堆武断的神秘物。可见，在科学的视域里，理性是一种与感性、武断、臆测等相对应的思维能力和形式。站在理性的立场上，对象世界不仅客观的、可知的，而且人类具有揭示对象世界的内在联系的认识能力并且能够依赖这种认识能力知道自身的行为、使自身的行为具有合理性。并且，科学对理性的这种理解与信念就深切体现在科学为自己设置的生产知识的步骤和程序中，即通过对感觉、经验材料进行分析，提出假设，设计实验的步骤和程序，然后根据反复实验后得出的数据对假设进行证明或反驳，依此得出结论。但这还不能被认为就是知识，当且仅当这些结论被公开发表并在科学的中心群体之间进行讨论或说“谈判”，最终为科学共同体所接受的部分才会被看做是真知识。这些谈判的结果，即被确证了的知识，在任何方式下都是真正的科学知识。它是可复制的知识。一旦争论得到结论，这种知识就被看作由包括了全部科学的方法论的步骤生产出来的。总之，如果说科学活动是严格将作为知识的结论建立在可被验证的论据之上的话，那么这些论据就必须产生于一个可被观察的实验步骤与程序之中，且任何支撑结论的论据还必须能够经受同行和公众公开地讨论和质疑，这也是对最终形成的共识性结论的一个重要判断依据。作为一项理性活动，或者说是人们依据理性而非感性对事物做出的合理解释，科学只有唯此才会被认为是在无限地接近真理。

自然科学所取得的巨大成就以及给人们的日常生活带来的翻天覆地的变化，在增强人们对自己理性认识能力的信心的同时也使人们越来越坚信，这种达致真理的方法和步骤同样可以用于政治和法律等社会实践领域，以此增进正当性的客观基础，重构古典的政治和法律理论。这正如哈贝马斯所说：“由于卢梭和康德，新自然律理论的发展导致了下述结果：在实践问题以及关于规范和行为的证成（justification）问题上，理性的形式原则取代了诸如自然或上帝这样的实质原则。……既然终极基础不再被认为是合理的，证成就从自身的形式条件中获得了正当化力量，达致理性同意的程序和假设成为了原则。”① 依此，如果法律要使自己被看做是政治和社会实践所要遵循的“真理”，那么它就必须在理性设计的程序中进行证成，并据此取得人们的共识。换句话说，作为一种主观意志，法律必须确保蕴含其中的任何一种价值判断或规范判断都建立在遵循程序规则做出理性论证的基础之上，也即遵循程序规则做出理性论证的过程构筑了法律正当性的道德根基。

（三）立法论证——建构法律正当性的程序规则

依前所述，如果法律正当性的基础能够来自于依据程序规则进行证成和讨论而得到的共识，那么显然，在现代政治制度结构下，这一过程就只能发生在立法之中。所以，有关法律正当性的探讨实质上就是给现代的立法活动提出一个功能性要求，即它要为制定法提

---

① Habermas. Communication and the Evolution of Society. Translated by Thomas McCarhty. Boston: Beacon Press, 1979, p. 184.

供一个能够论证自身正当性的立法程序规则体系。依据这一程序规则体系，法律中的任何价值判断都能够被充分的论证并获得人们的普遍接受。于是，确保法律正当性的程序规则的设置就转化为如何在立法过程中实现论证，或者说如何围绕论证设计立法程序规则。这就使“立法论证”成为了建构现代法律正当性基础的一个核心概念。具体来说，立法论证正是从以下三个层面确保了立法程序规则作为法律正当性基础的必要条件：

首先，从过程层面看，立法论证确保立法程序规则体现民主。论证作为一种言语表达不是“独语”，而是“对话”，并且是立场对立、主张相左的两个或多个主体之间的对话，即论证的存在是以针锋相对的不同意见为前提的。因此，论证在立法过程中的发生必须以公民拥有平等地参与到政治决策过程中的权利为保障。唯此，公民才能在立法决策过程中自由地发表言论，毫无限制地表达自己看法，以及无所顾虑地提出任何异议。也就是说，民主政治是论证得以展开所必须具备的制度条件和环境。立法论证的实现有赖于民主政治的建立，反过来，立法论证的确立则可以检验立法程序的民主性。正如谷口安平指出的：“法制度的正当性在古代是神意，在中世纪是王权，在今天则是通过民主程序而表示出来的民意。”① 体现和促进立法程序的民主性，是立法论证能够确保立法程序规则建构现代法律正当性基础的一个重要方面。

其次，从程序层面看，立法论证确保立法程序规则追寻正确。哈贝马斯曾言：“衡量交往实践参与者的合理性标准在于，他们是否能够在适当的情况下对其表达加以证明。因此，日常交往实践内的合理性把论证实践当做可以诉诸的权威。”② 这说明，正确认识的形成是一个人们相互言语表达的过程，且这种表达并不是随意的言语行为，而是一种有理有据进行证明、展开说理的过程。依此，立法程序规则必须以实现论证为核心进行设计，方能确保展示更好的论据，进而获得正确的结论。此时，论证可以被看做是一种方法，即一种能在立法过程中实现理性说服和对话的方法，来指导立法程序规则的设置。程序虽有其自身的独立价值，但从功能的角度看，程序的设置合理与否最终还是依据程序运作的结果来判断。将立法论证作为方法指导立法程序规则的设置，就是希望任何经过立法程序制定的法律，一方面是多数人参与的结果，另一方面还是能为参与者所接受的理性的产物，也即正确的法律，以此帮助立法程序规则赋予制定法以正当性。

最后，从结果层面看，立法论证确保立法程序规则促进共识。科学发展在揭开各种神秘力量面纱之后的结果就是使人类认识到，其实并没有什么绝对的真理，尤其是在社会生活领域，所谓正确或真理只是人们在现有秩序框架内针对某事务达致的共识，即真理的本质是共识。于是，有关“正确”的问题就转变成如何达致“共识”的问题。显然，共识的形成不再能依靠暴力、专制等方式迫使别人接受自己观点，而只能依靠有效的言语交流和沟通而获得。尤其是存在分歧的情况下，共识更需要依靠给出合理的理由来说服对方而获得。这就是论证。在立法过程中，由立法程序规则确保实现的论证就是要使立法议案能

① ［日］谷口安平：《程序的正义与诉讼（增补本）》，王亚新等译，中国政法大学出版社 2002 年版，第 9 页。

② ［德］哈贝马斯：《交往行为理论（第一卷）：行为合理性与社会合理性》，曹卫东译，上海人民出版社 2004 年版，第 17 页。

够被充分讨论和质疑，通过公开的说理辩论的方式，促使意见相左的对立方尽可能展示支持自己观点的论据，并有机会了解对方所持的立场与利益，进而在相互说服的过程中形成共识。依此，立法程序规则方能被认为是在为法律正当性输入客观性。

三、立法论证的形式

立法论证就是在立法机关制定法律的过程中，参与立法的主体旨在说服他人接受围绕立法议案提出的主张而进行说理的活动。其宗旨就是要确保经由立法程序制定出的法律是建立在立法者谨慎证成基础上，彰显的是立法者的理性。实践中，立法论证贯穿于从起草到审议的立法活动始终。所以，要研究立法论证形式，就需要将其分解到立法活动所应遵守的各个步骤中。由于立法是一种国家行使立法权能的政治行为，因此，一个国家政治机构的设置以及基于历史国情形成的运作惯例对立法论证形式更具实质性影响。根据我国法律，全国人民代表大会作为最高权力机关统一行使立法权，其由人民代表、代表大会及其常设机关和专门委员会四部分组成。地方人大的组织结构与此相似。此外，在人民代表大会召开全体会议期间，还设有主席团和代表团。我国的立法论证活动就是在这些机构中展开的，并形成了具有我国特色的立法论证形式。

（一）专门委员会审议论证

根据《立法法》《全国人民代表大会组织法》和《全国人大常务委员会议事规则》，我国人大专门委员会采取双重审议模式审议立法议案，即法律委员会在立法议案审议过程中担任主要职责，而其他专门委员会的审议仅是提出自己的意见，供法律委员会统一审议时全面衡量和定夺。相较其他国家专门委员的审议而言，这种审议模式是我国立法程序中一个独特之处。尽管有委员会内部审议效力之分，但专门委员会审议仍是立法论证的一种形式。

和大多数国家一样，召开会议也是我国专门委员会审议立法议案时采用的主要工作形式。只是，我国现行法律对专门委员会的审议会议是如何组织、如何具体运作等细节规定得并不明确，显得非常模糊。实践中更多是依据立法机构的工作惯例和经验来运行。不过，从《立法法》第33、34、36条来看，虽然法律委员会承担主要的统一审议职责，但其在论证审议结果时，必须兼顾其他专门委员会的审议意见，无论采纳还是不采纳都必须给出合理的理由。此规定成为我国专门委员会审议论证中最能凸显立法论证实质内涵的一个地方。因为，如果说专门委员会内部的权力和职能分工不可避免，那么如何使不同权力之间能够相互约束和制衡，就取决于行使审议职能的机构是否有要对审议结果进行公开说明的义务。正是这种公开说理的义务，促使职能行使者必须顾忌听众，如常务委员会、其他专门委员会以及社会公众，对其审议结果可能存在的判断和反映，从而约束自己尽可能使审议论证的结果体现公正和客观，也就是理性，以期说服听众。这正是立法论证活动所要追求的核心要义。

（二）常务委员会审议论证

在议会机构中下设行使职权的常设机构——常务委员会，是我国人民代表大会制度的一个独特之处。国外的议会机构无论是一院制还是两院制，除固定假期外，全年大部分时间都处于行使职能的工作状态。所以，尽管它们也会设置常设机构，但该机构不能做出任何有法律效力的决定。我国的人大常委会则不同，它拥有宪法和法律赋予的在人大闭会期间制定法律、作出政治决策，以及实施监督的职权。根据全国人大公布的数据，2000 年以前，我国 80%以上的法律是由全国人大常委会审议通过的。可见，常委会审议在我国是一个重要的立法论证形式。

根据《全国人大常务委员会议事规则》第 9 条的规定，人大常委会的审议会议有三种：全体会议、分组会议和联组会议。其中，人大常委会的审议工作主要是由分组会议来完成的。正是在分组会议上，常务委员们对立法议案的事项展开充分讨论和研究。联组会议只是在分组会议讨论的基础上为谋得全体委员们较为一致的意见而进行的审议。而到了全体会议上则主要是听取分组会议和专门委员会审议结果的报告，并依此表决。在具体审议某一项立法议案上，我国自第九届全国人大常委会以来实行的都是“三审制”。此次《立法法》修订，还增加了单独表决制度。另外还有特定主体列席会议制度。尤其是规定了提出立法议案的单位必须派人参加会议，随时准备回答常委会组成人员的询问，在常委会全体会议、联组会议上提出立法议案的单位负责人还可对议案作补充说明。这都确保了委员们能直接而全面地了解与立法事项相关的实际情况，并集中围绕问题发表意见，展开讨论。这也是确保有效论证的一个重要举措。

（三）代表团会议与小组讨论

虽然全国人大常委会作为常设机构行使了大部分立法议案的审议职能，但每年全国人大召开会议期间，仍有一些重要的立法议案需要大会审议。同样，由于人数规模的限制，全国人大在行使议事职能时，除了全体会议之外，还有代表团会议和小组会议，成为我国全国人民代表大会会议期间进行立法论证的一种形式。

根据《立法法》的相关规定，我国全国人大对立法议案的审议也采用三审制，并由法律委员会负责进行统一审议，而各个代表团审议的效力与专门委员会的审议效力等同。此外，各代表团审议法律案时，提案人应当派人听取意见，回答询问，根据代表团的要求，有关机关、组织也应当派人介绍情况。这些规定保证了代表团和小组会议的代表能够充分了解情况，在全面掌握各种信息的基础之上展开审议论证。

四、立法论证的规则

论证是说理，但不是简单的说理，而是必须依据一定规则与程序的说理。作为一种言语过程，论证只有遵循一定规则与程序的限定，才能成为一种可被人的理性认识和检验的过程。换句话说，也唯有依赖一定规则与程序，才能检验和证明一个经过论证得出的结论是理性的。所以，论证与规则、程序是须臾不可分离的相辅相成的整体。可以说，如果我们将论证确立为法律实践的基础，那么实则也就是在寻找一套关于法律论证的规则与程序，通过这套规则与程序，法律实践活动的理性将获得彰显。具体到立法论证也莫过如此。

不过，需要指出的是，本节对立法论证的规则与程序仅作理论上的探讨，也就是说，对于具体的立法领域中正在被实际践行着的规则与程序则作为另一层面的问题建议处理。这也是阿列克西在分析法律论证的规则与程序时所采取的立场和态度。根据阿列克西，尽管仅通过广泛的经验调查去发现何种形式的程序规则最能满足理性论辩的条件是可能的，但当代法律程序中的程序结构是否可被认为是理性的则是另外的问题。也就是说，这里所做的立法论证的探讨实际仅是一种对在立法过程中，所应遵循的论证规则和程序的理想状态的探讨，而暂不论实际情况如何。

阿列克西将法律论证的规则主要区分为两个层面，即内部证成和外部证成。内部证成处理的问题是：判断是否从为了证立而引述的前提中逻辑地推导出来；外部证成的对象是这个前提的正确性问题。根据待证成的前提对象的不同，外部证成主要可分为三大类：实在法规则、经验命题、既非经验亦非实在法规则的前提。这三个方面具体可再进一步划分为六个方面：（1）解释的规则和形式；（2）教义学的规则和形式；（3）判例适用之规则和形式；（4）普遍实践论证的规则和形式；（5）经验论证；（6）所谓特殊的法律论述形式。如果用一个词汇来对应概括它们的话，可以是“法律”“教义学”“判例”“理性”“经验”和“特殊法律论证形式”。此外，阿尔尼奥在阿列克西研究的基础上还进一步提出了论辩理性的规则和证明责任规则，也是教材参考的依据。总之，在阿列克西所建构的法律论证规则的框架下，立法论证理论至少应该探讨如下四个方面的论证规则。

（一）基本逻辑规则

阿列克西在论述内部证成之始就指明：“与内部证成相关联的问题业已在‘法律三段论’这一个关键词下被多层面地加以讨论。”① 依此，这里的基本逻辑规则，也主要指的是形式逻辑，即基于三段论的演绎推理规则。我们知道，所谓演绎推理就是由两个含有一个共同项的性质判断作前提（即，大前提和小前提）推导出一个新的性质判断作结论的过程。而且，法律是一种实践活动，其所使用的三段论属于“实践三段论”。也就是说，其所得出的结论总是由一个规范性前提加上至少一个非规范性前提一起推导出来的。基于此，在立法过程中，基本逻辑规则对立法论证提出的要求就是，当人们在对某一个立法事项做出判断、提出主张的时候，至少应该引入一个已经确定下来的普遍性规范作为推论的大前提，且其判断的结论也至少应该是从这一引入的大前提连同其他命题共同逻辑推导出的结果。

然而，这里需要明确指出，基本逻辑规则所意在要保证的仅是，一个结论的获致是在没有任何自相矛盾的情形下从确定的前提中推导出来的，至于大小前提是否已被普遍认可和接受，依据阿列克西，那则是需要由外部证成来解决的问题。所以，基本逻辑规则所要确立的实质上仅是一个论证之推导过程的逻辑框架。之所以说其是基本的则是因为，即使各种外部证成所证立的内容最终也要依归到三段论的推导过程中方能完成一项论证。这与阿尔尼奥的认识是一致的，即法律解释的外部证立不能是一个演绎有效的三段论（或一组演绎有效的三段论）。外部证立旨在使听者确信某种解释。只有他或她接受了整个三段

① ［德］阿列克西：《法律论证理论——作为法律证立理论的理性论辩理论》，舒国滢译，中国法制出版社 2002 年版，第 274 页。

论形式时，解释者才成功地说服了别人接受其解释。可见，尽管人们越来越意识到形式逻辑的局限而热衷于各种非形式逻辑的研究，但是，至少在法律实践的领域里，以演绎推理为主的形式逻辑仍占据着核心的主导地位。它们仍被认为是立法者立法和法官断案过程所必须凭借的做出判断的思维推理的依据。只不过，作为一种实践性论证，在以形式逻辑作为主导的情况下，也必须运用各种非形式逻辑推理方能应对复杂的现实，解决当下的问题。因此，可以说，法律论证理论即是对法律形式正义的一个实质回应，同时，也是对法律实质正义的一个形式回应。因为，法律论证的过程意在追求的是，在形式逻辑的推理过程中融入各种非形式逻辑的辅助来共同的推出论证的结果。关于这一点，在图尔敏的论证模型中同样得到了体现。他的逻辑模型是，在事实资料 D（data）与主张 C（Claim）之间增加了正当理由 W（Warrants），及更深层的支持性原因 B（Backing）和一定的限制条件 Q（Qualifier），来辅助从事实资料到主张的推论正当化如图 8-1 所示。尽管图尔敏意图根据法律实践中所采用推理步骤，重新建构一种不同于传统的以数学为代表的形式逻辑模型。但从中我们还是能够看到，其实这一逻辑模型仅仅是在形式逻辑之外进一步寻求实质性的论证。在这里，一个正当理由不仅是形式逻辑原则，而且还是一个实质性原则，一个论证的非形式内容提供的。进一步说，这一逻辑模型实质仅是在形式逻辑的演绎推理的过程中融入非形式逻辑的论证来强调那些被引入的大前提和其他命题是否被普遍接受为确定前提性的确定性。但最终，整个论证的逻辑框架仍然是以形式逻辑为基础的。所以，以演绎推理为基础的形式逻辑也应该是立法论证首先必须要予以遵循的基本论证规则。

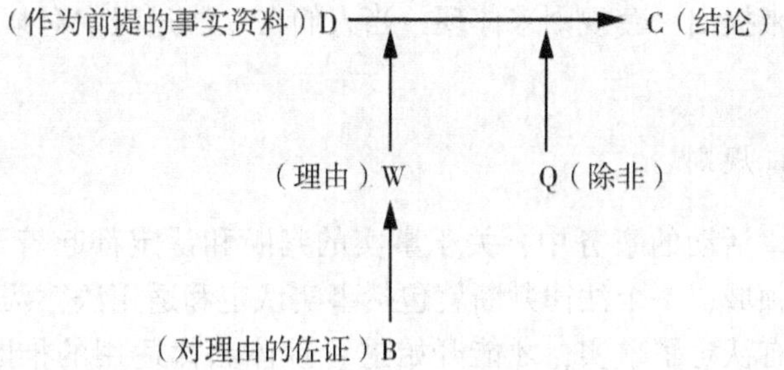

图 8-1

（二）法律解释规则

语言本身具有开放性的特征，即任何语词、语句都有一个从核心到边缘的语义过渡和渐变，这即是语言的空缺结构。语言的这一特性使得，一个语词或语句在不同的语境下就可能让人产生不同的理解，由此对语词或语句进行解释就实属必然。法律活动及法律本身也是借助语言完成和表达的。法律所拥有的语言属性决定了它必然是一个“敞开的体系”，即法律的意涵将随着人们的理解而流转变化，于是就有了法律解释。不过，通常人们所提到的法律解释，主要指的是司法过程中法官在适用法律进行断案时对法律进行的解释。其实，立法者制定法律的过程以及其活动的结果——法律文本也都是由语言构成的。

尽管立法是制定法律的过程，但这一制定新法的过程也必须是在遵守已经被公布的、现行有效的法律及其体系的前提下进行的。因此，对于立法论证来说，现行有效的法律就成为论证一项立法主张时进行逻辑推导的规范性前提。而且，如果说从立法者到司法者构成了法律文本的语境变迁，因而需要法官对法律文本做出解释，那么从上任立法者到现任立法者，对于法律文本来说也同样发生了语境变迁。于是，难以避免在立法过程中也会发生对现行有效法律进行解释的问题。如前所述，这属于立法论证过程中的一种外部证立。即，如果某现行有效的法律正是论证一项立法主张的逻辑前提，而人们对这一作为前提的法律文本本身的理解存有歧义的时候，对其的解释就将直接决定着立法论证的结果。可见，在立法过程中，法律解释也是决定是否应该遵循基本逻辑规则的大前提的一个论证环节。这也是麦考密克所持有的一种观点。他认为，法律解释是法律实践论证的特定形式。在此人们主张对权威文本和资料的某一特定理解当作证立法律判决的某种特定理由。因此法律解释应当在论证，特别是法律论证的框架内予以理解。既然是论证的一个环节，那么所谓法律解释规则，正如阿列克西所说，它的一个重要任务就在于对这个解释的证立。它也同样需要用一定的规则和程序来体现人们在进行法律解释时的理性思维过程。

关于法律解释，历史法学派代表人物德国法学家萨维尼曾提出四个基本解释要素：即语法要素、逻辑要素、历史要素和体系化要素。从此，这些要素常常作为法律解释的‘准则’被引用，并且直到现今仍然被视为有效。尽管，后人对法律解释要素的数目、具体方法以及它们的价值排序等一直还存有争议，但总体来说，这些要素就是进行法律解释的方法则不再存有异议。而所谓立法论证中的法律解释规则就是对各个解释要素进行一种逻辑化分析，依此来提出一套规则来体现，当人们在立法过程中对某一法律条文进行解释时的理性思维过程。

（三）经验论证规则

在任何围绕法律活动的事务中，关于事实的判断和认定都起着至关重要的决定性作用。例如，在司法领域，一个法律判断就包括事实认定和适用法律两部分，而且显然前者决定着后者，即只有认定了事实，才能开始进行具体法律适用的推断。这一点在立法过程中表现的会更为突出。因为，立法作为制定法律的过程，究其实质就是直接针对各种社会利益纷争给出解决和处理的方案，并将这些方案上升为对社会具有普遍约束力的法律。因此，对社会生活中所发生的各种事实的认定是进行立法决策和判断的重要前提依据，进而也就成为立法论证过程中又一重要的需要外部证立的内容。通常对这些事实做出判断所需要的是某方面的经验知识，因此这一论证可被称为“经验论证”。而由于这些待认定的事实涉及社会生活中的方方面面，具有广泛性和多样性，这使得法律证立所必需的经验论证理论若要前后一贯地进行，则似乎必须要讨论几乎所有的经验知识问题。此外还应加上将经验知识纳入法律论证的问题。这问题只应通过“科际合作”（interdisziplinäre kooperation）的方式来解决。也正是基于此，阿列克西认为，关于经验论证并不能给出什么明确的规则，而只能依据普遍实践论证中的“过渡规则”，即任何人在任何时候都能够转入理论上的（经验的）的论辩来将相关的经验知识引入到法律论证之中。具体到立法论证来说，对经验知识的论证主要表现为是要求提出立法主张者能够提供更多翔实的关于立法事项的各种信息，分析其中的来龙去脉，以支持其得出的结论的理由。可见，立法事项绝不仅仅是关于法律的事项，而是更广泛的涉及各领域各专业的综合事务。而经验论证作为立法论证中的外部证立的一种形式则说明，立法论证不仅仅限于对现存有效的法律规范和体系的论证，而且还是对社会各种经验知识都开放的一个论证过程。但问题也随之而来，经验知识常常处于不确定性的状态，即它们可能会因时因地或因人们的需求而发生改变，因此，对待经验论证，阿列克西告诫道："在这一点上，经验知识对法律论证的相关（重要）性几乎不能过高地估价。"① 也就是说，法律论证需要经验论证，但是法律论证绝不仅仅是经验论证，它是普遍实践论证中的一个特殊形式，它有着关于自己论证的特殊规则需要遵守。

（四）理性判断规则

在阿列克西所建构的六组外部证立规则中，普遍实践论证的规则被其用理性一词来概括对应。因此，这里就将立法论证中直接援引的普遍实践论证规则称之为理性判断规则。

面对社会生活的纷繁复杂和变化多端，人们在进行立法论证时不可能时时刻刻都有确定的法律或经验知识来支持作为推导结论的大前提的正确性或可接受性。也就是说，立法论证所面临的"场景问题"与司法领域一样，就是要为更实质性的论证确立逻辑规则。而立法论证作为法律论证的一种，也同样是普遍实践论证的一种特殊形式。因此在进行立法论证的过程中，当无法从上述论证规则中得出一个可接受的结论时，它就可以通过直接适用普遍实践论证的规则来获得理性的论证结论。而与适用上述立法论证规则的情形比较而言，在立法论证过程中直接适用普遍实践论证的规则就意味着，一个立法主张提出或立法决策的制定没有什么确定性的依据作为判断的依据，人们只对这一新事务或新境遇做出预测，并为此做出决定。而普遍实践论证规则就是为确保这种预测和决定是在理性的基础上做出的。正如赫伯特·西蒙所说："理性就是要用评价行为后果的某个价值体系，去选择令人满意的备选行为方案。"② 在人们努力寻找确定性的道路上总会出现"岔路口"需要人们做出一个选择的决定。对于立法论证来说，当到这一岔路口时，即基本逻辑规则、现行有效的法律规则以及经验知识都不足以用来支持一个推导结论的大前提时，立法论证就需要依照普遍实践论证规则中寻找理性的判断。然而，论证并不是无所不能的，人的生活中总有些东西是不能被证成，而只能毫无条件去相信。正如阿列克西根据阿尔尼奥的理论所认识的："生活方式自身是不可能继续加以证成的。我们只能为此做出决定，并尝试着依照所决定的生活方式来生活。"③ 因此，在面对未知的时候，即使是普遍实践规则也并不能给人一个确定的答

① ［德］阿列克西：《法律论证理论——作为法律证立理论的理性论辩理论》，舒国滢译，中国法制出版社2002年版，第288页。

② ［美］赫伯特·西蒙《管理行为——管理组织决策过程的研究》，杨砾、韩春立、徐立译，北京经济学院出版社1988年版，第74页。

③ ［德］阿列克西：《法律论证理论——作为法律证立理论的理性论辩理论》，舒国滢译，中国法制出版社2002年版，第96页。

案。人们只能过根据自己的理性而选择的生活。

操作题

旁听一次人大召开的立法论证会议。

本章小结

本章从分析立法论证的概念入手，意在指出只有将立法论证的本质理解为是一种说理活动，方能解释现代法治是如何通过立法向制定法输入正当性从而确立法律之最高统治地位的。为确保这个输入正当性的过程是理性的，就必须依靠能够被实证分析的程序规则来体现。因此，对立法论证活动的关注最终转换为对建构一套合理的立法论证程序规则的关注。于是，分析我国当下立法实践中既有的立法论证形式及其程序规则就实属必要。本章在上述问题阐述的基础上，又进一步提出了理想状态下的立法论证程序规则应关注的四个方面，旨在为评判实践中的立法论证程序规则确立一个标准体系。

复习思考题

1. 立法论证的概念内涵是什么？
2. 立法论证与法律论证的关系？
3. 立法论证的形式有哪些？

第九章

法律责任条款

学习目标

理解立法中法律责任的含义；区分不同类型的法律责任；了解法律责任条款的具体分类；了解、掌握现行立法中责任条款设置存在的问题及其表现形式、具体成因等；理解把握立法中责任条款设置的含义；区分法律责任设置的理念原则与具体规则的界限；掌握法律责任设计的理论体系，同时掌握立法责任条款起草的具体操作指南与技术。

材料引入

据大众网（济南）2012年5月7日报道，对“毒胶囊”的专项整治业已开始，然而在最直接的专业法——《药品管理法》中，却几乎找不到惩戒的依据——其中确实规定了其必须符合药用要求，但如果企业未遵守，却又没有明确的条款规定如何处罚。在4月26日中国政法大学举办的“中国医药监管问题与对策”论坛上，南开大学法学院副教授宋华琳便指出了这种“法律如同白纸”的症状之一。

在他看来，之所以会出现“毒胶囊”风波，很大一部分原因在于管理标准的模糊与缺失。我国现行的《药品管理法》第52条规定，直接接触药品的表面材料和容器，必须符合药用要求。胶囊作为药用辅料，被划归该管理法中所指的“直接接触药品的表面材料和容器”。但遗憾的是，即使企业未遵守此条规定，也难以受到惩戒，因为其中并未明确详细惩戒措施。“没有惩戒的规定就是纸老虎，不管用。”宋华琳感慨。

宋华琳期待，相关部门能够以此为契机，对《药品管理法》进行修订，以改变“惩处惩戒过低、法律责任设定较为粗放、缺乏风险监管”的现状。同时，药品监管的一些新方式，比如召回、行业禁入、黑名单、药品信用体系等，也被寄予期望。

思考：什么是法律责任条款？法律责任条款如何设置？

一部法律的立法目的能否实现，或者在多大程度上实现，主要看该法所调整的权力与责任、权利与义务的设定是否科学合理或其所达到的科学合理程度。法律责任规定的是否科学合理，关系着法律、法规的质量和实施效果。法律、法规的实施情况表明，任何一部法律、法规的实施效果和立法目的达到的程度，在一定意义上取决于其法律责任规定的科学合理方面所达到的程度，即可实现的程度。这是因为，权力与责任、权利与义务的设定构成了一部法律的主要内容。设置法律责任的目的和功能主要就在于，保障立法中所设定的权力与责任、权利与义务能够得以有效实施。当其受到干扰、阻碍或破坏，从而侵犯法律所保护的权益时，通过法律责任与救济使之停止侵害，经过法定的正当程序，依法裁判，使违法者承担相应的法律后果。

作为一个法律文本重要组成部分的法律责任条款部分，其作用与价值是毋庸置疑的。重要的问题是我们该如何准确地界定法律责任条款的概念，使其能够厘清与其他相近概念的异同，例如责任条款与义务条款的区分，法律责任与责任条款的异同等，在我国目前立法中，责任条款设定中存在哪些问题，以及更为重要的是在未来立法文本设计中，法律责任条款的设定应当持有什么样的标准与理念，应当遵循哪些设定原则，在具体设定中应当遵循哪些规则，如何做好责任条款与其他条款以及不同责任形式条款之间的衔接问题，这些都是我们需要努力加以解决的问题。

一、法律责任条款的概念与类型

概念是探究任何事物的逻辑原点，对法律责任条款研究亦不例外。因此，要想对法律责任条款设置有比较清晰而全面的把握，首先还是要从法律责任条款的概念入手，着重分析法律责任条款的内涵与外延，本部分首先分析了法律责任条款概念在理论界所持的不同观点，然后对法律责任条款的概念界定，同时分析了法律责任与责任条款的关系；其次，阐述了法律责任条款的构成要素；最后，对法律责任条款进行了类型化的分析。

（一）法律责任条款的概念

法律责任条款与法律责任是密切联系在一起的，法律责任条款的实质问题还是法律责任的问题，因此，要想准确界定法律责任条款的概念，必须对法律责任的概念作出全面而细致的分析。

《布莱克法律词典》中认为：“法律责任是因某种行为而产生的受处罚的义务以及对引起的损害予以赔偿或用别的方法予以补偿的义务。”纯粹法学派创始人凯尔森强调法主要与权力、强制和制裁有关，因此他把“制裁”作为责任的中心词，他认为，法律责任概念是与法律义务相联的概念，“一个人在法律上对一定行为负责，或者他在此承担法律责任，意思就是，如果作相反的行为，他应受制裁”。① 这种观点，在我国理论界被冠之以“制裁说”的学术标签。

在《现代汉语词典》中，“责任”一词有三个相互联系的基本词义。第一，分内应做的事。第二，特定人对特定事项的发生、发展、变化及其成果负有积极的助长义务。第三，因没有做好分内的事情（没有履行角色义务）或没有履行助长义务而应承担的不利后果或强制性义务。法律责任则是法律与责任的复合概念，更侧重于责任一词的后两种词义。

在我国理论界，对于法律责任的概念，众说纷纭。有人认为法律责任是由于行为主体

① Hans Kelsen. Pure Theory of Law. Translated by Max Knight. University of California Press, 1967, p. 119.

侵犯法定权利或违反法定义务造成危害或者危害威胁，而由专门国家机关认定并归结强制性的义务。有人认为，法律责任是指行为主体不履行法定义务所必须承担的否定式的法律后果。也有人认为法律责任是由于侵犯法定权利或违反法定义务而引起的、由专门国家机关认定并归结于法律关系的有责主体的、带有直接强制性的义务，亦即，由于违反第一性法定义务而导致的第二性法定义务。这种观点，又被称为“义务说”。

简单来说，法律责任就是因违反法律规定而应承担的法律后果。就其实质而言，一般认为，法律责任是指对违反法定义务、超越法定权利界限或滥用权利的违法行为所作的法律上的否定性评价和谴责，是国家强制违法者做出一定行为或禁止其做出一定行为，从而补救受到侵害的合法权益，恢复被破坏的法律关系（社会关系）和法律秩序（社会秩序）的手段。或许，仅从某个特定的角度给法律责任下一个定义并不难，但这样做容易导致责任问题的简单化、片面化。有人认为，为了全面、正确地理解法律责任概念，较为关键的是把握在法规范语境下责任概念的结构性要素，而不是法律责任的定义。借鉴美国分析法学家霍菲尔德关于法律行为概念的规范构造分析，对于法律责任的规范构造的全面解读，也要从逻辑、事实与价值三个层面来剖析，首先是逻辑层面，法律责任逻辑构造是由一系列在逻辑上相互衔接的法律关系组成，可称之为责任关系；其次在社会事实层面上，法律责任是一个以强制为后盾的“实力装置”，公权力的介入以保障救济权的实现是救济权关系发展为责任关系的转折点；再次，法律责任的价值构造则解决了公权力强制作用的正当性问题。这三个层面构成了一种密切关联的链条关系，对任何一个层面的忽视都将无法获得对于法律责任概念的完整意义。正如哈特所言，“在强制、规则和道德这三个法的本质组成要素中，许多学者竭力为‘何谓法’寻找一个精确的答案，但结果往往是触及以上问题中的某个即止，以至于无法形成成功地解答何为法律的概念”,① 对法律责任概念的探索亦是如此，法律责任学说史上的各种观点虽然不乏真知灼见，但大多是顾及责任某一要素的片面的深刻，众多学者往往无法恰当对待和解释责任概念中诸要素，以至于各执一词，甚至相互抵牾。凯尔森的“制裁说”和我国理论界的“后果说”重点揭示了法律责任中的国家强制和社会事实因素，而忽略了其他；而“义务说”则重点是对法律责任逻辑构造的深刻洞见。因此，对于法律责任概念的全面、准确把握应从逻辑构造、社会事实因素与价值因素三个方面来阐释，即法律责任是指在逻辑上相互衔接的法律关系组成、以国家强制力保障对象承担的社会责难。

理解了法律责任的概念，对于准确界定责任条款的概念就显得游刃有余了。法律责任条款是指在法律文本中表达法律责任内容的法律条款。也有人认为，法律责任条款包括在所有规范性法律文件中设计责任内容的法律条文。这种观点看似有一定的道理，实则不然，这种观点容易引起对于法律责任条款的泛化理解，与法律责任设置的理念不符，因此不宜采用，还是将责任条款进一步限定在法律文本之中为宜。

（二）法律责任条款与相关概念的厘清

要准确把握法律责任条款的概念，还需要进一步厘清法律责任条款与一些近似概念的

① HLA Hart. The Concept of Law. Oxford University Press, 1961, p. 17.

区别与联系。其中容易混淆的是法律责任条款与法律责任的区分、法律责任条款与法律制裁的区分。

1. 法律责任条款与法律责任的区分

根据上文的论述，法律责任条款是在法律文本中表达法律责任内容的法律条款。责任条款可以看做是法律责任的表述形式，也是法律责任内容的呈现载体，其与法律责任是形式与内容的关系。一个法律责任的全部构成要素可以通过数个法律责任条款加以表述，其中的一个要素也可能分别见诸不同的法律责任条款。进一步看，一个法律责任内容的全部构成可能存在于不同的法律责任条款，这方面比较明显的例证是《刑法》，针对社会危害性的不同，不同的犯罪情节，使犯罪分子承担的刑罚责任是不同的。例如《刑法》第241条规定：

> 收买被拐卖的妇女、儿童的，处3年以下有期徒刑、拘役或者管制。
>
> 收买被拐卖的妇女，强行与其发生性关系的，依照本法第236条的规定定罪处罚。
>
> 收买被拐卖的妇女、儿童，非法剥夺、限制其人身自由或者有伤害、侮辱等犯罪行为的，依照本法的有关规定定罪处罚。
>
> 收买被拐卖的妇女、儿童，并有第2款、第3款规定的犯罪行为的，依照数罪并罚的规定处罚。
>
> 收买被拐卖的妇女、儿童又出卖的，依照本法第240条的规定定罪处罚。
>
> 收买被拐卖的妇女、儿童，按照被买妇女的意愿，不阻碍其返回原居住地的，对被买儿童没有虐待行为，不阻碍对其进行解救的，可以不追究刑事责任。

这种模式的立法例很多，不仅存在于刑事法律责任，行政法律责任、民事法律责任的设置也可以见到这种立法例。同时法律责任条款甚至还可能存在于不同的法律文本之中，更有甚者，可以跨越不同的法律部门。例如，《土地管理法》第73条规定："买卖或者以其他形式非法转让土地的，由县级以上人民政府土地行政主管部门没收违法所得；对违反土地利用总体规划擅自将农用地改为建设用地的，限期拆除在非法转让的土地上新建的建筑物和其他设施，恢复土地原状，对符合土地利用总体规划的，没收在非法转让的土地上新建的建筑物和其他设施；可以并处罚款；对直接负责的主管人员和其他直接责任人员，依法给予行政处分；构成犯罪的，依法追究刑事责任。"甚至该法的第74、76条也都规定了跨部门的行政法律责任与刑事法律责任，我们暂且不论这种法律责任条款设计模式的优劣。再如《行政处罚法》第7条规定："公民、法人或者其他组织因违反受到行政处罚，其违法行为对他人造成损害的，应当依法承担民事责任。"针对这种既侵犯公共利益、破坏行政管理秩序，又侵犯他人的合法权益的行为，在法律责任设置上，就设定了跨部门的行政法律责任与民事法律责任。因此，我们不能将法律责任条款与法律责任混为一谈，应当将二者的区别与联系搞清楚。

2. 法律责任条款与法律制裁的关系

法律责任条款是表达法律责任内容的法律条款，而法律制裁是法律文本中法律责任规定的实现方式与结果。因此，法律文本中法律责任条款的规定是否完善，在一定程度上决定或影响法律制裁的效果。法律责任条款和法律制裁基于法律责任而联系在一起，但两者仍然是有必要加以区别的。尤其是作为法律责任条款实质的法律责任内容与法律制裁之间的关系。

一方面，法律责任是实施法律制裁的基础与前提，没有法律责任也就不存在法律制裁，两者之间存在密切联系；另一方面，法律责任是法律制裁的必要条件，而不是充要条件，法律制裁主体一定是法律责任的承担主体，但并非承担法律责任就一定要受到法律制裁，法律责任主体与法律制裁主体并不是完全一致的，有时二者是可以分离的。例如，《侵权责任法》第78条规定："饲养的动物造成他人损害的，动物饲养人或者管理人应当承担侵权责任，但能够证明损害是因被侵权人故意或者重大过失造成的，可以不承担或者减轻责任。"该法第79、80、81条等法律责任条款的设置都作了类似的规定。再如，《民法通则》和《侵权责任法》第32条规定："无民事行为能力人、限制民事行为能力人造成他人损害的，由监护人承担侵权责任。监护人尽到监护责任的，可以减轻其侵权责任。"这些都是责任主体与制裁主体分离的法律责任设置立法例。再退一步讲，这和有违法行为也并不一定就要承担法律责任，这个道理是相通的。法律责任是一种应然状态下的责任形态，是抽象意义上而言的；而法律制裁则是一种实然状态下的责任形式，是具体意义上而言的。通过上述分析，可以清晰地区分出两者之间的区别，同时我们也应该注意两者之间的有机关联。

（三）法律责任条款的类型分析

法律责任根据不同的标准可以有不同的分类，以责任类型为标准可分为民事法律责任、行政法律责任、刑事法律责任与宪法责任；以责任性质为标准可分为补偿性法律责任、惩罚性法律责任等。同样，法律责任条款基于不同的标准，也可以分为不同的类型，对法律责任条款的类型化分析，可以使我们更全面地把握的责任条款的内涵与外延，为法律责任条款的科学设置提供细致的理论解剖。

1. 实体性责任条款与程序性责任条款

按照法律责任条款的内容，可以将法律责任条款分为实体性责任条款和程序性责任条款。其中，实体性责任条款包括直接规定和确认责任主体、违法行为、损害事实、主观过错、因果关系等五个方面内容的相应条款，构成法律责任的实体条款，包含主体条款（责任主体条款、责任认定主体条款、责任强制实施主体条款）、行为条款（违法行为性质认定条款、责任强制实施条款、法律制裁或补偿方式、种类、幅度条款）。程序性责任条款则包括保障法律责任得以认定、实施、承担、救济的有关程序为主的相应条款，构成法律责任的程序条款，包括各类责任行为的时效条款、违法行为认定程序条款、责任强制程序条款、法律救济程序条款等方面的内容条款。

当然，实体性责任条款与程序性责任条款也不是天然分离的，大多数情况下，实体性责任条款和程序性条款是分离的，包含在不同的法律责任条款之中，但也很可能在一个法律责任条款中既包含了实体性内容，也包含了程序性内容，但这种立法例并不常见。区分实体性责任条款与程序性责任条款，可以使我们在责任条款设置时，有所侧重，对于实体性责任条款要更加注重考量其实体公正性，而对于程序性责任条款则更加注重考量其程序正当性，有所侧重，可以使责任条款的设置更加科学化，增加其实施中的可操作性，当然，有所侧重，并不意味对其他层面的忽视。

2. 民事责任条款、行政责任条款、刑事责任条款与宪法性责任条款

从法律责任条款所属法律部门的角度划分，可以把责任条款主要划分为民事责任条款、行政责任条款、刑事责任条款、宪法责任条款，此外还包括诸如国家赔偿责任条款、诉讼责任条款等。民事责任条款主要是在法律文本中表述民事责任内容的法律条款；行政责任条款主要是指在法律文本中表述行政责任内容的法律条款；刑事责任条款则是指在法律文本中表述刑事责任内容的法律条款；宪法责任条款主要是指表述宪法性责任的法律条款，包括但不限于宪法，如《立法法》中的责任条款亦可以归入宪法性责任条款的种类。

将法律责任条款按照部门法的角度进行分类，具有重要的理论与实践价值。针对不同部门的法律责任条款，在立法设计时，可以有针对性地进行设置。例如，行政责任条款与刑事责任条款同属公法责任条款表达，其责任属性和作为私法责任条款表达的民事责任条款之间显然是存在差别的，公法责任条款表达的特征在于国家强制，而私法责任条款表达的特征在于意思自治。

3. 确定性责任条款、委任性责任条款与准用性责任条款

从法律责任条款的设立方式上，可以把责任条款分为确定性责任条款、委任性责任条款、准用性责任条款。其中，确定性责任条款是指在法律文本中明确规定了法律责任的所有内容要素，无需再援引其他条款的责任条款；委任性责任条款是在法律文本中没有明确设定法律责任的所有内容，而授权某一机构加以具体设定的责任条款；准用性责任条款是指在法律文本中没有明确设定法律责任的所有内容，但明确指出可以援引其他法律文件的责任条款内容。

对法律责任条款按照设立方式进行分类，提醒我们在法律责任条款设计时，要充分考量责任条款的可操作性，在综合考量各种立法因素的前提下，应当尽可能地设定确定性的责任条款，退而求其次则是设定委任性的责任条款，对于授权性责任条款的设定，则应当谨慎。从可行性的角度出发，确定性的责任条款具有较强的可操作性，委任性责任条款，如果援引的责任条款也是确定性责任条款，则可操作性方面尚可，如果援引的也是委任性责任条款或者授权性责任条款则其可操作性就会大打折扣，因此对于委任性责任条款中援引的责任条款应当有所限制，一般限定援引确定性条款为宜，而对于授权性责任条款则应当谨慎设定，如果设定，应当充分保障其可行性，否则这种责任条款的设定只能注定停留在文本上，而无法践行。例如，现行《体育法》第 33 条规定："在竞技体育活动中发生纠纷，由体育仲裁机构负责调解、仲裁。"这也是一种权利的救济方式，但是虽然《体育法》规定："体育仲裁机构的设立办法和仲裁范围由国务院另行规定。"但到现在，我国体育仲裁制度仍未建立，其他救济制度因缺少体育法的确认，从而使得体育法律责任设置结构不完善。再如，《道路交通安全法》第 17 条规定，设立道路交通事故社会救助基金，具体办法由国务院制定。但国务院迟迟没有出台相关规定，使得对于受害人的救济受到严重制约。

此外，法律责任条款还可以按照责任性质划分为补偿性法律责任条款与惩罚性法律责

任条款。一般而言，民事责任条款多为补偿性责任条款，行政责任条款与刑事责任条款多为惩罚性责任条款，但也有例外，例如《食品安全法》中，在民事责任条款中就设定了惩罚性赔偿责任条款。法律责任条款还可以划分为积极性责任条款与制裁性责任条款（消极性责任条款）这种法律责任条款的分类前提是对责任条款作广义的理解，广义的责任条款包括奖励性条款与救济性条款，积极性的法律条款主要是指违反法律义务所承担的有利性的法律后果，包括奖励性条款和救济性条款，而消极性法律责任条款则主要是指违反法律义务所承担的不利性的法律后果，主要是狭义上的责任条款，带有制裁性或惩罚性的责任条款。

二、法律责任条款设置存在的问题

（一）法律文本中存在责任条款的缺失

由于各个法律、法规的性质、内容和作用的不同，因此，有些法律、法规不一定需要设立法律责任，如国家制度建设方面的法律、法规规范调整的对象不同，而且在程序和监督等方面都有比较严明的具体的规定。所以，一般不具体规定法律责任。① 这种观点需要从三个层面来理解。首先，在我国这几年的立法实践中，确实存在立法文本中责任条款设置的缺失这种立法现象，通过上表可以发现，尤其是在改革开放之初的1979—1985年段，在法律文本中设置责任条款的立法数量只占总量的26.2%，行政法规中设置责任条款的立法数量只占总量的48.7%，超过一半的行政法规也存在法律责任缺失的问题；其次，这种法律责任缺失是有其特定背景与原因的。改革开放之初，我国的立法实务部门人才短缺，立法指导思想还没有稳定树立，立法的科学化水平较低，立法技术落后，对于法律责任无论从理论支撑上、实践依据上还是立法技术上都存在缺失或不足，在客观上无法进行责任条款的设置；再次，这种观点对于目前法律责任条款缺失的解释是有待商榷的，法律、法规并不是不需要设立法律责任，而是确实基于当时立法条件所限，客观上无法设置。即使是国家制度建设方面的法律、法规仍然有设置法律责任的必要，我们经常说的“有权必有责，用权受监督”的理念可以彰显法律责任设置的必要性，一部法律中主要的构成条款即为权力性条款、权利性条款、义务性条款、责任条款，如果一部法律没有权利性，也没有权力性条款，或者没有设计义务性条款，那么这部法律是否应该出台，立法的必要性就要受到质疑了。或者设计了权利性条款、义务性条款，但存在责任条款的缺位，那么权利受到侵害时，义务不被履行时如何救济呢？

因此，客观存在责任条款的缺失并不是有些法律、法规不需要责任条款的支撑，而是由其立法条件所限，这一点需要我们在观念中予以纠正。另外，从1979—1985年段，法律文本中设置责任条款的立法数量占总量的26.2%，行政法规中设置责任条款的立法数量占总量的48.7%，到2006—2011年段，设定法律责任条款的数量分别占总数的89.7%和95.5%，设定法律条款的立法数量占总量相比于30年之前几乎呈几何型增长，这些事实数据也是对于法律责任条款设置必要性的有力佐证。设置必要性也就从一个反面说明

① 李培传：《论立法》，中国法制出版社2004年版，第411页。

了，目前我国的立法实践中，存在的法律责任条款设置的缺失是不正常的，是存在问题的。立法通过权利义务的设定实现立法目的，而法律责任是权利实现、义务履行的根本性保障机制。法律责任条款的缺失，立法目的的实现就只能靠守法者的自觉和其他社会力量，法治就会因为法律本身的软弱无力而变成“花瓶”摆设。

（二）法律责任条款设置不科学

立法技术本身就是在立法活动中所遵循的用以促使立法臻于科学化的方法和操作技巧的总称。整个立法技术的指向都是科学化，因此法律责任条款设置的科学性问题既是立法活动的难题所在，也是立法活动所追求的终极目标之一。但是，在立法实践中因缺少客观规律和充足的理论支持，使得法律责任的量化设定存在很大的随意性，造成很多不良的后果，比如，由于法律责任条款量化设置的随意性，导致执法部门在实施行政处罚时拥有了过多的自由裁量权。

罚款设置不科学，守法成本、执法成本远远高于违法成本，以《福建省环境保护条例》为例，排污单位必须申领排污许可证或者临时排污许可证，并按照排污许可证或者临时排污许可证规定的内容排污。违反规定的，由县级以上地方人民政府环境保护行政主管部门责令限期改正，并处以五万元以下的罚款；情节严重的，可以暂扣或者吊销排污许可证或者临时排污许可证。而一个工厂一天排放污水十几万吨，一吨污水处理费用要1.2~2.0元。如果要处理达标，每天治理费用就要十几万元，甚至几十万元。意味着如果工厂按照规定申领排污许可证，达标排放要花上比偷排漏排多得多的成本，法规执行力度和严肃性受到极大影响。同样以《福建省环境保护条例》为例，其规定开发利用自然资源，应当采取措施防止环境污染和生态资源破坏，对生态环境和资源造成污染和破坏，不承担恢复整治责任的单位或者个人，由县级以上地方人民政府环境保护行政主管部门或者其他有关行政主管部门组织恢复整治，费用由违法者承担；情节严重的，罚款幅度由5万元提高到了20万元。这里罚款幅度的设置，有哪些科学依据或客观规律抑或是市场规则等，都很难说有明确的依据。

法律责任的设置，是通过责任的分配，来调整社会生活的一种方式或手段，法律责任的科学设定，是真正实现立法目标，并得到社会的遵守和认可，从而达到调整规范人们生活的目的。因此，在立法过程中要努力追求立法的科学性，尤其是在责任条款设置时，要更加注重责任条款的科学性。例如，我国《气象法》第39条规定：“违反本法规定，不具备各省、自治区、直辖市气象主管机构规定的资格条件实施人工影响天气作业的，或者实施人工影响天气作业使用不符合国务院气象主管机构要求的技术标准的作业设备的，由有关气象主管机构按照权限责令改正，给予警告，可以并处十万元以下的罚款……”其中，“可以并处十万元以下的罚款”的规定是很不科学的。因为处罚幅度过大，首先，这里用的是“可以并处”，也就是说有关气象主管机构按照权限责令改正，对责任主体给予警告处罚后，可以并处十万元以下的罚款，也可以不罚款。因为这里规定的是，“可以并处”而不是“并处”。所以，不罚款也是可以的。因此，要不要给予十万元的罚款处罚，就在气象主管机构的有关人员认为是罚或不罚一念之间，而且对此也没有相应的监督制度约束，这种自由裁量权显得过大。其二，可以并处十万元以下的罚款，以下到何种程度？

没有底线，简而言之，下到十元也符合法律规定，于法有据。一项罚款在十万元以下这样大的幅度内，执行起来难说不带有一定的随意性，显然不够科学。

（三）法律责任条款设置不够均衡

我国法律责任条款设置的不均衡问题普遍存在，部分立法在不均衡的问题上表现得尤为明显，这种责任失衡的问题在，在实践中受到广泛质疑，其主要表现在两个方面，一是对违法行为的具体情况不加区分，不考虑违法行为的性质、情节、危害程度等因素，在设定法律责任时，对某一类行为仅设定一种单一的处罚方式。例如，我国《治安管理处罚法》第49条规定，故意损毁公私财物的，处5日以上10日以下的拘留，而不论涉案财物价值多少，这样规定很容易导致过责严重失衡的现象出现；再如《危险化学品安全管理条例》第67条规定，危险化学品运输企业运输危险化学品，中途停车住宿未向当地公安部门报告的，处2万元以上10万元以下罚款，当事人对此常常感到无法接受，小运输企业则更是无力承担，这样高额的罚款，在实践中这一规定也往往无法执行。

在地方立法实践中，行政处罚罚款设定普及化倾向相当严重。凡是法规草案中设定了"必须""应当""不得"等义务性、禁止性规范，在设置法律责任时，"罚款"都是第一首选，即便是设定了警告、没收违法所得等其他行政处罚责任的，也会并处"罚款"责任。福建省2001—2010年制定或修订的88部地方性法规，在其中261条的行政处罚条款中，设定"罚款"条款的是192条，在设定的行政处罚条款中所占的比重已经达到73.56%。其实，其中很多罚款的责任的操作性并不强。

福建省2001—2010年制定或修订地方性法规88部，法律责任条款共371条，其中涉及民事责任的只有21条。在福建省1998—2006年新制定的72部地方性法规中的284条行政责任条款，规定行政相对人承担行政责任的条款是209条。① 但在大多数的法规中对于国家机关及其工作人员因违法行使或不当行使职权或不作为而侵犯公民、法人、其他组织合法权益的情形设置的法律责任条款，往往只有一条，即"尚不构成犯罪的，由所在单位或者上级机关给予行政处分；构成犯罪的，依法追究刑事责任"。但如何给予行政处分，怎样的行为给予怎样的处分，哪个机关提出，哪个机关批准，哪个机关决定、执行，哪个机关监督，没有明确具体的规定。

（四）法律责任条款语言表述不够准确和规范

法律责任条款的设置最终要通过语言予以呈现，法律责任条款的表述在逻辑上应当遵循逻辑的完全性、可靠性与一致性；在法律语言上应当遵循语言的准确性、明晰性与简洁性。但目前，在大量的法律文本中存在着责任条款语言表述不够准确、不够规范的问题。例如《土地管理法》第78条规定，无权批准征收、使用土地的单位或者个人非法批准占用土地的，超越批准权限非法批准占用土地的，不按照土地利用总体规划确定的用途批准用地的，或者违反法律规定的程序批准占用、征收土地的，其"批准文件"无效，这样的表述就很容易造成误解，批准文件作为被非法批准用地行为的构成要件，但实践中很多

① 阮荣祥、赵恺：《地方立法的理论与实践》，社会科学文献出版社2011年版，第417、424页。

非法批准用地行为并非采用批准文件的形式，而是采用口头同意用地或以领导批示、会议纪要等形式取得的用地，这在法律适用上就存在歧义，准确的表述应该将“批准文件”表述为“批准行为”无效。

再以行政法律责任条款的设定为例，行政责任条款主要可以归纳为两种基本的表达模式，第一种模式是行政处罚类的责任条款的设定模式，一般表述为“违反本法（条例、办法等）第×条第×款规定，违法行为人××××的，由县级以上地方人民政府××行政主管部门给予××××处罚；情节严重的，构成犯罪的，依法追究刑事责任。”这种模式的主要缺陷在于，首先，对实施具体行政处罚的机关不具体，只笼统的规定县级以上地方人民政府××行政主管部门，按照这个推理，主管部门可以包括县级、地市级、省级人民政府相应的行政主管部门，过于笼统，容易造成相互扯皮或相互推诿的现象；其次，对行政责任条款与刑事责任条款的衔接规定的过于原则，缺乏具有约束力的可操作性标准，容易产生行政执法人员自由裁量权的恣意与泛滥使用。第二种模式是行政处分类的法律责任设定模式，一般表述为“违反本法（条例、办法等）第×条第×款规定，行政机关××××的，对行政机关直接负责的主管人员和其他直接责任人员，由上级行政机关或者监察机关依法给予××××行政处分；构成犯罪的，依法追究刑事责任”。这种模式的主要缺陷在于，首先追究法律责任对象设定较窄，仅限于“直接负责的主管人员和其他直接人员”，而将行政机关主要负责人员、间接负责的主管人员和其他责任人员排除在外；其次，对行政机关工作的法律责任仅表现为给予行政处分，但是如何纠正违法行政行为、消除违法行政行为危害或者影响未予重视，实践中容易以形成既成事实为理由，不彻底纠正违法的行政行为，消除违法行政行为的影响。最后，同样存在对行政责任条款与刑事责任条款的衔接规定的过于原则，缺乏具有约束力的可操作性标准的问题。

（五）法律责任条款设置不够协调

“责任主体的行为模式和其法律后果应当相对应。法律文件中的行为模式和其法律后果只有相对应，才会具有比较好的规范调整功能。若没有相对应的法律责任条款的支持与保障，其作用、意义和价值就会大大减弱，在社会实践中一旦遇到违反义务性条款的行为时，就会发现这些义务性条款显得软弱无力，难以起到其自有应有的规范调整作用。”① 法律责任条款设置要努力实现协调性，这包括责任条款与法律文本之间的协调，责任条款与权利性条款、义务性条款、奖励性条款之间的协调，以及不同责任形式条款之间的协调，还包括下位法责任条款与上位法责任条款之间的协调等。

从立法实践情况来看，法律责任条款设置的不协调，主要表现在以下几个方面，一是下位法设定的法律责任与上位法相抵触、不协调。例如，根据《贵州省产品质量监督条例》第3、26条的规定，生产者、销售者伪造或者冒用产品的产地、厂名、厂址的，责令公开更正，没收违法所得，并处违法所得1倍以上5倍以下的罚款；而《产品质量法》第53条规定，伪造产品产地的，伪造或者冒用他人厂名、厂址的，伪造或者冒用认证标志等质量标志的，责令改正，没收违法生产、销售的产品，并处违法生产、销售产品货值

① 汪全胜、陈光等：《体育法律责任的设定及其完善》，载《体育学刊》2010年第2期。

金额等值以下的罚款；有违法所得的，并处没收违法所得；情节严重的，吊销营业执照。二是，不同法律文本针对同一违法行为设定的法律责任条款不协调。例如，针对伪造驾驶证的行为，《道路交通安全法》第96条规定，由公安机关交通管理部门处200元以上2000元以下罚款，构成犯罪的，依法追究刑事责任，而《治安管理处罚法》第52条规定，伪造国家机关公文、证件、证明文件、印章的，处10日以上15日以下拘留，可以并处1000元以下罚款。三是，同一法律文本之中，在不同法律条款在责任设置上不协调。例如，《土地管理法》第73条规定，买卖或者以其他形式非法转让土地的，由县级以上人民政府土地行政主管部门没收违法所得；对违反土地利用总体规划擅自将农用地改为建设用地的，限期拆除在非法转让的土地上新建的建筑物和其他设施，恢复土地原状，对符合土地利用总体规划的，没收在非法转让的土地上新建的建筑物和其他设施；可以并处罚款；对直接负责的主管人员和其他直接责任人员，依法给予行政处分；构成犯罪的，依法追究刑事责任。同样是该法关于非法转让土地用于非农业建设的法律责任，第81条却规定，擅自将农民集体所有的土地的使用权出让、转让或者出租用于非农业建设的，由县级以上人民政府土地行政主管部门责令限期改正，没收违法所得，并处罚款。

（六）法律责任条款设置过于原则和笼统

立法中设定法律责任条款就是为了在权利受侵犯或者义务不被遵守时，能够有明确的法律责任为依据，来保障执法机关制止相关违法主体的行为，追究相关违法主体的责任。在从我国立法实践来看，普遍存在着法律责任条款设置过于原则、过于笼统的问题，对于究竟应当追究何种具体的法律责任不予明确。这种笼统性的责任设定，严重削弱了法律本身的可操作性，给法律实施尤其是违法行为的制止带来极大的困难，同时也容易给权利滥用、恣意自由裁量提供生存的空间和土壤。

例如，《基本农田保护条例》第30条规定："违反本条例规定，有下列行为之一的，依照《中华人民共和国土地管理法》和《中华人民共和国土地管理法实施条例》的有关规定，从重给予处罚……"这种笼统的、原则的规定，其具体作用和效果不会是理想的。在地方性立法中同样大量存在着这种笼统性的法律责任条款。以福建省现有的地方立法为例，有些法律责任条款过于笼统、原则、抽象，法律责任的表述量化程度不高，无法操作。一些空泛的、没有量化的条文，不利于对违法行为的惩处，影响地方性法规的施行及权威。例如，《福建省法律援助条例》第26条规定，"有关单位拒不出具经济状况证明或者出具虚假经济状况证明的，由有关部门依法处理"。一些法律责任条款没有明确执法主体。《福建省渔港和渔业船舶管理条例》中法律责任只明确了处罚的种类和幅度，但由谁去认定、谁去执法，却没有明确规定，使得在执法上存在一定冲突。

三、法律责任条款的设置理念

我国目前立法实践中存在的法律责任条款设置方面的问题是由于多种因素造成的，包括历史因素、传统因素、政治因素、技术因素与客观条件限制等多方面。我们要做的不是回避问题，而是针对我国立法中责任条款设置中存在问题的基础上，对法律责任条款的设置中存在问题分析原因，加以克服和完善，在以后的责任条款设置中加以避免。首先我们需要正视的是责任条款设置应当遵循的理念与原则问题。

法律责任条款的设置理念，是指立法者在法律文本中设置法律责任条款时所应当遵循的价值指引和观念标准，法律责任条款的设置理念对于法律责任条款设置的原则和具体规则具有指导与引领作用。有学者认为，立法者应坚持“三易”的原则理念，从确保当事人和执法者易读易懂易操作的角度进行责任条款的设计和表述。① 一是法律责任条款设定的内容要全面，所需的实体性条款和程序性条款应肯定、准确，不能含糊不清。二是法律责任条款应与义务性条款、禁止性条款前后相呼应，不留空白，更不能相互冲突。三是同一法规的各类责任条款设定结构、排列、语言表达能形成相对固定的统一模式，专业术语使用规范，符合语言习惯，通俗、有利于推广和运用。也有人认为，法律责任条款的设置应当努力追求，一是各类法律渊源立法权限合理得当，相辅相成，衔接有序②；二是法律责任种类齐全，责任方式有机组合，针对性、操作性强，实现制裁性法律责任、强制性法律责任和补救性法律责任方式有机组合；三是法律责任设定表述技术成熟，技术规范统一；四是，责任承担主体权利平衡，法律救济制度健全；五是法律责任修订、废止及时，合法性、合理性得到保证。这里有些将法律责任设置的理念与原则甚至与某些微观的设定规则混淆起来，是不可取的。法律责任条款设置的理念应当是一个宏观的视角，总体看来，法律责任条款的设置理念应当包括不可替代的理念、责任节制的理念和合理设定的理念。

（一）不可替代的理念

在法律文本中，对于责任条款的设置应当持谨慎的态度，毕竟责任条款一旦设定，就会给相应的责任主体增加相应的社会或道义上的负担与责难，这与法治理念中的限权思维也是相得益彰的。因此在法律责任条款的设定中，应当秉承着不可替代的责任设置理念，但凡能够通过其他的方式或手段代替法律责任，就应当尽可能用其他的替代性的手段或方式，而尽量避免采用法律责任的方式予以调整或规则。

例如，厦门市在制定《厦门市市场中介结构管理办法》的过程中，有思路是禁止不诚信的中介结构在厦门开展业务活动。但考虑到“禁止经营”不宜在政府规章中设定，这一思路在立法中最终未被采纳。而市场中中介机构的不诚信行为又急需通过立法加以制止，在罚款未能实现制止中介机构不诚信行为的前提下，要达到立法目的需要通过改变过去“设定规定——处罚”的模式，以行政手段对市场中介机构的执业行为进行引导。在这一思路下，该规章最后引入了信用制度，通过建立信用平台，对守法诚信的中介机构给予政策扶持，对于不诚信的中介机构在信用平台上向社会公布，这种以市场引导代替处罚的方式，在实践中收到良好效果。即使赋予了政府规章关于禁止经营的立法设定权限，只要能够通过其他的替代手段加以替代的，一般就不应当再通过设定法律责任的方式来予以调整。

---

① 徐向华：《地方性法规法律责任的设定——上海市地方性法规的解析》，法律出版社 2007 年版。

② 阮荣祥、赵恺：《地方立法的理论与实践》，社会科学文献出版社 2011 年版，第 403~405 页。

（二）责任节制的理念

责任节制的理念和不可替代的设置理念一脉相承，在法律责任无法替代、不可避免的情况下才能设定，即使在这种情况下，在设定责任时也应当秉承责任节制的理念，在可多可少的设定情况下，应少设定责任，在可轻可重的设定情况下，则应当尽可能设定较轻的法律责任，责任节制理念要求责任设定能少则少，能轻则轻。但同时责任节制的理念也必须努力做到：一是应设即设，即凡是有必要明确法律责任的违法行为都必须进行责任设定，以形成法网恢恢、疏而不漏的法律责任体系；二是设则有效，即设定的法律责任必须达到必要的强度，能够给予违法者有力的惩罚，使其慑于法律责任的严厉而放弃违法。责任节制的理念是我们在进行法律责任条款的设定必须恪守的重要理念。

（三）合理设定的理念

法律、法规的法律责任设定的是否符合实际、合理恰当，直接关系着法律、法规本身的规范调整功能的健全和完善，关系着能否有效地保障法律、法规的顺畅实施，关系着立法目的实现程度和社会效果。李培传教授指出："在立法实践中每当某一法律、法规草案审查工作即将完成之前，总需要从法律、法规草案的总体上再反复研究一下法律责任的条款设定与其前面的义务条款的设定，相互之间是否协调、对应和衔接，在法律责任条款总的力度上能否对前面条款的施行起到有效保障作用，即能否保障立法目的的实现。这在立法中是个具体、实在而且具有实质意义的实际问题。"① 然而，有的法律、法规在这方面仍然存在不足。例如，我国《中小企业促进法》立法的目的就是为了改善中小企业的经营环境，促进中小企业的健康发展，扩大城乡就业，发挥中小企业在国民经济和社会发展中的重要作用。为此，在该法的总则和其他章节中都做了相应规定，而且有些规定属于带有强制性的义务条款，可是该法没有在法律责任方面做出相应规定，以支持和保障带有强制性的义务性条款的有效实施，致使该法显得缺少应有的力度，这样义务性条款与责任条款的对应上就显得很不协调，也违背了法律责任条款设定的合理设置理念。

法律责任条款的合理设置理念，应当包含四个方面的要求，首先，责任条款的表述应当准确合理，如果责任条款的表述就模棱两可，容易让人产生歧义，表述就有问题，谈何合理设置呢。其次，责任形式要合理。在立法中，不同的责任形式具有不同的特征和功能机制，因而责任形式的分配应当合理，例如对于经济违法活动，应当以经济责任条款为主，实施经济制裁，如处以罚款、没收违法所得、罚金、没收财物等法律责任，而对于一些经济实力雄厚的市场主体的违法行为，如果仅仅采用经济责任制裁的话，收到的法律效果可能就不会很理想，甚至可能出现花钱买“合法”的问题，对于这类违法行为，应当给予资格罚或信誉罚，这样的责任形式就会很有效果。再次，责任强度要合理，即法律责任的严厉程度要与违法行为的性质、情节、社会危害性等保持协调，不能畸轻畸重，既要达到有效遏制违法的目的，又要合理可行。最后，责任认定要合理，要准确区分个人责任和单位责任，要厘清法律中的授权委托关系，让法定被授权人切实承担法律责任。

① 李培传：《论立法》，中国法制出版社 2004 年版，第 411~412 页。

四、法律责任条款的设置原则

法律责任条款的设置原则是指在法律责任条款设置与表述时必须遵循的基本准则。法律责任条款的设置原则和规则要在设置理念的统一指引下把握，但设置原则是非常关键的一环。一方面，设置原则是理念的进一步深化和具体落实；另一方面，设置原则又对法律责任条款的具体设置于表述具有严格的指导作用，统领责任条款设置的具体规则与方法，因此，责任条款的设置原则就显得尤为重要。法律责任条款的设置应当遵循合法性原则、协调性原则、均衡性原则与可操作性原则。下面分而论之。

（一）合法性原则

徐显明在解读党的十八大报告时指出，法治思维是以合法性为判断起点而以公平正义为判断重点的一种逻辑推理方式。其包含四方面内容并要相统一："合法性思维"，即任何行政措施的采取、任何重大决策的作出都要合乎法律；"程序思维"，要求权力必须在既定程序及法定权限内运行；"权利义务思维"，即以权利义务作为设定人与人关系及人与公共权力关系的准则；"公平正义思维"，即公权力要以追求、维护公平与正义为价值尺度。合法性是整个法治思维的逻辑起点，也是不可逾越的底线和原则。

法律责任条款设置的合法性原则，是指在法律文本中责任条款的设定，其行为、种类和幅度，应当与法律文本的层级和效力相协调。这是保障法律文本本身合法、有效的重要原则和依据，也是法律责任条款设定所必须恪守的底线原则。合法性原则要求在责任条款的设定中应当努力做到以下几点：

第一，从设定依据上看，法律责任条款的设定应当于法有据。我国立法法、诉讼法、行政处罚法等法律规定，刑事责任、诉讼责任、绝大多数民事责任和涉及有关对公民政治权利的剥夺，以及限制公民人身自由的行政处罚，只能由法律设定。法律可以设定各种行政处罚。行政法规可以设定除限制人身自由以外的行政处罚。法律对违法行为已经作出行政处罚，行政法规需要作出具体规定的，必须在法律、行政法规规定的给予行政处罚的行为、种类和幅度的范围内规定。国务院各部、委员会、中国人民银行、审计署和具有行政管理职能的直属机构制定的规章可以在法律、行政法规规定的给予行政处罚的行为、种类和幅度的范围内规定。尚未制定法律、行政法规的，国务院各部、委员会、中国人民银行、审计署和具有行政管理职能的直属机构制定的规章对违反行政管理秩序的行为，可以设定警告或者一定警告或者一定数量罚款的行政处罚。罚款的限额由国务院规定。省、自治区、直辖市人民政府和省、自治区人民政府所在地的市人民政府以及经国务院批准的较大的市人民政府制定的规章可以在法律、法规规定的给予行政处罚的行为、种类和幅度的范围内作出具体规定。

尚未制定法律、法规的，上述地方政府制定的规章对违反行政管理秩序的行为，可以设定警告或者一定数量罚款的行政处罚。罚款的限额由省、自治区、直辖市人民代表大会常务委员会规定。

《立法法》第 73 条第 2 款规定，地方政府规章可以就下列事项作出规定：为执行法律、行政法规、地方性法规的规定需要制定规章的事项；属于本行政区域的具体行政管理事项。根据这一规定，地方人大和地方政府根据本行政区域的具体情况和实际需要，所制定的地方性法规和规章，只要不同其上位法相抵触，均属合法有效。

第二，从设定内容上看，责任条款的设定应当遵循法律保留原则。我国《立法法》第8条规定："下列事项只能制定法律：（一）国家主权的事项；（二）各级人民代表大会、人民政府、人民法院和人民检察院的产生、组织和职权；（三）民族区域自治制度、特别行政区制度、基层群众自治制度；（四）犯罪和刑罚；（五）对公民政治权利的剥夺、限制人身自由的强制措施和处罚；（六）对非国有财产的征收；（七）民事基本制度；（八）基本经济制度以及财政、税收、海关、金融和外贸的基本制度；（九）诉讼和仲裁制度；（十）必须由全国人民代表大会及其常务委员会制定法律的其他事项。"第9条也规定，"本法第八条规定的事项尚未制定法律的，全国人民代表大会及其常务委员会有权作出决定，授权国务院可以根据实际需要，对其中的部分事项先制定行政法规，但是有关犯罪和刑罚、对公民政治权利的剥夺和限制人身自由的强制措施和处罚、司法制度等事项除外"。这就从正式立法上确立了"法律保留原则"，对于有关犯罪与刑法、涉及剥夺公民政治权利或者限制人身自由强制措施、处罚以及司法制度等方面只能指定法律。因此，在设定法律责任条款时，需要根据不同层级的法律，来适当确定法律责任形式，而不能违背法律保留原则。

第三，从设定效力上看，法律责任条款的设定，要保证法律体系的统一性。法律责任条款本质上是一种法律规范，是法律、法规或者规章的重要组成部分。由于法律体系中存在高低有序的效力位阶，下位法应当服从上位法，因此，设定法律责任首先必须符合宪法原则。必须正确体现我国《宪法》第5条中规定的："一切法律、行政法规和地方性法规都不得同宪法相抵触。""一切违反宪法和法律的行为，必须予以追究。"这是设定法律责任应当首先遵循的基本准则。其次，法律、法规和规章的法律责任条款在彼此间应当遵守这一效力位阶，低层次的法律责任条款不能与高层次的法律责任条款相抵触。

（二）协调性原则

法律责任条款设置的协调性原则，是指在法律文本中，责任条款的设定，要遵循相互协调、和谐有序的原则。协调性原则是法律责任条款设定中，维护社会主义法制的统一和尊严的必然要求，也是建设中国特色社会主义法律体系的必然要求。法律责任条款的协调性原则要求，法律责任条款在设置时从宏观到微观，应当符合以下几点要求：

第一，不同部门的法律文本之间责任条款设定要相互协调。这就要求在法律责任条款设定时，对本法律文本中设定的法律责任条款与其他法律文本中设定的责任条款，能否有效的协调起来，特别是大量的行政法律责任条款的设定时，往往规定了"构成犯罪的，依法追究刑事责任"，这种笼统的责任条款设置时，需要注意到究竟这种行政违法行为超过一定的限度，达到行政犯罪程度时，能够与刑事责任条款有效协调起来，是否有相应的罪名与其相对应。例如，《体育法》第51、52、53、54条分别规定：在竞技体育活动中，有贿赂、诈骗、组织赌博行为，构成犯罪的，依法追究刑事责任；侵占、破坏公共体育设施，构成犯罪的，依法追究刑事责任；在体育活动中，寻衅滋事、扰乱公共秩序的，构成犯罪的，依法追究刑事责任；违反国家财政制度、财务制度，挪用、克扣体育资金，构成犯罪的，依法追究刑事责任。从这些规定可以看出《体育法》设定了4种刑事责任。第1种体育刑事责任在现行《刑法》中相对应的条文有第392条的贿赂罪、第266条的诈骗罪、第303条的赌博罪相对应；第2种刑事责任与现行《刑法》第382条的贪污罪相对应，但对破坏公共体育设施能否构成刑事责任，刑法没有明确规定；第3种体育刑事责任与现行《刑法》第291条扰乱公共秩序罪相对应；第4种体育刑事责任与现行《刑法》第272条非法挪用罪相对应，但克扣体育资金是否构成刑事法律责任，《刑法》并无规定。因此，《体育法》4种刑事责任的规定，多数可以找到刑法的根据，但某些刑事责任的设置找不到刑法的根据。根据现代刑事法治确立的“法无明文规定不为罪”的规定，很难使上述违法行为承担刑事责任。

第二，不同层级的法律文本中责任条款的设定要相互协调。上位法在法律文本中对责任条款设定作出过规定的，下位法就没有必要再作重复性的设定，避免立法资源的浪费。但这并意味着下位法在法律责任中就不用作相应的设定，根据法定的主体和权限，下位法可以在上位法作出的法律责任条款规定的行为、种类和幅度的范围内，进一步作出具体的规定，下位法设定的法律责任条款应当保持与上位法设定的法律责任条款相统一，不能突破上位法框定的责任范围随意设定。即使在同一层级的法律文本中，责任条款的设定，也要考虑到“左邻右舍”，要注意到相互之间的协调，特别是对某些相似或相近的违法行为的法律责任的设定过程中，应当大体保持均衡和相近，不应当过于悬殊，避免导致理论上和实践上难以解释的被动局面，从而为执法创造有利条件。这就和责任条款设定的均衡性原则联系起来了。

第三，同一法律文本中的义务和责任条款应当相互协调。在同一法律文本中，责任条款应当与其他条款相互协调，其中包括与权利性条款、义务性条款、奖励性条款、准用性条款、义务性条款等条款之间的协调，特别是与义务性条款之间的协调，显得尤为重要。这是因为，法律义务条款是设定法律责任条款的基本依据，没有完善的法律义务条款，可能也设定不了完善的法律责任条款。“法律责任的设定和法律、法规中的义务条款，特别是和带有禁止性或强制性义务条款，应当有机地协调和统一起来。这是法律责任中的一个很关键的问题。因为前面义务性条款，特别是带有禁止性或强制性义务条款的设定，往往涉及所制定的法律、法规中的一些重要的或者实质性问题，涉及立法目的和任务需要实现或达到的程度。这些重要条款需要在法律责任中得到相应的体现，需要有法律责任给予支持和保障。倘若前面义务性条款作了上述重要规定，而在法律责任方面未作相应规定，得不到有力支持和保障，势必影响法律、法规的质量，影响法律、法规的实施效果。在同一法律文本中，如果设定了相应的义务性条款，就要力图避免不设责任条款、只对责任条款作出原则性的设置或者设置了相应的责任条款，但这些条款却分散在一些章节的条文中，比较凌乱，不成体系，这也是不可取的，比较恰当的做法应当是设定法律责任专章，对责任条款的设定作出相对集中、统一的设置。

总之，法律责任设定应当严格遵循协调性原则，它不仅关系法律、法规结构形式的健全和完善，更重要的是关系着法律、法规的质量和实施效果，关系着立法目的的实现程度，甚至会关系着社会主义法治的权威和尊严。

（三）可操作性原则

法律责任条款设置的可操作性原则是指法律文本中责任条款的设定应当符合实际、可行和有效的原则。可操作性原则，对保障法律、法规的有效实施，达到立法预期目的具有重要作用。法律、法规只有制定的比较符合实际、比较科学合理，确实具有可操作性，实施起来才能比较顺畅。可操作性原则要求法律责任条款的设定应当注重可行和有效两个方面。

一方面，法律责任条款的设置应当具有可行性。法律文本中，责任条款的主要功能就是支持和保障法律文本中，权利和义务性条款，在行使权利、履行义务中遇到障碍和困难时提供法律责任方面的支持和保障，以保障其有效实施。这必然要求法律责任条款本身的设定要符合实际、切实可行。因此，法律责任条款设定，不能仅从书面上考虑，还要切实联系，注重这种责任设定在实践中是否切实可行。例如，我国《会计法》第49条规定："违反本法规定，同时违反其他法律规定的，由有关部门在各自职权范围内依法进行处罚。"这种责任设定就没有切实考虑到，如果某一违法行为既违反了会计法，同时又违反了预算法、审计法、税法应当如何处理，难道说这些有关部门在其职权范围内都要对其进行处罚吗？有关部门若不去处罚，则是违反法律规定，是失职，甚至应当追究其执法责任；有关部门若都要在各自职权范围内依法进行处罚，这也违背了我国行政执法实际中一般遵循一事不二罚原则，即当某一违法行为同时违反两个或两个以上的法律、法规规定时，由最先发现违法行为的有关行政主管部门依法处罚，其他相关部门不再追究其违法责任。这种责任设置在实践中很容易出现执法机关在执法中，如果有利可图，就会一拥而上，相互扯皮，如果无利可寻，就会踢皮球，相互推诿，这同时也为权利寻租提供了生存的土壤。因此，法律责任条款的设定应当具有可行性。否则，就没有实际意义。设定的法律责任条款如果缺乏可行性，只能是有害无益，因为它损害了法律本身的严肃性，法律实施起来也会大打折扣。

另一方面，法律责任条款的设置应当具有有效性。法律责任条款设置的有效性是指法律责任条款应当具有一定的合理的力度，保证法律、法规在实施中具有良好的社会效果。法律责任具有合理有效的力度，能使法律、法规对其所规范调整的客观事物具有良好的促进和保障作用。法律文本中的法律责任条款应当具有可行性的同时，应当强调其要具有合理的力度，要能收到良好的实施效果，这才是实现立法目的所需要解决的重要问题。这个问题在法律文本中并不是都能解决得很好。例如，《科学技术普及法》第32条规定，"擅自将政府财政投资建设的科普场馆改为他用的，由有关主管部门责令限期改正；情节严重的，对负有责任的主管人民和其他直接责任人员依法给予行政处分。"擅自将政府财政投资建设的科普场馆改为他用的，按照合理的推定，一般只能是该科普场馆的负责人或其上级主管部门，或是当地政府，既然是擅自改变，就难免有滥用职权，徇私舞弊问题存在。仅用"责令限期改正"恐怕很难有效解决问题。而且对"情节严重的"，也仅仅只是给予行政处分，如果这种行政违法行为超过一定的限度，达到行政犯罪的程度，难道也仅仅用"给予行政处分"这种行政法律责任条款来替代吗？这和我们的法治理念与精神，以及依法治国的宗旨都是严重相违背的，因此，这种法律责任条款所具有的力度和它的有效性是值得商量的。

法律责任条款设置可操作性原则所蕴含的可行性与有效性是责任条款设定中所必不可少的要素，需要我们认真对待。而且可行性和有效性这两个要素之间是有机联系，相互支撑的。

（四）均衡性原则

法律责任条款设置的均衡性原则是指在法律文本中，责任条款的设定中责任主体的行为模式和其法律后果应当相对应的原则。法律文本中，责任主体的行为模式一般用权利性条款和义务性条款来表述，而其相应的法律后果则主要是通过责任条款来表述，因此责任主体的行为模式和法律后果的对应的原则，究其实质而言，还是强调权利性条款、义务性条款与责任条款的对应与均衡，但主要是义务性条款和责任条款之间的均衡。法律文本中，责任主体的行为模式和其法律后果只有相对应，才能达到比较良好的规范调整功能，在实施中才能收到比较好的社会效果。法律责任条款设置的均衡性原则，主要表现在如下几个方面：

第一，法律文本中义务性条款和责任条款应当相均衡。法律文本中的义务条款一般都作出明确规定，而义务条款所具有的作用、意义和价值的实现，在一定条件下，要取决于法律责任条款的支持和保障。因此，义务性条款应当与责任条款相均衡。从立法技术角度来看，义务性条款一般用“应当”“必须”“禁止”“ 不得”“有……的义务”“须经……批准”等语词来表述。但是，在法律责任中对其违反义务性条款所产生的法律后果若未作对应性的规定，一旦出现违反义务性条款规定的法律行为时，就难以得到及时有效处理。据此，有人就认为在法律文本中义务性条款应当与责任条款在数量上相对对应或者大体相对应。这种观点是片面的，诚然，如果义务性条款的数量与责任条款的数量相当，一般说来能够使义务性条款的遵守或履行提供有效的责任保障，但这也不尽然，而且基于责任条款设定模式的不同，① 因此追求数量的均衡并不可取，而应当注重的是保障上的均衡，当然，如果设定较多的义务性条款而设定极少的责任条款肯定也是不可取的。

第二，法律责任形式应当与义务性条款的性质和程度相均衡。在法律文本中，法律责任形式的设定应当与义务性条款的内容性质和行为程度相均衡。在法律文本中，义务性条款和责任条款都是有一定张力的条款，这就要求在条款设定时，责任条款的张力要大体与义务性条款的张力大体相均衡、相互衔接、相互协调。法律责任主体违反了义务性条款的规定，依据相对应的法律责任条款处理就显得合情合理合法，为公正执法创造有利条件。例如，有的在法律责任条款中规定，“对单位直接负责的主管人员和其他直接责任人员依法给予警告、记过、记大过的处分，情节较重的，依法给予降级、撤职，开除的处分”。显然，这样的法律责任条款设定具有较大的张力，能够满足不同情形下针对责任主体的行政处分，法律责任的种类和违反义务条款的行为相互间对应性较强，一般不会产生明显的

① 目前我国法律责任条款的排列模式有集中和分散之分，表述模式也有行为叙述式、条款对应式和综合表述式等之别。具体参见徐向华、王晓妹：《法律责任条文设定模式的选择》，《法学》2009 年第 12 期。

处罚不当的情况，这样的责任条款适用性就较强。

李培传教授同时认为，法律文本中，责任条款不宜采用原则式的或兜底条款式的设置方式。这种设置方式存在明显的缺点或不足：其一，法律责任条款与义务条款之间对应性不强；其二，由于原则式的或兜底式的设置，一般都比较简洁，致使一些义务条款的行为后果往往被疏漏。因此，这样设定出的法律责任条款一般不够健全和完善，一旦法律、法规在实施中需要运用法律责任条款判断和解决问题时，却恰恰找不到法律依据。① 所以，设定法律责任条款采用原则式的或者兜底式的设置方式，其实际效果不理想。这种原则式或兜底式的设置方式，使得法律责任条款的张力过大，无法与义务性条款之间形成有效的对应或协调，也就使责任条款和义务性条款之间出现了不均衡的局面。例如，《失业保险条例》共设六章三十三条，而且大部分条款设定的比较具体实在。但是，第五章罚则共四条，设定的却比较原则。显然，这对保障其他条款的有效实施是不利的。

第三，法律责任条款的表述应当与义务性条款相衔接。设定法律责任条款的主要目的，就是要保障法律文本中的权利性、义务性条款，尤其是带有禁止性或强制性的义务条款的有效实施。因此，就要求法律责任条款的表述应当与文本中的义务性条款的表述相互衔接，相互对应，如此能够有效地保障义务性条款的实施。例如，《农药管理条例》第 20 条第 2 款的义务性条款中规定："剧毒、高毒农药不得用于防治卫生虫害，不得用于蔬菜、瓜果、茶叶和中草药材"。在第 44 条的法律责任条款中规定："违反本条例规定，造成农药中毒、环境污染、药害等事故或者其他经济损失的，应当依法赔偿"。第 45 条规定："违反本条例规定，在生产、储存、运输、使用农药过程中发生重大事故，造成严重后果，构成犯罪的，对直接负责的主管人员和其他直接责任人员，依法追究刑事责任；尚不构成犯罪的，依法给予行政处分"。把上述条款和其他禁止性义务条款和法律责任条款相互联系看，彼此间对应和衔接的比较紧密和协调，有利于法规的顺利施行。反之，如果法律责任对违法行为的表述与义务条款的表述对应或衔接的不好，在实施过程中人们往往会由此产生歧义和争论，影响法律、法规的实施效果。

五、法律责任条款的设置依据与规则

（一）法律责任条款的设置依据

从立法理论上，立法根据有两个：一个是法律，一个是实际情况。彭真同志也曾经指出："立法需要两个根据，一是实际情况，二是宪法"。从立法实践看，为适应和保障经济发展和社会进步的需要，我国适时制定了一些法规和规章，其中有些法规和规章的制定，没有直接的立法上的依据。但是，立法依据并不是仅仅限于法律上依据，社会生活的实际情况也是立法依据。我国《立法法》第 63 条规定："省、自治区、直辖市的人民代表大会及其常委会根据本行政区域的具体情况和实际需要，在不同宪法、法律、行政法规相抵触的前提下，可以制定地方性法规。较大的市的人民代表大会及其常务委员会根据本市的具体情况和实际需要，在不同宪法、法律、行政法规和本省、自治区的地方性法规相

① 李培传：《论立法》，中国法制出版社 2004 年版，第 420 页。

抵触的前提下，可以制定地方性法规，报省、自治区的人民代表大会常务委员会批准后施行。”《立法法》第72条第2款规定：“地方政府规章可以就下列事项作出规定：“为执行法律、行政法规、地方性法规的规定需要制定规章的事项；属于本行政区域的具体行政管理事项”。根据上述规定，地方人大和地方政府根据本行政区域的具体情况和实际需要，所制定的地方性法规和规章，只要不同其上位法相抵触，均属合法有效。例如，经过几十年的实践看，根据《全国人民代表大会关于授权国务院在经济体制改革和对外开放方面可以制定暂行的规定或者条例的决定》① 的授权，国务院制定的每一件行政法规与经济体制改革和对外开放方面的问题，有着紧密的直接或间接关联。这些行政法规对促进和保障我国改革开放和社会主义现代化建设健康发展，起到了十分重要的作用。

这是我们通常所讲的立法根据问题，那么法律责任条款的设置作为设计法律规范的一项立法活动是否也遵循这个立法根据呢，在这个根据的基础上是否还有进一步的针对责任条款设定的根据呢？从立法技术上来讲，法律责任的设定依据主要是法律文本中的义务条款，建立法律责任与义务性条款的对应关系，法律罚则中的法律责任条款应当与法律条文中的义务性条款完全对应起来，不能出现义务性条款与法律责任的脱节现象。基于此，“法律义务条款是设定法律责任条款的基本依据，没有完善的法律义务条款，可能也设定不了完善的法律责任条款。构建完整、全面的法律责任条款，必须要依据法律文本中的法律义务条款。此处所指的法律责任条款的设定根据便是从这种意义上来理解的。

（二）法律责任条款的设置规则

法律责任条款的设置规则在设置理念的统领下，在责任条款设定原则的基础上所衍生出的一系列具体规则，以便在责任条款具体设定中予以运用，使责任条款的具体表述能够更加科学合理规范，最终使得责任条款能够有效保障义务条款的有效实施。

关于法律责任条款设置的具体规则，在理论界和实务界均存在不同的看法，但有一个宗旨是不变的，就是无论何种规则，均服务于责任条款表述的科学合理、明确具体、规范准确。法律责任条款的设置规则可以分解为一系列的具体规则，主要包括表述科学性、表述内容的准确性、表述语言的规范性和表述的逻辑合理性等规则。

1. 法律责任条款的表述应当具有科学性

法律责任条款表述的科学性，是指法律责任条款的表述，应当符合客观实际，符合事物自身的运用和发展规律。这是法律责任条款是否真正具有权威和生命力的关键所在。法律责任条款从某种意义上讲，是行政执法和司法部门及其工作人员用来判断、衡量和处置是否违法和犯罪行为的标尺，它起着准绳的作用。因此，法律责任的条款表述应当具有科

---

① 1985年4月10日六届全国人大三次会议通过了《全国人民代表大会关于授权国务院在经济体制改革和对外开放方面可以制定暂行的规定或者条例的决定》，决定指出：“为了保障经济体制改革和对外开放工作的顺利进行，第六届全国人民代表大会第三次会议决定：授权国务院对于有关经济体制改革和对外开放方面的问题，必要时可以根据宪法，在同有关法律和全国人民代表大会及其常务委员会的有关决定的基本原则不相抵的前提下，制定暂行的规定或者条例，颁布实施，并报全国人民代表大会常务委员会备案。经过实践检验，条件成熟时由全国人民代表大会或者全国人民代表常务委员会制定法律”。

学性。

从总结经验改进立法工作和提高立法质量的角度看，我国有的法律、法规的法律责任条款在表述方面存在不科学的弊端。例如，我国《气象法》第39条中规定："违反本法规定，不具备各省、自治区、直辖市气象主管机构规定的资格条件实施人工影响天气作业的，或者实施人工影响天气作业使用不符合国务院气象主管机构要求的技术标准的作业设备的，由有关气象主管机构按照权限责令改正，给予警告，可以并处十万元以下的罚款……"其中，"可以并处十万元以下的罚款"，的责任设定就是很不科学的。因为责任条款设定的张力太大，即处罚幅度过大，首先，"可以并处"，也就是说有关气象主管机构按照权限责令改正，对责任主体给予警告处罚后，可以并处十万元以下的罚款，也可以不罚款。因此，要不要给予十万元的罚款处罚，就在气象主管机构的有关人员认为是罚或不罚一念之间，而且对此也没有相应的监督制度约束，这种自由裁量权显得过大。其次，"十万元以下的罚款"，以下下到何种程度？对此没有作进一步的设定，没有底线，把一项罚款设定在十万元以下这样大的幅度内，执行起来就很容易出现随意性，造成同样情节，不同处罚，甚至出现畸轻畸重的局面，显然这种责任条款的设定方式是不科学的。

在法律责任条款设定中，一般很少见"从重处罚"的规定，要不要写"从重处罚"，从立法技术或者立法规范化的角度看，没有必要。例如，《中华人民共和国药品管理法实施条例》第79条中规定："违反《药品管理法》和本条例的规定，有下列行为之一的，由药品监督管理部门在《药品管理法》和本条例规定的处罚幅度内从重处罚……"《禁止使用童工规定》第6条中规定："在使用有毒物品的作业场所使用童工的，按照《使用有毒物品作业场所劳动保护条例》规定的罚款幅度，或者按照每使用一名童工每月处5000元罚款的标准，从重处罚。"既然前者是在处罚幅度内给予处罚，根本就不存在从重的可能性。后者处罚标准本身已体现从重含义，何必再写"从重处罚"？所以写上"从重处罚"看上去很抢眼，实际上很不科学，既无意义也无必要。再如，我国《草原法》第67条规定："在荒漠、半荒漠和严重退化、沙化、盐碱化、石漠化、水土流失的草原，以及生态脆弱的草原上采完植物或者从事破坏草原植被的其他活动的，由县级以上地方人民政府草原行政主管部门依据职权责令停止违法行为，没收非法财物和违法所得，可以并处违法所得一倍以上五倍以下的罚款；没有违法所得的，可以并处五万元以下的罚款；给草原所有者或者使用者造成损失的，依法承担赔偿责任。"在草原上采挖植物与从事破坏草原植被的其他活动，显然，两者的问题性质和危害程度上显然是不同的，其法律后果应该是很不相同的，但却采用相同的处罚，这也是很不科学的，难以起到有效的保护草原的作用。

法律责任条款的设定的科学性，对立法者提出了较高的要求，从立法技术上看，非常关键的一点就是要准确把握不同责任类型、不同责任形式、不同责任幅度、不同责任情形之间转化的"程度"，也即量变上升到质变的程度。能够准确把握这个转化程度，就能对责任条款的设定作出符合科学性的表述，反之则会和科学性背道而驰，造成不科学、不合理的表述情况。例如，《出版管理条例》第63条规定："印刷或者复制、批发、零售、出租、散发含有本条例第二十六条、第二十七条禁止内容的出版社或者其他非法出版物的，当事人对非法出版物的来源作出说明、指认，经查证属实的，没收出版物、违法所得，可以减轻或者免除其他行政处罚。”这里值得注意的是本条例第26条规定禁止的内容有：“违反宪法确定的基本原则的；危害国家统一、主权和领土完整的；泄露国家机密、危害国家安全或者损害国家荣誉和利益的，煽动民族仇恨、民族歧视，破坏民族团结，或者侵害民族风俗、习惯的；宣扬邪教、迷信的；扰乱社会秩序，破坏社会稳定的……”仅从上述部分内容足以看出问题的严重性，难道当事人只要对非法出版的来源作出说明、指认，经查证属实后，只要对其没收非法出版物、违法所得，就可以减轻或者免除其他行政处罚吗？减轻处罚是可以的，但是免除其他行政处罚，就离开了当事人的违法事实。这就没有合理的“度”的概念了，法律责任条款一旦失之为宽或者失之为过严，就难以具有科学性。应当指出的是，法律责任条款不具有科学性，是立法中的一忌。因为它影响法律、法规质量和有效实施。在法律责任条款的具体表述时，应当努力注重表述的科学性。

2. 法律责任条款的内容表述应当具有准确性

法律责任条款的内容表述的准确性，是指法律责任条款的表述，应当具有概念清楚、表述内容准确，能清晰地传达法律责任条款的内容。法律责任条款的表述的准确，能有效防止和避免人们在适用法律责任条款时发生歧义和争论，对确保其法律、法规的顺畅实施，具有重要实际意义。在我国立法实践中，也比较注重对法律责任条款的准确表述，然而，在具体立法中，仍然存在不少表述不准确的问题。

第一，定义条款等其他条款的缺失，直接影响了责任条款的准确与有效。这方面比较典型的如《国防教育法》第33条规定：“国家机关、社会团体、企业事业组织以及其他社会组织违反本法规定，拒不开展国防教育活动的，由人民政府有关部门或者上级机关给予批评教育，并责令限期改正；拒不改正，造成恶劣影响的，对负有直接责任的主管人员依法给予行政处分。”但是，《国防教育法》在其总则等各章里对什么是国防教育并未作出明确具体规定，“国防教育”一词的法律用语含义指的是些什么，在该法里未作界定。因此，如何判断某一机关、团体、单位和社会组织是否开展国防教育活动，首先就会碰到什么是“国防教育”这一不可回避的问题，并由此对国防教育的含义会产生歧义和争论，无疑这对国防教育法的有效实施是不利的。

第二，法律责任条款概念不明确，往往会有歧义或争论。例如《退耕还林条例》第58条规定，国家机关工作人员在退耕还林活动中违反本条例的规定，未及时处理有关破坏退耕还林活动的检举、控告的；未及时向持有验收合格证明的退耕还林者发放补助粮食和生活补助费的，对直接负责的主管人员和其他责任人员，构成犯罪的，依法追究刑事责任；尚不够刑事处罚的，依法给予行政处分。但是，该条例对什么叫“未及时”并未作出具体规定，也未对“未及时”的法律用语含义作出解释，“未及时”在本条例中不是一个明确的法律概念。因此，实施中一旦由此涉及对有关工作人员是否给予行政处分时，就会对“未及时”这一概念产生歧义和争论。

第三，法律责任条款的表述比较原则，在具体实施中容易产生歧义和争论。例如，我国《基本飞行规则》第119条规定：“空中交通管制员、飞行指挥员未按本规则规定履行职责的，由有关部门视情节给予批评教育、警告、记过、降职或者撤销资格，免除职务的处分；构成犯罪的，依法追究刑事责任。”《通用航空飞行管制条例》第42条规定：“违反本条例规定，未经批准飞入空中禁区的，由有关部门按照国家有关规定处置。”这样的法律责任条款规定得比较原则，如果把法律责任条款都写成由有关部门按照有关规定处置，其作用和意义不大，就失去了设置法律责任条款的本意。再如，《中华人民共和国进出口关税条例》第 66 条规定："有违反本条例规定行为的，按照《海关法》《中华人民共和国海关法行政处罚实施细则》和其他有关法律、行政法规的规定处罚。"这样的法律责任设定得太原则、太简单。采取这种简单省事的方法设定出来的法律责任条款，其作用和意义是不好的，从立法上来说，是不可取的。

第四，法律责任条款表述含糊不清，容易产生歧义。例如，我国《招标投标法》第 62 条规定："……对单位直接负责的主管人员和其他直接责任人员依法给予警告、记过、记大过的处分，情节较重的，依法给予降级、撤职、开除的处分。"又如，《危险化学品安全管理条例》第 66 条规定："违反本条例的规定，有下列行为之一的，由交通部门处 2 万元以上 10 万元以下的罚款；触犯刑律的，依照刑法关于危险物品肇事罪或者其他罪的规定，依法追究刑事责任：……（五）运输、装卸危险化学品不符合国家有关法律、法规、规章的规定和国家标准，并按照危险化学品的特性采取必要安全防护措施的。"这一条主款里的内容规定得具体明确、庄重、严肃。可是在第（五）项的内容，表述前后不连贯，容易产生歧义。如果把第（五）项后半段规定改为："未按照危险化学品的特性采取必要安全防护措施的"，则第（五）项的规定就前后内容连贯、意思表述一致。

3. 法律责任条款的表述应当具有逻辑合理性

法律责任条款表述的逻辑合理性，是指法律责任条款的表述，在逻辑上应当合理，包括遵循逻辑完全性、一致性与可靠性。责任条款的设定应当与违法行为相对应，并与其性质和危害程度大体相吻合。法律责任条款的逻辑合理性是有其可行性基础的，主要体现在它对事物的质和量上有比较符合理性与实际的恰当界定。法律责任条款的设定如果离开了这一重要之点，就很难具有逻辑合理性。例如，我国《大气污染防治法》第 57 条第 2 款规定："违反本法第四十一条第二款规定，在人口集中地区、机场周围、交通干线附近以及当地人民政府划定的区域内露天焚烧秸秆、落叶等产生烟尘污染的物质的，由所在地县级以上地方人民政府环境保护行政主管部门责令停止违法行为；情节严重的，可以处 200 元以下罚款。"这一款里的"人口集中地区、机场周围、交通干线附近"，很难进行量化进而作出具体规定。若真要是作出这样或那样的具体规定，却又恰恰违反了立法本身从具体到抽象的一般逻辑的要求。所以，在有些情况下只能在尊重实际的相对意义上，来认识和把握法律责任条款的合理性。如果完全陷入"理想化"境地设定出的法律责任条款，实际上也是行不通的。

有的法律责任条款，从其内容表述上看，主要规定的就是罚款，而且有的条款规定的罚款内容和金额也不尽合理。例如，我国《水污染防治法》的法律责任共有十三条，其中绝大部分条款规定的是罚款事项。《水污染防治法实施细则》的法律责任共有十一条，每条都有罚款内容，而且对向水体排放剧毒废液、含有病原体的污水、船舶的残油、废油、向水体倾倒含有汞、氰化物、黄磷等可溶性剧毒废液、放射性固体废弃物、工业废渣、城市生活垃圾、船舶垃圾等，都是规定以罚款了事。细则第 39 条第 4 项中规定，向水体排放、倾倒工业废渣、城市生活垃圾，可以处 1 万元以下的罚款。从法律责任的总体上或是具体条款的规定上看，缺少应有的力度，显得不够合理。这样的法律责任条款难以达到防治水污染的立法目的。

反之，如果注重责任条款表述的逻辑性与合理性，对于发挥责任条款维护和保障其他义务性条款实施乃至维护法律实施都具有重要的作用。但这种逻辑性与合理性背后也是有其规律可循的。例如《政府信息公开条例》第 23 条规定，行政机关认为申请公开的政府信息涉及商业秘密、个人隐私，公开后可能损害第三方合法权益的，应当书面征求第三方意见。但没有规定第三方未答复意见时，能否公开该信息。这时候如第三方超过期限不答复，将影响整个信息公开的流程。如果法律要进一步界定第三方不答复的后果，则需要考虑信息公开的流程。如果法律要进一步界定第三方不答复的后果，则需要考虑信息公开申请的成本。申请人为生产生活需要申请信息公开，如未获得信息，则其生产生活受到影响，此为其支付的成本；行政机关调查取证似乎为行政机关服务民众的体现，但面对众多的申请人，如都因第三方不答复而需调查取证，弄清第三方的真实意图，则行政机关将不堪重负，造成成本过于巨大；而第三方将同意公开或者不同意公开的意见反馈给行政机关，其支付的成本极小。因此，从支出的成本考虑，将答复作为一种义务界定给第三方，意味着社会以最小的成本保证了信息公开流程的顺畅。这种义务和责任的分配背后就有充分的理性选择理论的支撑，也是和经济学的“理性人”假设是一脉相承的。在此基础上，当第三方超过期限不答复时，应当将不答复的不利后果赋予第三方，即视为第三方同意公开该信息，以保证整个信息公开流程顺畅。不管是法律中的不利后果或者是法律责任，其设定都应当遵循一定的逻辑性与合理性。

4. 法律责任条款的语言表述应当规范化

立法语言不仅应当遵循一定的逻辑规则，还应当遵循一定的语言规则，包括语言的准确性、明晰性与简洁性。佘绪新等人也指出：“立法语言文字应准确、简洁、清楚、通俗、严谨、规范和庄重。”① 法律责任条款语言表述的规范化，是指法律责任条款表述，包括章的名称和具体条款的设定都应当从实际出发，注重表述的标准化、一致性。法律责任条款表述语言的规范化作为整个法律文本语言表述规范化的重要组成部分，对于推进整个法的机构规范化乃至深入我国社会主义法治进程都具有重要意义。而且，法律责任条款表述语言的规范化是我们在立法中能够努力做到的。但是，通过对现行法律文本中法律责任条款表述的考察，发现表述不够规范化的问题依然较为普遍。归纳起来，主要表现在如下几个方面：

首先，法律责任条款的章名不规范。大多数法律文本中，把法律责任条款专章的名称规定为“法律责任”。这是比较规范的称谓。但是，也有不少的法律文本把法律责任条款专章的名称规定得较为混乱，例如，“争议的解决和法律责任”“奖励与惩罚”“救助措施与法律责任”“惩罚”“惩处”“惩戒”“罚则”“法律责任和执法措施”“监督与处罚”“强制措施和法律责任”“监督与惩处”等，不一枚举。从上述这些极为混乱的称谓中，至少有两个方面的问题需要改进：一是把不同性质的条款和法律责任条款混在一起不科学，降低了法律责任条款的清晰度，会影响法律责任条款的严肃性和实施效果；二是使用各种各样的不同称谓有损法律责任本身的严肃性和权威性。这是有道理的。基于此，我们

① 佘绪新、周旺生、李小娟：《地方立法质量研究》，湖南大学出版社 2002 年版，第 167 页。

建议，应当将法律责任条款的相关规定设专章予以表述。这样，既能使整个法律、法规的章、节结构布局和法律条款位置安排更加合理、线条分明，又能使法律责任的条款集中、清晰，显得既严肃规范，在司法适用时，又方便查找适用。

其次，在法律责任条款的具体表述上，表述的内容是同一的，但表述方式方式却五花八门，很不统一，显得不够规范。如，“未构成犯罪的”“不构成犯罪的”“尚不构成犯罪的”、“尚未构成犯罪的”“尚不够刑事处罚的”、“达不到构成犯罪标准的”“不够犯罪的”。又如，可以并处罚款的表述也是多种多样，“可以并处”“并处”“处”“处以”“并处以”“单处或者并处”“并处或者单处”，等等。有的在同一部法的法律责任条款表述不一致。如，政府采购法的法律责任中关于给予行政处分的表述就有：“依法给予行政处分”“依法给予处分”“给予行政处分”。

再次，把没有必要写的内容或是不属于法律责任的内容写进了法律责任中，显得法律责任的内容既零乱又不规范。如我国体育立法中，就将法律责任与体育社会团体的纪律处分混合在一起。《体育法》第 49 条规定：“在竞技体育中从事弄虚作假等违反纪律和体育规则的行为，由体育社会团体按照章程规定给予处罚。”第 50 条规定：“在体育运动中使用禁用的药物和方法的，由体育社会团体按照章程规定给予处罚。”《体育法》做出这样的规定既不合逻辑，也容易造成错误的理解，将体育社会团体的纪律处分而承担的责任理解为也是一种法律责任的承担方式，也会出现国家法律对体育社会团体纪律处分的不适当的干预。再如，《音像制品管理条例》第 48 条规定：“依照本条例的规定实施罚款的行政处罚，应当依照有关法律、行政法规的规定，实行罚款决定和罚款收缴分离；收缴的罚款必须全部上缴国库。”其实，在该条例实施之前，国务院于 1997 年 11 月 17 日发布的《罚款决定与罚款收缴分离实施办法》对上述问题均已作出明确规定。因此，该罚则没有必要写上第 48 条的内容。《文物保护法》第 69 条中规定：“历史文化名城的布局、环境、历史风貌等遭到严重破坏的，由国务院撤销其历史文化名城的称号；历史文化城镇、街道、村庄的布局、环境、历史风貌等遭到严重破坏的，由省、自治区、直辖市人民政府撤销其历史文化街区、村镇称号……”上述内容是对历史文化名城、城镇、街道、村庄的布局、环境和历史风貌等遭到严重破坏后，如何按照法律规定撤销其原称号的规定，它不属法律责任的范畴。另外，条文中前面的“城镇、街道、村庄”和后面的“街区、村镇”也对应不上。《社会保险费征缴暂行条例》第 25 条规定：“缴费单位和缴费个人对劳动保障行政部门或者税务机关的处罚决定不服的，可以依法申请复议；对复议决定不服的，可以依法提起诉讼。”上述规定不属于法律责任的内容，如果认为这些内容非写不可，把这些内容放在其他相关的章节里，比放在法律责任里效果更好。

法律责任条款的设定根据，相较于立法根据是有其特殊性的，这一点需要我们将责任条款的设定依据与立法的设定依据区别开来。针对法律责任条款的设定规则，可以分成若干个具体的设定规则，各个规则之间并不是一种相互排斥的关系，而是一种有机的排列，相互协调、共同支撑责任条款的设定规则。再退一步看，法律责任条款的设定规则也不是孤立的存在，设定规则和责任条款的设定理念、设定原则是密切联系在一起的，其共同作用于法律责任条款的科学化、规范化设置。

操作题

选取3~5部法律，比较法律责任条款设置的特点。

本章小结

法律责任就是因违反法律规定而应承担的法律后果。法律责任条款是指在法律文本中表达法律责任内容的法律条款。我国法律责任条款在设置上存在很多问题，要解决这些问题，需要全面改进法律责任条款设置的理念、原则与规则。法律责任条款的设置理念应当包括不可替代的理念、责任节制的理念和合理设定的理念，应当遵循合法性原则、协调性原则、均衡性原则与可操作性原则。在上述理念和原则统领下，法律责任条款的设置还应当遵循一些具体的规则。

复习思考题

1. 简述法律责任的含义及其类型。
2. 简述法律责任与法律制裁的区别与联系。
3. 试述我国立法中责任条款设置存在的问题及其表现。
4. 简述法律责任设置的理念、原则与具体规则。
5. 试述我国立法中责任体系的建构。
6. 试述我国立法文本中责任条款的要素及其设置的可操作性。

第十章

权利理论与权利立法

学习目标

掌握权利理论在权利立法中的体现；了解权利理论的认知偏差对权利立法的影响；了解权利立法的改进方案。

材料引导

在中国知网（cnki. net）中，以“权利立法”为题名进行搜索，截至2018年9月1日，共有655篇期刊与学位论文。其中，以“权利立法”为题名的博硕士论文共有153篇（博士论文只有一篇）。从内容来看，有2篇——《权利主张的识别与评价——从权利立法的角度研究》和《权利秩序的伦理正当性——以精神病人权利及其立法为例证》涉及权利立法的整体构建，其余均为部门法权利立法的研究。从专著出版情况来看，以权利立法为主题的主要有张鹏的《中国权利性条款立法规范化研究》（2016）、刘志刚的《立法缺位状态下的基本权利》（2012）、毕雁英的《宪政权利架构中的行政立法程序》（2010）、邢玉霞的《我国生育权立法理论与热点问题研究》（2008）、“中国刑事诉讼法律修订及人权保护项目课题组”出版的《刑事诉讼中若干权利问题立法与论证》（2007）、张光荣的《我国农村集体土地民事立法研究论纲：以保护农民个体土地权利的视角》（2007）、戴永康的《权利秩序的伦理正当性——以精神病人权利及其立法为例证》（2007）、杨立新的《中国人格权法立法报告》（2005）、常健的《当代中国权利规范的转型》（2000）等著作。

可见，权利立法研究在我国得到的关注度并不高。与此不同的是，权利理论，特别是权利本位论的研究却是开展得如火如荼。在中国知网中，截至2017年10月29日，以“权利”为篇名搜索到的文献共有40942篇。相比之下，权利立法的研究可谓沧海一粟。其中，以“权利本位”为题名的论文即有186篇，以“权利理论”为题名的论文也有702篇。权利立法在立法学方面资料较为匮乏，但权利理论本身却获得了较高的关注度。这也从另外一个侧面说明我国权利性条款在立法之时获得的理论支撑主要依赖于法学理论中的权利理论。

思考：如何认识权利理论及其对权利立法的影响？

改革开放以来，权利理论在重构法学理论体系的探索中发展起来，形成了权利本位范式。在权利与义务之中，权利又具有法学基石范畴的地位。我们的时代是一个迈向权利的时代，是一个权利备受关注和尊重的时代，是一个权利话语越来越彰显和张扬的时代。

一、权利理论在权利立法中的体现

从改革开放以来的立法发展来看，人民的权力和权利的立法居于核心和主导地位。经过30余年的持续努力，建成的中国特色社会主义法律体系为尊重和保障人权、服务民生、维护公民合法权益提供了全面系统的法治保障。公民依法享有的广泛的权利通过法律法规的渠道获得更加平等的、普遍的制度保障。中国的宪法不仅明确规定了“国家尊重和保障人权”的基本原则，还列举规定了20多项基本权利和自由。中国的宪法性法律、民法商法、行政法、经济法、社会法等法律门类，已经从不同角度不同层面对公民的政治权利、经济权利、社会权利、文化权利等作了具体规定，从法律和制度上切实保证了公民享有广泛真实普遍的人权和基本自由。从法律文本的具体内容来看，立法真正将权利落实为法律规范的核心内容。

第一，根据统计，在现行有效的240件法律中，文本中直接使用“权利”一词的多达139件。在没有任何“权”或者“权利”字样的法律文本中，同样蕴含着权利的规定，如《国籍法》全篇都没有使用“权”或者“权利”字样，但第7条中规定了有权申请加入中国国籍的情形。

第二，在法律文本的篇章设置中，权利性条款居于优先地位。首先，从宪法文本来看，《宪法》在总纲之后，专章规定“公民的基本权利和义务”，次序优先于国家权力的宣示。反观中国进入社会主义时期之前的立法，个人权利淹没在义务本位之中。即使是中国法制史上首部具有近代宪法意义的法律文件《钦定宪法大纲》，正文规定的仍是“君上大权”，而“臣民权利义务”却被置于附录中。原因就在于“首列（君上）大权事项，以名君为臣纲之义。此列臣民权利义务事项，以示民为邦本之义，虽军民上下同处于法律范围之内，而大权仍统于朝廷”。① 其次，从部门法情况来看，诸多法律文本将权利设置为专章规定。典型代表如《消费者权益保护法》第二章“消费者的权利”；《物权法》，除总则和附则之外，第二章至第五章分别对所有权、用益物权、担保物权和占有等作出规定；《妇女权益保障法》第二章至第七章分别规定妇女的“政治权利、文化教育权益、劳动和社会保障、财产权益、人身权利、婚姻家庭权益”；《老年人权益保障法》第二章至第四章从“家庭赡养与扶养、社会保障、参与社会发展”三个方面对老年人权益给予保障。

第三，从法律文本中宣示其调整对象的权利的条款位置来看，多居于法律文本开篇之中，或是规定在立法目的条款中，或是规定在第一章总则中。例如，《宪法》在第1条说明我国的国家性质和国家根本制度之后，第2条第1款即规定“中华人民共和国的一切权力属于人民”。从部门法情况来看，在宪法法律部门中，《全国人民代表大会和地方各级

① 这是当时的宪政编查馆和资政院关于《钦定宪法大纲》的奏折中的说明，参见曾宪义主编：《中国法制史》，北京大学出版社2000年版，第246页。

人民代表大会选举法》第 3 条就该法保护的公民的选举权和被选举权进行明确；在民商事法律部门中，《物权法》第 1 条规定，“为了……保护权利人的物权，根据宪法，制定本法”，《公司法》第 1 条中规定，“为了规范公司的组织和行为，保护公司、股东和债权人的合法权益……制定本法”；在行政法律部门中，《行政许可法》第 1 条即明确“为了……保护公民、法人和其他组织的合法权益”的立法目的；在经济法律部门中，《政府采购法》第 1 条规定“为了……维护国家利益和社会公共利益，保护政府采购当事人的合法权益”；《刑法》第 2 条刑法的任务的规定即包括“保护国有财产和劳动群众集体所有的财产，保护公民私人所有的财产，保护公民的人身权利、民主权利和其他权利”；在诉讼法律部门中，《民事诉讼法》《刑事诉讼法》《行政诉讼法》中，均在第 2 条明确规定保护公民合法权利的立法目的。

第四，法律文本中设置专门条款对权利人的权利内容加以说明。例如，《法官法》第 8 条、《检察官法》第 9 条、《著作权法》第 10 条、《执业医师法》第 21 条都是以“条”的形式作出权利规定；而《劳动法》对劳动者的八项权利规定则是以“款”（第 3 条第 1 款）的形式出现。

二、权利理论的认知偏差对权利立法的影响

（一）将权利视为手段而非目的导致法律文本中存在重管理轻权利问题

权利本位论“不仅没有完全摆脱政治话语或意识形态话语的支配，甚至还在某种程度上‘证明’了政治话语或意识形态话语在中国法学讨论中的有效性或合法地位”。① 这一缺陷体现在权利立法中，表现为法律法规着重于“管理”人民，注重为政府和其他主体提供“管理”的合法依据，或是强化“管理者”的权力、地位。以《体育法》为例，第 1 条是立法目的的规定：“为了发展体育事业，增强人民体质，提高体育运动水平，促进社会主义物质文明和精神文明建设，根据宪法，制定本法。”从逻辑关系上看，“增强人民体质”和“提高体育运动水平”似是为了“促进社会主义物质文明和精神文明建设”。反观该条款的宪法依据——《宪法》第 21 条第 2 款，“国家发展体育事业，开展群众性的体育活动，增强人民体质”，如果辅之以《宪法》第 21 条第 2 款的英文版的规定来看，法律逻辑更清楚地展现出来：“The state develops physical culture and promotes mass sports activities to improve the people´s physical fitness”。易言之，国家发展体育事业，开展群众性的体育活动，最终目的都是为了增强人民体质。体育法之规定背离了宪法“增强人民体质”的本质规定，更谈不上以保障公民体育权利为立法的出发点和核心价值观，因而使体育承载了更多的社会、政治意义，在整部法律文本中，强调更多的是“管理”——国家发展体育事业，而非人民体育权利的保障。这就让体育法“难以适应我国体育事业发展的需要”。

① 邓正来：《中国法学向何处去——建构“中国法律理想图景”时代的论纲（第 2 版）》，商务印书馆 2011 年版，第 73 页。

（二）权利合法性来源的分析缺失导致立法重利益之争轻秩序协调

现有权利理论除了说明利益具有决定作用，却并未论及权利制度设计时依据什么样的“正当”标准来决定利益之争的最终归属：在权利制度设计时，为什么法律要这样规定而不是那样规定？为什么法律只承认利益之争中的这一方的要求而拒绝另外一方的利益？为什么法律要决定由一部分人克制自己的主张和自由、牺牲自己的利益来遵从另一方的行为指示呢？依据什么标准使得立法者作出了最终的选择呢？如果认为法制权威是“理所当然、不证自明”的，很典型地反映在交通规则的制定和执行之中。车辆是左行还是右行、小转弯是否也要等绿灯、直行车优先还是转弯车优先、高速道路的时速是 80 公里还是 100 公里，都没有对错之分。交通规则只是通过明确行为方式而避免冲突、保障安全的技术性制度安排。如果没有安排上的优先考虑、对错之分，那么为什么要强制人们执行这样的法律而不是让法律服从人民的实践选择？实际上，一项技术性安排不是由制度所要实现的最终目标来绝对化的。以行人的优先通行权为例，要在法律中赋予行人该项权利，立法者事先必须衡量行人与机动车驾驶员双方的利益得失，一方面，确立该权利体现的是对人的生命安全利益的尊重；另一方面，礼让行人对于机动车驾驶员而言会有经济利益的损失，机动车驾驶员如果停车让行，成本可是看得见的——停车、等待、再起步，油耗费用可是真真切切的。那么，究竟是哪种利益具备优先性呢，这是立法者需要作出的第一层次的选择。如果立法者确认生命安全利益的位阶高于经济利益，在制度安排上却有多种实现方式，即便是让机动车优先通过也不失为一种方案——等没车了人再过，或者等行人聚集多了再凑堆过马路——这不正是中国式过马路所采用的方式吗？由此看来，行人的优先通行权来自哪里，并不是利益衡量就可以解释的，而是需要借助于诸如弱势群体保护等其他原因。进一步来说，对利益的考量可能来自不同的维度，并非只是局限于当事人双方的利益之争，抑或要兼顾第三方利益以及社会利益。话接上例，假设甲国法律规定行人优先通行，那么无疑会增加驾驶机动车的费用，法律制度如此安排，目的可能并不是促进行人安全、弱势群体的利益保护，而是因其国内空气质量异常恶劣，不得已只能以燃油损耗的额外负担来促进环保、抵消人口增长所造成的负面影响等。总之，法律权利绝不是简单的利益归属的划分，法律权利的正当性离不开理性的论证、实践的检验、人民的参与和认同。

（三）权利义务关系理解的偏差导致权利人义务约束的缺憾

权利理论中主张“没有无义务的权利，也没有无权利的义务”，但是，这句话本身有两种不同的理解：第一，从权利人作为一个社会主体的角度而言，在享有法律赋予的所有权利的同时，必须尽到公民义务，自觉履行法律规定的所有义务；第二，从特定的具体的法律关系而言，权利人行使权利，伴随着特定的义务履行，或者说必须以一定义务的履行作为前提，如行人享有优先通行权以不得违反交通信号灯的指示为前提。

不难发现，这两种解释均符合《宪法》第 33 条第 4 款的条文精神。查阅全国人民代表大会官方网站上登载的《中华人民共和国宪法通释》（以下简称《通释》），第 33 条中规定：“任何公民都不能只享受权利，而不承担义务，也不能只承担义务，而不享受权利，更进一步说，是有利于反对只享受权利而不承担义务的特权，反对只承担义务而不享受权利的歧视，从而实现公民在法律面前的人人平等”。无疑，这只是印证了前一种说法，并没有注意到后一种理解。在《通释》接下来的解读中：“在公民与国家和社会的法律关系中，公民有时只享受权利而国家需要承担义务。比如，公民在年老、疾病或者丧失劳动能力的情况下，有从国家和社会获得物质帮助的权利，却不需要因获得这种物质帮助而对国家和社会承担义务。”那么，获得国家和社会的物质帮助是否意味着公民真的不用承担任何义务呢？答案是否定的。

例如，我国针对 80 周岁以上的老年人发放高龄养老津贴，各地普遍的做法是，老年人需要凭身份证到户口所在地的有关部门进行登记申请。这难道不是权利人所应履行的义务吗？因此，从这一角度来说，只是认定《宪法》第 51 条规定的“公民在行使自由和权利的时候，不得损害国家的、社会的、集体的利益和其他公民的合法的自由和权利”并不足够，权利人除了消极不作为的义务，尚需负担积极的作为义务。此外，这里的物质帮助，体现了国家和社会对特殊人群的关爱，同时也强化了特殊人群对国家和社会所应负担的最起码的守法义务，而不至于因为生活窘迫采取非法手段侵害他人的合法权益。

在国家—公民的关系层面上如此，在公民—公民的关系层面上又如何呢？在平等主体之间一方当事人被认为享有权利而不负担义务，最具代表性的恐怕莫过于不附义务的赠与合同了。但是，不要忘记，受赠人需要按照约定领取赠与物，只是由于单纯获利才使得一方主体不将这一义务视为问题；同时，受赠人可能因为《合同法》第 192 条所列情形被撤销赠与。可见，受赠人享有权利的同时仍需负担该法律关系中的特定义务。我国立法中欠缺的恰恰是在权利人行使权利过程中的义务的细化规定。

仍以《道路交通安全法》规定的行人的优先通行权为例，第 47 条规定机动车“遇行人正在通过人行横道，应当停车让行”。但问题随之而来，试想，在没有交通信号灯的路口，行人只要走人行横道，车辆就该停车让行吗？答案恐怕是否定的。原因在于机动车驾驶员想要礼让行人，还必须考虑机动车刹车距离问题，如果行人丝毫不顾及机动车的正常行驶，那么，这样的权利主张只会造成车祸惨剧。因而，立法中应当在具体的法律关系中，明确权利人所应当履行的义务，如行人留给机动车驾驶员以充分的刹车准备时间。对此如不加重视，义务的泛化将会造成对权利人义务观念的淡化，甚至形成权利绝对化的幻念。①

（四）权利规范行为指引认识的矛盾造成权利性条款缺乏可操作性

权利本位论者认为权利规范只提供“不确定的”行为指引，这一认识体现在权利立法中，表现为由权利本身的规定性出发进行抽象归纳，形成法律文本中直接陈述权利主体和权利内容的规定模式。具体体现为两种表达方式：第一，主动语态的表达，即谁有权……第二，被动语态的表达，即谁的……权（利）不受干涉（侵犯）。例如，《宪法》第 41 条第 1 款中规定，“中华人民共和国公民对于任何国家机关和国家工作人员，有提出

① 典型案例如中国一对夫妇因为行李安置问题与飞机机组人员发生争执，用英文要求空乘住嘴，空乘表示受到了侮辱无法正常工作，该夫妇随后被“请”下飞机（news.xinhuanet.com/society/2012-02/21/c_111547104.htm）。

批评和建议的权利”;《证券法》第138条规定,“证券公司依法享有自主经营的权利,其合法经营不受干涉”等。对此,部门和行业立法技术规范给予了确认:《中华人民共和国水利行业标准·水利立法技术规范》第4.5.2条给出了5个权利性条款的示例:1. 可以……2. 有权……3. 有……权利;4. 不受……干涉;5. 不受……侵犯;《广东省人民代表大会常务委员会立法技术与工作程序规范(试行)》第69条规定,“设定权利,一般用‘可以’、‘有权’、‘有××权利’等方式表述”。

这样的“陈述权利句式”的优点在于高举权利旗帜,明确权利主体,用伦理语言表达出权利应当是什么、包括什么的观念,体现出权利的最终决定性。在《宪法》中用以宣示人民权利具有不可替代的优势。但是,在具体的部门立法中,这种表达就显现出重大缺陷:权利的抽象规定脱离具体的法律关系,权利主体的突出并未明确由谁做什么来保障权利的实现,权利内容的抽象概括也无法指示主体应当如何行事,造成权利立法偏重宣示性、原则性,使权利性条款过于笼统、抽象、模糊。例如,《消费者权益保护法》中规定消费者享有自主选择商品或服务的权利,但是,这样的表述并未将根本问题凸显出来,最应当加以明确的是经营者不能强买强卖、强迫消费者接受服务,不能剥夺或限制消费者自主选择的自由。因而,“权利陈述句式”实际上是一种“伪装的被动句式”,有关权利主体和权利内容的条款陈述因为不能说明权利所指向的具体法律行为而最终缺乏可操作性。

但是,对如何解决这一问题在学界却也有不同的主张。一方面,有专家指出,在新的历史时期,立法工作已经积累了丰富的经验,应当改变以往“宜粗不宜细”的原则,改变“有的法律文本长,但规范性条款过少,宣示性内容多,可操作性少”的窘境;而另一方面,有学者则认为,现有权利立法并无不妥,至于提高权利性条款的可操作性的任务应当由下位法来完成。“任何一部立法都要平衡其规范的原则性和内容的实效性的关系,但一般而言,层级高的立法原则性、概括性较强而操作性较低;反之,层级低的立法则原则性、概括性较低而操作性较强”,并进而强调在法律这一层级上立法重点应是确立规则而非规则的具体执行,有如《体育法》的立法而言,要依据法律位阶而为之,在体育法的层面上仅需作出原则性的规定,所有细节问题应当交由下位法去完成,否则,如果一方面强调体育法的‘基本法’地位,另一方面又强调其可操作性,这本身就是一个悖论。可见,在认可法律是调整人的行为规范的共识下,对是否要让每一层次的法律都来完成行为引导的任务出现了分歧。也就是说,相对高层级的宪法、法律是否应当与法规规章在具体可操作问题上区分开来?

三、我国权利立法的规范化进路

(一)权利立法应由概念中心主义转向实践合法性探求

一项法律规则,或者具体到一项权利主张,是否可以任意规定?是否认为法制定分止争的权威是理所当然的、不证自明的,只要规定清楚了并严格执行之,就可以达到社会的预期目标呢?实践中,如果这项安排并未获得民众的青睐,被实践检验为低效率的、无意义的,尤其是当人们的正当要求被非理性的制度所淹没时,只会造成人们的不满。倘若此时再以强力推行,剩下的就只是社会双重的不满。因此,有“法律的生命不在于逻辑,而在于经验”的说法。立法者不是创造出法律规则即完成了任务，而是需要发现那个让法律真正成为法律的规律，在法律的实践中获取立法智慧和正当性来源。正当行为规则并不是由意志或利益决定的，而是在一个漫长的进化过程中逐渐发展起来的，其间，人们持之一贯地在每一个人所继受下来的规则系统当中实施着一致性的检测标准。立法者只能根据这样一个检测系统开展工作。正是在这一意义上而言，立法者的权威来自于人们推定他们有能力发现正义，而不是源自人们推定他们有能力创造正义。中国式过马路实际上形成了两套规则系统，除了法律规则之外，还有一个是人们实际遵循的规则系统，正是人们在一个特定的社会里所实际遵循的整个规则符合系统，决定着实施哪一项特定的规则是合理的或决定着哪项规则是应当得到实施的。

从中国式过马路到刻字刻到国外去的“到此一游”，素质问题又在一次次地撩动着文明古国的人们的心弦。国人不拘小节地随意破坏规则，似乎跨越了年龄上、心智上的区别，家长也并未制止小孩的不当行为。每当这样的事情发生，应对策略似乎总是进行自我检视、加强教育、提高公民文明素质。但是，这样苍白的苦苦劝告究竟有多少说服力呢？仅仅依靠观念的灌输和教育是无法从根本上解决问题的；切实可行的做法是由观念教育转变为行为指导，让每个人按照文明、道德的行为规范行事，一点一滴地将不文明、不道德的行为加以转变，最终达到素质的整体提高。消除赤裸裸的不文明、不道德比塑造完美的人格来得更为重要。这就要求我们的政府要把工作做得更多、更细致、更科学；从完美的人性塑造中走出来，应当从单纯的素质教育中走出来，切切实实地提供科学指导——让人们体会到不文明、不道德害人终会害己。

权利话语应当在提升国家能力的基础上，回应社会发展需要。权利性条款可操作性的问题要得到解决，就离不开实实在在地消除权利实现的不法干扰和障碍，立法应当从着重于追求完美的概念图式转向重在消除权利侵害的点点滴滴。现有立法学的理论体系中，几乎没有这方面的内容；法哲学的权利研究恰恰注重的是权利要素的分析，追求的是科学的概念建构。但是，概念构建往往是充满争论的。哈耶克承认，在早年对社会正义概念的研究中，始终都有一种无的放矢的感觉；越是给社会正义下一个明确的定义，它越是捉摸不定无从把握。以至于哈耶克直指社会正义本身是毫无意义的，使用这一概念的人，不是愚昧便是欺骗。

从权利概念的研究进路而言，正是在与对立面的比照之中权利才获得了根本的规定性：首先，权利概念在整体意义上是与权力相对而生的，现代权利概念的产生正是反抗权力侵害而斗争的胜利果实；其次，具体权利概念是在与不当侵害行为的斗争中抽象出来的，如平等权利正是对不平等的社会现象的纠正，经营者和消费者的权利也正是在消除不正当竞争行为的斗争中才得以概括出来的。正如庞德所指出的，英国法中，权利发展的历史表明，先有争议和诉讼，才有了义务的执行，法学家们最终看到了义务后面的相关权利。可以说，没有实践中产生的具体问题，就不会有理论上的权利概念。也正因如此，权利理论的终极目的不是发展自身，而是如何起到为权利真正实现保驾护航的作用。我们在研究权利问题时并不是孤立的思考。当学者追求权利的完美定义时，我们无法仅仅依靠法学词汇来构建一个硕果累累的法律科学，这就要求我们关注并聆听老百姓的观点与意见。对话与沟通是权利理论和权利立法赖以成立的最终根据、可靠性的根源。如果脱离权利的实践，对人民群众在实践中的反映不理不睬，立法者就只会陷入妄自尊大的漩涡。我们必须探寻那些能够推进公正的制度，而不是将制度本身视为公正的体现，否则我们将陷入某种形式的制度原教旨主义。我们有必要考察那些制度基础究竟产生了什么样的社会效果。

（二）权利立法应由利益手段论转向相互尊重的制度构建

权利之所以能够成为权利，离不开两项前提条件：第一，权利必须通过某种形式（习惯、道德或者法律等）获得社会成员的认可；第二，权利必须建立在尊重人之为人的平等基础之上。这两项条件不可分割、缺一不可。在某些情况下，利益获得的更有效的途径是赢得同情。捐助款甚至远远超出了被救助对象的实际所需，如何处理剩余款项都成了社会问题。但是，救助者与被救助者的不平等地位导致其终究不可能成为权利与义务的关系——是否进行捐助全由救助者自己决定，是否能够得到救助、被谁救助都是被救者所无法控制的。可见，获取利益的手段并不能让权利本质得到证成。权利不仅关涉利益，更重在人与人之间的平等、承认和尊重。

人的尊严的实现，不能让基于身份的同情成为权利主张的主要方式，否则，一个过分信赖眼泪的民族怎能屹立于世界民族之林？人要有尊严地活着，有赖于法律制度内部消除依据弱者身份而产生的制度不公，重中之重乃是处理好权利的配置问题，实现社会的公平正义——将“社会的和经济的不平等”限定在“社会公众的合法期望”中，使制度安排“适合于每一个人的利益”。这就要在两个维度上为人民提供制度支撑，展现出权利的有效性：首先，在权利与权力的关系上，制度设计应当充分尊重人民权利，形成权利对权力的有效制约。在我国，就连人行道也成了老百姓头疼的问题：有的地方将其过分压缩，行人出行困难；有的地方干脆将人行道作为摊点进行出售。此类做法，连人们最低生活水平的保障都要剥夺，人不再被视为目的，人的尊严又何在？因此，制度设计不仅关系到老百姓的生活便利，更直接体现出政府是否真正尊重人民的主体地位。其次，在社会主体之间的维度上，应当实现权利配置的平衡。一旦过分地偏重一方的权益，社会正义就难以实现。例如，在“跌倒老人扶还是不扶”的争论中，让人们在准备施救的最后时刻“悬崖勒马”的，正是权利配置的失衡：被扶助者在诉讼中占尽优势，好心人却难以举证，毫无反击之力。又如，盗窃案件时有发生，人们却担心即使抓到小偷也可能面对无力举证的尴尬境地，不少人因此忍气吞声。如果连财产权的维护都无法实现，反过来却要忍受小偷的欺侮，何谈人的尊严？同样的问题在加拿大已经被改变：过去抓捕小偷必须人赃俱获，大部分加拿大人相信，法例过分保障犯罪者的权利，已失去适当的平衡。为此，加拿大国会在2012年6月通过《刑法》修正案（《公民拘捕及自卫法》*The Citizen's Arrest and Self-Defence Act*），扩大了公民的拘捕权，只要有合理的理由认为财产可能被侵入、偷走或破坏，就可以抓捕嫌疑人；并且，抓捕时间延长为案发后的合理时间。可见，国家除了提高破坏率、打击犯罪之外，更应当在法律制度设计中平衡权利配置，消除人们保护自身利益、他人利益、社会公益的后顾之忧。如果国家权力依然大包大揽、无所不管，那么，任何管理的失误或者失灵问题，都会被人们认定为国家的责任，社会问题将直接转变为公民与国家的矛盾与对立。因而，还权于民不仅仅是一句口号，更需要科学化、人性化的制度设计，引导公民参与到社会管理中来。

（三）权利立法应由注重观念宣示转向注重行为指引

纯粹依赖处罚的管理难以完成法律实施的目的。在美国，行人闯红灯、横穿马路也不是什么稀奇事。在英语中，甚至有个专门的词汇“Jaywalker”来指代那些不顾交通信号、乱穿马路的人。但是，美国也有这样一个有趣的现象，司机碰到行人过马路时，常常会善意地停下来，挥手示意让行人先走，即使是在行人闯红灯的情况下。在加拿大的生活体验也让我深深感受到了这一点。为什么同样是过马路，中国爆发出这样的轩然大波，各地纷纷强化执法管理行人，甚至爆发出行人与警察的冲突也在所不惜；而在美国和加拿大，驾驶员似乎对礼让行人甘之若饴，并无意见？可能会有人将原因归之于行人人数太多，但在国外大城市的繁华路段，行人不也一样很多吗？而且，还有另一有趣的现象，在北京、上海，不少外国人过马路时也开始“随大流”，而中国人到了国外旅游时居然也可以模范遵守交通规则。行人数量多少似乎并不重要，重要的是人的思想意识的变化。行人不被尊重，每个人都难免产生被欺凌的愤怒，即使外国人在这样的环境中也是如此。既然你（机动车驾驶员）不尊重我（行人），我为什么还要尊重你？从这一角度而言，对行人的处罚实际上是添油加醋地增加了行人对社会的不满。在没有警察疏导的情况下，特殊车辆的优先权利更是成为纸上谈兵——在《道路交通安全法》第53条规定，“警车、消防车、救护车、工程救险车执行紧急任务时，可以使用警报器、标志灯具；在确保安全的前提下，不受行驶路线、行驶方向、行驶速度和信号灯的限制，其他车辆和行人应当让行”。在广州，120急救车因为交通堵塞而陷在车流中的揪心时刻数不胜数，堵车时，驾驶员即使听到急救车鸣笛，也是毫不相让，哪儿有路就往哪儿钻；在成都，急救车陷入车流动弹不得，很多司机“看到别人没有让”，干脆自己也不让，继续往前面挤，结果是靠着“老外”马丁·梅利什只身挡车疏导交通。难道法律实施的目的就在于此吗？当然不是。法律责任的承担、各种各样的处罚，并不是法律实施的目的。法律实施全靠惩罚的结果，就是在警察缺席的状况下交通秩序真的是乱成了一锅粥。因此，法律实施真正的目的在于让人与人之间相互尊重，共同营造和维护和谐的社会秩序。如果人人都能尊重对方，都能达成行为的一致，那么无法的生活当然是人们所期望的。

为解决急救车的通行问题，陈敦金医师倡导要“培养市民为救护车让道的意识，希望所有道路都能开通专门的‘生命绿色通道’”。培养公民的自觉意识，当然没有问题。但是，怎样划定绿色通道呢？在没有急救车通过的状态下车辆该如何通过呢？如果突然出现急救车，已经在绿色通道之上的机动车该如何避让呢？也就是说，即使划出绿色通道，大家也不知道该怎么让行，如果每个人都有自己的看法，有的主张往左靠，有的主张往右靠，最终还是会陷入行为不统一导致的混乱局面。让我们看看国外是如何规定的。加拿大萨斯喀彻温省交通规则明确规定，遇到警报闪烁或者鸣笛的紧急车辆，所有车辆必须靠右避让，尽量靠近道路右侧，并且不得驶入下一个路口除非紧急车辆已经经过；如果道路是单向车道，则所有车辆应当靠近路的最左侧或最右侧；如果是在路口遇到紧急车辆，驾驶员必须停车让紧急车辆优先通过。可见，法律制度要真正培养人与人之间相互尊重，就应当以相互尊重的切实行为标准来要求人们，而不能只是停留在观念或者意识的培养上。

权利规定着重正面宣示，却脱离具体的法律关系、不顾主体间的行为引导，只是将主观的权利观念表达出来，却不曾说明“法律调整对象可以、应该或是不可以做什么事”。但实际上权利本身并非是个人支配范围内的概念。例如，甲拥有一部手机，是大卸八块还是弃之不用，是由甲自己决定并处理的。但法律上认定甲拥有该手机的所有权，并不是在这一维度上获得规定性的。甲可以选择丢弃自己的手机，所谓他人不得干涉正是在甲与他人的相互关系中才得以存在，即任何他人不得干涉甲处置手机的行为，如果甲是身处荒岛的孤立的个人，没有任何人可能干涉甲的处分自由，所有权还有何意义？但是，一旦处分该手机的行为发生在与他人的关系中，譬如甲从其十楼的住宅上扔出或是在公共场所随意丢弃，那么这一处分行为就要受到法律的限制。再如，建筑物专有部分所有权，《物权法》第71条规定，“业主对其建筑物专有部分享有占有、使用、收益和处分的权利。业主行使权利不得危及建筑物的安全，不得损害其他业主的合法权益”。要怎么进行内部装修是所有权人自己的事情，法律自然不应干涉。但是，一旦所有权与他人发生关系时，就需要法律介入，为所有权的正当行使划定界限。也就是说，权利的行使是在与他人的关系中得到规定的。例如，业主装修时擅自改动、砸掉承重墙，危及自己和其他业主的所有权，因而是被法律所禁止的，也就是说，前述行为被排除在所有权的正当行使边界之外，一旦为之即属违法。总之，权利是在人与人的相互关系中得到证成的，因而权利立法也不可能脱离法律关系，而只是宣示利益归属问题就可以完成任务。

权利要在法律关系中得以确定，宣示权利概念是远远不够的，应当从行为指示的角度来加以规定。例如，《体育法》中学校体育设施的开放问题，无论从权利观念的角度来规定——公众有权使用学校的体育设施，还是从义务观念的角度来规定——学校的体育设施应当向公众开放，均无法说明法律调整对象的具体行为以及行为标准是什么——应当在何时以怎样的方式开放设施供公众使用，因而该权利在实现时难免产生争议和矛盾，还易引发公众与学生的体育设施使用权的冲突。由此看来，权利立法不能只是将权利观念或是义务观念表达出来即宣告大功告成。具体的权利立法，应当在法律关系中根据行为进行构建，指明何人为何事。正如我国台湾地区“国民体育法”第7条第1款强调，各级学校运动设施的开放，必须“在不影响学校教学及生活管理的原则下”，提供给社区内民众体育活动之用，在向使用者收取费用时，唯一标准和支出用途是“支应设施之维护及辅导人员所需费用”；为明确“运动设施之开放时间、开放对象、使用方式、应收费额及其他应遵行事项”，更是特地在第2款中规定体育设施管理办法，“除大专校院由该校自行订定外，均由各级主管教育行政机关统一制定”。为此，台湾地区教育部门专门出台“国立高级中等以下学校运动设施开放及管理办法”（包括作为附件出现的“国立高级中等以下学校运动设施开放使用费应收费额表”）加以实施。体育法在修订时如要加入学校体育设施开放的规定，可予以借鉴，进而规定为“在不影响学校正常的教学和生活秩序的原则下，学校应当在课余时间和节假日向公众开放体育场地，保障居民开展体育活动。学校可以收取必要的费用，用以维护体育设施的正常使用。学校体育运动设施的开放范围、开放时间、收费标准等由国务院教育部门另行规定”。

综上所述，要切实保障公民体育权利的实现，不能只是在单纯的理念阐述上下功夫，也不能以法律文本中权利性条款的数量定高下，而是需要明确行为指示、划定权利界限，为权利实践夯实制度基础。

操作题

选取 3~5 部权利性立法，比较权利性条款的特点。

本章小结

我国的法律法规中已经从不同角度不同层面对公民的各项权利作了具体规定，从法律和制度上切实保证了公民享有广泛真实普遍的人权和基本自由。权利立法仍然存在一些问题，一个重要原因是权利理论的认知偏差影响了权利立法。具体表现为，将权利视为手段而非目的导致法律文本中存在重管理轻权利问题，权利合法性来源的分析缺失导致立法重利益之争轻秩序协调，权利义务关系理解的偏差导致权利人义务约束的缺憾，以及权利规范行为指引认识的矛盾造成权利性条款缺乏可操作性。对此，应当采取措施加以改进。权利立法应由概念中心主义转向实践合法性探求，权利立法应由利益手段论转向相互尊重的制度构建，权利立法应由注重观念宣示转向注重行为指引。

复习思考题

1. 简述权利理论在我国权利立法中的体现。
2. 试述权利理论的认知偏差对权利立法的影响。
3. 就如何改进我国的权利立法提出你的看法。

第十一章

地方立法质量保障

学习目标

理解地方立法质量的含义；区分中央立法与地方立法；了解地方立法过程中存在的主要问题及原因；把握地方立法质量的评价体系；了解地方立法质量跟踪评估结果的反馈和应用。

材料引入

从1979年到2015年，经过30多年的地方立法实践，一批与法律、行政法规相配套的地方性法规相继出台，一批对地方性事务进行规范和管理的地方性法规相继颁布，一批进行先行探索和试验的地方性法规相继制定，现行有效的地方性法规近9000部，地方性法规在我国的法律体系中发挥了越来越重要的作用。截至2016年3月，全国人大修改了《立法法》，明确提出："设区的市的人民代表大会及其常务委员会，可以对城乡建设与管理、环境保护、历史文化保护等方面的事项制定地方性法规。"这样，可以制定地方性法规的设区的市的人大及其常委会，由原来的49个扩展到282个，可以预判，未来几年内，地方性法规的数量将以较大幅度增加。

虽然地方性法规为推进依法治国发挥了较大作用，但从地方立法实践看，依然存在诸多弊端。主要有：一是立法质量不高，治理效率偏低；二是人大没有发挥主导作用；三是行政方面部门利益倾向没有根除，影响政府公信力；四是社会方面立法项目缺失，公共治理薄弱；五是公民参与立法不够，社会组织作用不强；六是重复立法、照抄照搬上位法，缺少创造性，既不利于维护上位法的权威，也浪费了大量的人力、物力；七是有些地方性法规的内容以及效力范围"溢出"上位法规定的授权和要求，地方性法规与法律、行政法规之间、地方性法规之间存在着矛盾或者不协调，越权严重、冲突广泛，不利于国家法制统一。

针对以上地方立法过程中存在的现实问题，提高地方性法规的质量将势在必行。①

思考：如何理解地方立法质量的评价标准？以及提高地方立法质量保障机制的具体意见和建议包含哪些方面？

---

① 抚顺市人大常委会法制工作委员会：《提高地方立法质量研究》，http://www.npc.gov.cn/npc/lfzt/rlyw/2016-09/18/content_1997580.htm.

地方立法是国家立法的重要组成部分。地方立法是指有立法权的地方国家机关，按照宪法和法律的规定或者授权，根据本地区的政治、经济、文化生活的特点，制定、修改、废止在本行政区域一定范围内适用的规范性法律文件的活动。不断提高地方立法质量是推进依法治国、建设社会主义法治国家的客观要求。人民群众对立法的期盼，已经不是有没有，而是好不好、管用不管用、能不能解决实际问题，他不仅要求研究具体回答什么是立法的科学化、民主化，而且把提高立法质量十分鲜明地具体化为提高法律的针对性、及时性、系统性，对法律中比较原则的部分，能具体的尽量具体，能明确的尽量明确，增强法律的可操作性、可执行性等。地方立法在发展过程中取得了一定的成绩，地方立法的数量逐年增加，以宪法为基础的社会主义法律体系已经基本形成，仅从数量上看立法工作基本上满足了社会主义政治、经济和社会的发展需求。此时地方立法质量的保障问题便显得尤为重要，有利于制定体现地方特色的法规规章，使地方性法规规章具有可操作性和有效性，在最大限度内保障公民、法人和其他组织的合法权益。

一、立法质量保障的基本情况

（一）地方立法质量保障的理论与实践

究竟是立法数量论抑或立法质量论在我国学界曾经存在过争议，但是随着我国以宪法为基础的中国特色社会主义法律体系的形成，无论中央还是地方无法可依的被动局面基本上都得到了改变，立法工作已经初步做到了有法可依。随着我国立法数量的逐年增加，立法质量保障的研究范式已经逐渐地从立法数量论转向立法质量论，这是符合历史发展客观规律的必然趋势。立法质量论使制定的法律法规规章必须接受人民和社会实践的价值评判和检验。立法质量直接关系到法治的质量，越是强调依法治国，越是要注重提高立法质量。提高立法质量是加强和改进立法工作的重中之重，是完善中国特色社会主义法律体系的永恒主题。从地方层面上讲，地方立法是否最大限度地保障了公民、法人和其他组织的合法权益？地方立法是否遵循了基本的立法原则，法治原则是地方立法的首要条件，作为地方法律运行之起点的立法行为首先要法治化，必要的法律程序和制度的制约是地方立法质量的重要保障。另外，地方立法机关是民意代表机关，地方立法活动从本质上说应当坚持和贯彻民主原则，地方立法活动的民主化是整个国家政治体系民主化的重要组成部分。地方性法规规章的草拟、审议、表决的过程通过某种方式向公众和社会公开。公开的方式可以是多种多样的，比如将法规规章在网络或者报纸上公布或征求意见，允许新闻媒体、记者或者公众旁听审议活动，采访并报道地方立法的整个过程，让立法行为在阳光的环境下应运而生。再次，坚持科学原则对于提高地方立法的质量也具有十分重要的意义。立法活动是一项极具智慧的脑力劳动，地方必须根据本地的实际情况作出立法规划，设定法律上的权利、义务和责任时应当考虑客观的实际情况，并不断地提高地方立法技术水平。最后，立法过程遵循谦抑原则，法律的能力必然是有限度的，建立地方立法可行性论证制度、立法责任制度等，避免随意和盲目的立法。

随着我国整体立法的迅速发展，地方立法在近几年也呈现出快速发展的局面。以黑龙江省为例，为深入推进“八大经济区”和“十大工程”建设，保障和推动我省经济社会新发展、加快发展、科学发展贡献力量，立法工作坚持提前介入，搞好立法调研，增强立法工作的针对性、实效性，更好地发挥地方立法对经济社会发展的引领和推动作用。2013年黑龙江省人大就将至少完成七项地方性立法，例如，制定《黑龙江省实施〈中华人民共和国水法〉条例》《黑龙江省高速公路管理条例》《黑龙江挠力河国家级自然保护区管理条例》《黑龙江省国有重点林区神力资源管护经营条例》《黑龙江省水上搜寻救助条例》《黑龙江省科学技术进步条例》《黑龙江省循环经济促进条例》等地方性立法，修订《黑龙江省人民代表大会代表建议、批评和意见办理工作条例》。以重庆市地方立法为例，直辖后，市一届人大及其常委会确立了完善体制、打好基础、提高质量的立法思路和急用先立、逐步完善的工作步骤，仅用五年多的时间就基本实现了与其他兄弟省市地方立法同步发展的态势，初步构建起了具有重庆特色的地方性法规框架。

（二）地方立法质量的评价体系

有学者将立法质量评判标准划分为内在标准与外在标准，合法性标准为内在标准的“皮”，公正正义性标准为内在标准的“骨”，合目的性标准为内在标准的“魂”；完整性标准为外在标准的“皮”，明确性标准为外在标准的“骨”，和谐性标准为外在标准的“魂”。还有的学者习惯从立法过程是否符合法的内容和形式统一这一要求来检验立法质量，作为立法质量评价体系的衡量标准。由于我国法律中没有明确规定建立立法质量评价体系，因此，有学者提出从经济增长与效益提高、科技进步、资源利用与环境保护协调一致、群众生活水平得到提高等指标来反映立法质量。还有的学者将立法质量的评价标准概括为形式合理性、价值合理性和现实合理性三个基本方面。其中形式合理性分别从明确性、规范性、协调性、稳定性、完备性进行了深入的阐述；价值合理性从权利本位、平等、效率、人道主义、可持续发展、国际化方面进行论述；现实合理性主要从必要性、可行性、适应性方面阐述观点。另外还有一部分学者从以下五个方面来分析地方立法质量的标准，分别是合法性标准、地方特色标准、合目的标准、公正公平标准、程序性标准。地方立法的内容和程序都必须合法，这是评价地方立法质量的第一位条件和标准。是否具有合法的立法依据？地方立法的主体是否合法？立法权限的行使是否合法？立法主体是否超越其所享有的立法权限？立法程序是否合法？从地方性法规的实际内容看，是不是立足于解决本地的实际问题。从地方性法规所体现的立法技术上看，是否做到简洁实用，体例适当，结构合理。从地方性法规的实施来看，在本地区是否具有可行性和可操作性。从地方立法程序的角度来衡量立法质量，一要看立法程序是否完整，另外要看遵守立法程序是否严格。还有学者认为，地方立法质量评价标准目前分为传统单一行政主导的以秩序为中心的维稳型标准模式、以文本为中心的技术型标准模式、以利益为中心的功利型标准模式和“国家—社会—公民”三元视野的良法善治型评价标准模式。① 以权利为本位实现良法追求的正义标准，社会需求的契合与成本节俭的效益标准，对客观规律正确反映的科学性标准，法律体系内部和谐的协调性标准，结构和语言双重安排的技术标准。

---

① 秦前红、底高扬：《在规范与现实之间：我国地方立法质量评价标准体系的重构》，载《宏观质量研究》2015年第3期，第89~90页。

（三）地方立法发展过程中存在的主要问题及其原因

地方立法作为我国整个立法体系中的一个重要组成部分，在当今现阶段取得了一定的成绩，但是仍存在许多问题和不足。现将主要代表性学者的观点总结如下：地方人民代表大会立法职能发挥不够、地方人大常委会组成人员的审议职能未能充分发挥、地方性法规的扩张趋势加剧，包括立法权主体扩张、地方性法规数量增长迅猛、地方性法规对越来越多的地方性事务进行调整。还包括地方性法规中的部门利益倾向明显、地方立法质量评估缺失、立法程序缺乏统一规范等具体表现。在一些硕博论文中指出了地方立法实践中取得了巨大成就的同时，也存在着诸如人大和常委会组成人员职能发挥不充分、部门利益倾向、法规扩张趋势加剧、立法程序缺乏规范等方面的问题。还有研究者提出，地方立法的民主制度还不是很成熟，民主立法的理念方面存在一定的偏差，“重管理、轻服务”的立法观念还将在一定范围内发挥作用，这在一定程度上限制了社会、企业和公民自由选择的权利。法治观念淡薄，立法为民的理念还没有真正地确立起来。一些征求立法意见的做法没有取得应有的社会效果，一些人大代表、公民的素质和参与立法的能力还不够高，立法信息公开的程度还不够。

分析地方立法发展过程中存在的问题主要表现在由于各地区之间政治、经济、文化状况和社会发展的不平衡，导致了解决地方事务所呈现出的差异性和复杂性，因此，立法越权、立法侵权、立法争权等无序和冲突现象频繁出现。另外社会事务的多样性和管理理念的转变，也在一定程度上推动了地方立法膨胀的趋势。其次，地方性法规规章起草的主体也过于单一，实际上按照我国宪法和地方组织法的规定，起草地方性法规规章的主体应当是多元化的，公民个人或民间组织提请法规案，以建议的方式或者联名的方式进入立法程序成为可能。再次，又由于我国地方财政状况的现实拘谨，政府部门出于自身利益的需求，使政府部门在地方性法规规章中渗透部门利益成为可能。还有，立法主体的人员专业素质还有待于进一步提高。还有的学者将存在问题的原因总结如下：社会事务的日益多样和地区差异的客观存在、地方性法规起草主体过于单一、地方政府机构改革压力和公共财政积累不足、立法主体的人员专业素质不高等。因此，提高地方立法质量至少应当：在观念维度上，要重视立法实践工作，强化对法治、立法行为和立法质量的认识；在人才维度上，要打造立法专业队伍，重视人才储备、人才引进和人才培训的建设；在组织维度上，要拓展立法工作平台，健全立法机关工作机构，组建地方立法科研机构和发挥省法学会的作用；在制度维度上，要健全立法体制机制，实现立法体制机制的规范化和创新性。

（四）公民参与地方立法的民主化表现与完善

民主不仅是政治生活领域的一项基本原则，在法律生活领域民主同样适用，尤其在立法领域表现得更加淋漓尽致。在立法工作中如何体现民主原则、提高立法质量，就是要在法律文件的制定过程中广泛征集人民意见，采取召开听证会、论证会和座谈会等各种形式听取正面或反面的意见建议，加以分析研究，予以合理吸收。新婚姻法的征求意见工作就是一个很好的例子。还有学者指出，作为公众的自然人、法人、社会团体直接参与地方立法的制度，其具有地方法规正当性、适应性、权威性的价值基础，并同时认为公众直接参与地方立法是解决当前我国地方法规困境的根本方法。还有一部分学者梳理了人民群众通过多种途径有序参与立法方面基本状况，如重要法规草案全文向社会公布，征求社会各方面的意见；实行公民旁听人大常委会会议制度；支持和保障人大代表参与立法活动，人大代表在民主立法中的作用受到重视；吸收专家、学者直接参加法规起草工作，拓宽法规起草渠道；普通公民开始较为普遍地参与到地方立法工作中来，召开座谈会、来信来访、来电听取有关方面意见的民主立法形式被广泛使用；在制定地方立法规划时向人民群众和社会各界征集立法项目建议；举行立法听证会，听取不同利益群体的意见；筹建立法咨询专家库，吸收社会精英参加到立法工作中来；运用网络信息化以及其他现代化手段，网上公布法规草案、通过电子信箱收集市民意见、听证会网上直播等，畅通立法的相关渠道。还有一部分学者从制度建构的角度分析了我国公民参与地方立法的应有权利。提出了要转变相关政府部门的观念；调动公民参与的积极性；细化公民参与的程序，具体而言包括参与前程序和参与程序；建立问责制度；完善听证制度；完善司法审查制度。逐步建立和完善相关法律制度，使公民参与权利得到硬性的法律和制度保障，实现公民参与地方立法的制度化与程序化。

（五）地方立法后评估作为提高立法质量的有效途径

我国地方性法规的立法工作偏重于法规的制定，对于法规的修改、完善和废止的关注并不充分，对已有法规的质量评估就更是少而又少了。地方立法中有相当比例的规定对上位法进行了操作性的细化，且在中央特性较强的立法领域中，地方立法进行细化的比率相对较高。凡是涉及地方经济、社会和公共管理等的相关法律法规和规章在实施了几年以后，通过综合运用各种定量、定性分析等方法手段对其进行跟踪评估。由于我国《立法法》对于地方立法后评估没有作出制度性规范，地方立法后评估制度在法律规则制定层面上来讲仍然是一个值得探索的问题。一部分学者从地方立法后评估的概念、必要性、特点以及原则的角度对这一问题进行理论阐述。还有的学者侧重于从地方立法后评估主体的角度进行深入分析，可分为立法机关的评估、执法机关的评估、社会民众的评估和学理评估。社会民众的评估分个人评估和社会组织的评估，当然社会组织的评估，需要相应条件的成熟。学理评估，即高校科研机构专家进行的评估。还有部分学者论述了地方立法后评估的内容、标准和方法，以及各地启动“立法后评估”的情况，并对地方立法后评估进行理论思考，提出了立法后评估亟待制度定位，同时处理好立法后评估与执法检查之间的关系。另外还有部分学者从地方立法文本质量的基本要素及其量化方案入手，通过实地调研，撰写调研报告，设计单项指标评估体系并进行打分，基于打分情况和综合排名情况对地方立法文本质量进行总体评价，并通过调研报告中对有关问题和意见的分析与阐述，提出相应的意见和建议。还有学者提出了“让法的生命力更持久”，需要完善立法评估制度，并以“立法评估”为切入点，结合立法实践，将立法后评估分为试水阶段和探索阶段，即从“立法回头看”到“立法后评估”的变化过程，从“立法后评估”到“立法全程评估”的必然发展趋势。完善立法后评估工作机制需要处理好几方面的关系，即谁来评估、评估内容以及评估效力的问题。地方立法后评估作为提高立法质量的有效途径已经得到了大多数学者的广泛认同。

综观我国学者关于地方立法质量保障问题的研究，无论是在数量上还是质量上，研究的视角和方法、内容与范围，还是在立法权限、立法程序、立法技术等方面均取得了一定的进步，并形成了一系列阶段性研究成果，极大地丰富了地方立法质量保障的相关理论，为今后这一问题研究的拓展和深化奠定了坚实的基础。同时，通过深入分析以往的研究成果，尚存在以下研究不足。首先，在研究内容上还有待于进一步地创新，以往的重复性研究成果较多，缺乏具有独创性的研究成果，尤其兼顾学理性和实践性的研究成果相对较为欠缺。其次，在研究范围上，目前国内对于地方立法保障机制的研究日益健全，但是主要集中在上海市、北京市等经济比较发达的地区，黑龙江省作为我国重要的北方资源型省份，提高立法质量保障机制将成为我省地方立法工作的重要研究课题。再次，在研究方法上，跨学科理论和方法运用于地方立法质量保障问题研究还显不足。譬如，有的学者要么单纯地从理论方面阐述地方立法质量的基本状况，还有的学者仅基于实证调研的材料撰写调研报告。在如何提高地方立法质量保障的实现路径研究方面需要有所创新。因此，基于以上分析，地方立法质量保障机制研究尚需进一步拓展和深化，区别不同地域、不同层次、不同范围的受众群体，探索提高地方立法质量保障的具体路径；将地方立法微观的制度设计与立法宏观层面的意义、价值分析有机结合起来，提升研究成果的可行性与有效性；综合运用、吸收和借鉴其他学科的理论和方法，拓宽地方立法质量保障研究的视野和范围；加强对地方立法质量效果评价和反馈路径问题研究，充分考虑影响和制约地方立法质量保障的诸多因素，以期能够对于地方立法工作提供依据和参考。

二、地方立法质量跟踪评估制度

地方立法质量跟踪评估是一种立法后评估，在地方性法规或地方政府规章实施一段时间后，对其实施效果、总体质量等方面进行综合分析评估。地方性法规和地方政府规章由于其必须面对的地方性背景和人文地理社会环境等因素的影响，其实施本身就是一个复杂的系统工程，而我国目前各地方还没有形成比较认可的统一质量评估标准，所以我们可从价值的合理性、文本质量的科学性、立法实施的有效性三个方面对跟踪评估标准进行诠释与构建。地方立法质量跟踪评估作为我国立法体系的重要组成环节，能够有利于改进和完善地方立法工作，提高地方立法的科学性和针对性。随着我国法律体系的基本形成，地方性法规规章在“良法”的应然价值理念指导下，充分运用评估结果，及时启动法规规章的立、改、废程序，为地方立法机关提供决策依据。

（一）概念厘定及理论阐释

地方按照通常意义上来讲是与中央相对应，与中央立法相对应的地方立法是在整个立法体系中居于本行政区域范围内，其依法制定和变动的规范性法律文件。根据我国《立法法》第 72 条的规定，省、自治区、直辖市的人民代表大会及其常务委员会根据本行政区域的具体情况和实际需要，在不同宪法、法律、行政法规相抵触的前提下，可以制定地方性法规。较大的市的人民代表大会及其常务委员会根据本市的具体情况和实际需要，在不同宪法、法律、行政法规和本省、自治区的地方性法规相抵触的前提下，可以制定地方性法规，报省、自治区的人民代表大会常务委员会批准后施行。随着各省、市在近几年立法数量的逐年增加，进一步加强地方立法工作，是省级地方人大及其常委会面对新时期新要求必须做好的一项重要工作。

质量跟踪又称产品跟踪，是目前国内外广泛采用的一种质量管理方法。它在市场调查、售后服务、质量改进、新产品研制开发及产品寿命周期质量监控等方面发挥着重要作用。立法作为法律规则制定主体的思想智慧设计生产出来的一种公共产品，其质量的优劣直接决定地方各种法律关系的调整，立法机关制定的法律、法规也直接决定着司法机关和行政执法机关的社会关系整合，本身制定良好的法律是优良的司法和执法的前提，通过相关信息的分析和评估并及时地反馈给相关的部门，建立完善配套的地方立法后质量评估制度，对于提高地方立法质量不仅是可行的，也是必要的。

评估是指考察、分析或者判断某类事物的价值、质量、意义、数量、程序或者情状等。在理论界和实务界中，地方立法质量跟踪评估也有被称为“立法后评估”“立法绩效评估”“立法效果评估”“地方立法质量评估”“地方性法规实施效果反馈”等，虽然称谓和名称有所不同，但是关于地方立法质量跟踪评估的核心问题理解是一致的。立法后评估是对现行有效的并且实施了一段时间以后的地方性法规规章，根据立法的总体目标，结合经济社会发展的现实状况，通过信息的总结和反馈，对于规范性法律文件的实施情况、实施效果、实施绩效、存在问题及其影响因素等进行分析评估和跟踪调查，及时矫正和修缮地方立法自身存在的具体问题，为地方立法机关决策提供依据和参考，不断地改进地方立法工作。跟踪评估反映出评估活动的动态过程，根据实际需要对地方出台的规范性法律文件的“立、改、废”进行的跟踪评估反馈制度。地方立法质量跟踪评估是立法行为的继续和延续，是对地方性法规、规章质量的全面检查和监督，完善质量跟踪评估制度有利于实现社会的公平正义，改进和修缮地方立法工作，完善我国各层级的法律体系，加快法治中国建设步伐。

（二）评估标准的诠释与构建

评估标准是地方性法规、规章进行评估时普遍适用的一般标准，也是法律规范文件评估定位、价值取向的具体承受者。提供科学、客观的标准和体系，不仅是地方立法质量评估取得实效的有力保证，而且也是提高地方立法质量的有效途径。目前，我国各地方还没有形成比较认可的统一的评估标准和评估体系，但对这一问题的积极探索和研究还显得较为必要。检验地方立法工作和现行法规规章优劣好坏的标准包括价值合理性、文本质量和实施效果。

1. 价值的合理性

价值既是一个哲学范畴，也是哲学之外的其他人文社会科学以及日常生活中广泛使用的概念。一般的价值观念包含了人格尊严、社会的公共福利、经济的可持续发展、善良风俗、公平正义等美好的和值得珍视的事物，法的价值一般包括了秩序、自由、正义、安全等，满足社会主体对于基本价值和法的价值的心理期盼是地方性法规、规章理应追求的价值理念之一。美国社会法学家庞德认为：“在法制史的各个时期，无论在古代还是近代，对价值准则的论证、批判或合乎逻辑的适用，都曾是法学家们的主要活动。"① 地方性法规、规章作为调整社会关系的法律规范，体现正义性、维护秩序、保护社会主体的自由和安全等法的价值。法的价值体现着法的精神，是法的内在表现形式之一，制定良好的法律必须体现法的价值，准确把握正义、自由、公正、公平、秩序、安全等价值理念，地方性法规、规章更应以一种务实的态度面对法的基本价值取向。评估地方性法规、规章中的各项规定是否符合公平、公正原则，所规定的措施和手段是否体现权利和义务、权力与责任相统一的原则，法律责任的设定是否妥当，违法行为或者违约行为侵犯他人或社会的权利和利益所造成的损失和伤害是否与损害结果相当等。

它不是关于"人们实际上怎么行为"的事实陈述，而是关于"人们可以或应当怎样行为"的价值陈述。这些价值陈述就存在着一个其陈述是否合理的问题，即价值合理性问题。公正的地方性法规、规章的制定应当是公开透明的，在地方立法过程中广泛地实施听证制度即是社会公正的重要体现，地方立法只有具备了一定的公开度和透明度，无论是法规的制定还是执行都需要公众的广泛参与，只有公众知道并了解相关的法规，才能够更好地维护自己的合法权益。因此，在地方立法初期阶段，应当着重贯彻治理价值，使立法内容符合治理需要；在地方立法攻坚阶段，应当强调民主价值，实现立法程序民主；在地方立法相对成熟阶段，应当深化协商民主理念，确保立法富含理性。比如近几年来有关城市房屋拆迁管理方面的地方性法规在对规范地方城市建设方面发挥积极作用的同时，一些因强制拆迁而导致的暴力事件时有发生，其中就不乏对于自由、效率、正义等法的价值的利益权衡。

劳动教养制度自确立以来，对于维护社会秩序，保护公民的合法权益曾经发挥了很重要的作用，但是其弊端也日益凸显，一个人的生命权和人身自由权未经过司法机关的公正公开审判就被予以剥夺，这不符合法的正当程序价值。在劳动教养制度取消以后，地方根据本地的实际情况创设和完善一些衔接制度，诸如轻犯罪法、社区矫正制度等。地方性法规、规章将保障人权作为立法的出发点和最终目的。

2. 文本质量的科学性

评价地方立法质量的重要衡量指标是文本的形式科学性，从形式的角度来讲，地方性法规、规章的结构具有完整性和连贯性。立法依据具有合法性，地方立法权限有明确的法律规定和授权，制定的地方性法规所调整、规范的事项和范围不得与上位法相抵触。因此，从立法依据所涵盖的内容来看，立法中的合法依据主要包括两方面：一是立法活动要有法律上的基础，具有法律根据；二是在立法内容上要有法律上的根据。从现有的我国各地评估实践来看，基本上都将合法性判断作为地方立法质量跟踪评估的一项重要指标。地方立法是否具有合法的依据是决定所立法规、规章的法律效力的基本问题。另外，在立法内容上不与宪法、法律、行政法规等上位法相抵触，在判断一部地方性法规、规章具体内容的合法性上，是不得与效力等级更高的法律法规存在冲突和抵触，在立法目的、精神实质和基本原则上与宪法或者上位法保持一致。精准立法已经成为我国新时期提高立法质量的重要标准，要实现精准立法，要求做到"三准""两精""一格局"，即立法方向要把

① 张国庆：《现代公共政策导论》，北京大学出版社 1997 年版，第 212 页。

准、立法位阶要定准、立法问题要找准；法规内容要精细，立法实务要精密；坚持党的领导、人大主导和社会有序参与的立法工作格局。

文本质量意指地方性法规、规章的形式结构，是地方性法规、规章所产生和存在的法理依据和具体的外部表现形态。从形式维度上来讲，文本质量的科学性是高质量地方性法规、规章的必要保障。地方立法是一项技术性、科学性要求比较高的智力劳动成果，地方性法规、规章的制定既然是通过文字的形式予以表现的精神活动，文字表现形式就需要遵循一定的立法技术规范，比如从纵向和横向的各个角度考察地方性法规、规章的协调性和衔接性，法规、规章的结构和逻辑关系是否合理和规范？有关法律主体、客体、行为、事件、结果等方面的内容规定是否完整？是否符合法律规则的三要素说，亦即任何一个法律规则的制定是否包含了假定条件、行为模式和法律后果三个组成部分，其行为模式又具体包括可为模式、应为模式、勿为模式。即明确人们“可以如何行为”的模式；在假定的条件下，人们“应当或必须如何行为”的模式，以及人们“禁止或不得如何行为”的模式。我们既然生活在一个成文法的时代和国度，作为立法媒介的文字表述准确、合理和规范是衡量立法技术的重要指标。

一切法律规范都必须以作为“法律语句”的语句形式表达出来的，具有语言的依赖性。离开了语言，法律就无以表达、记载、解释和发展。地方性法规、规章的立法语言既要体现地方性和民族性，立法语言也要严谨周密和准确，其立法语言中的字、词、句、标点的使用要符合法律规范。所使用的词句必须通俗易懂，能够为一般大众所了解。所用词语能够准确地表达立法宗旨和立法目的，不能含混不清、模棱两可。例如，“数额巨大”“数额特大”“少量”“大量”“多数”等表示数量或数额的词语使用就需要准确无误。法律用语力求以最少的条文和字数来表达尽可能充分的内容，立法中语言文字的使用必须字斟句酌，一部法律文本的前后用语必须一致，不同意义的概念用不同的词语来表达，同一意义的概念只能用同一个词语进行表达。

3. 立法实施的有效性

主体的“适格”问题是判断地方立法质量优劣的重要衡量指标之一。立法后评估主体，是指在立法后评估的决定者、主持者，负责制定和落实评估方案、组织和开展各项评估工作。换一句话说就是由谁来对地方立法进行跟踪评估，不同的评估主体对于评估制度构建表现出不同的价值取向。综观我国地方立法实践，主要的地方立法评估主体可以分为立法机关、行政机关和独立的第三方作为地方立法后评估的主体。由立法机关作为地方立法后评估的主体，是一种自我评估和自我定位，“任何人均不得担任自己诉讼案件的法官”，与评估结果有直接利害关系的机关不应成为评估的主体，这是正当程序原则对于现代法治的基本要求，避免评估流于形式主义，遵循正当程序原则也有利于社会公众对评估结论的接受。由行政机关作为地方立法后的评估主体也有违正当程序原则，行政机关即是地方立法的起草者又是实施者，因此其作为地方立法的后评估主体也会影响评估结论的公正性。由独立的第三方作为地方立法后评估主体适应我国现阶段社会管理创新和行政法治理念的基本要求，由社会组织、企业、公民进行管理公共事务，通过独立的第三方评估充分发挥社会组织协同、公众参与的作用，这也是协商民主理论在地方立法后评估的具体体现。那么由适格的主体来进行立法评估是提高地方立法实施有效性的途径之一。

立法后评估针对地方立法实施的具体情况评估法规、规章的制度设计，总结地方立法的经验，为地方立法的“立改废”提供可靠的依据。法的实效性一般是指具有法律效力的制定法在实际社会生活中被执行、使用、遵守的状况，即法的实际有效性。立法的目的在于具体的实施，地方性法规、规章的实现状态和样式，是将立法的应然法律效力实然化的表现形态。立法实施的有效性具体还包含若干的子指标，地方性法规、规章的实施是否符合地方社会发展规律和经济发展规律？是否具有可操作性？是否解决了当地的社会问题？是否达到了地方立法的最初目标设定的宗旨？其中值得重点强调的就是地方特色问题。“地方性”是地方立法具有的首要的基本特征。地方立法的主要任务是解决地方问题，尤其是以立法方式解决中央立法层面不能解决或解决不了的问题，与本地方的社会、经济、文化发展状况乃至地方独特的地域风情等紧密相联。地方特色是地方立法的灵魂和生命，是衡量地方立法质量高低的关键因素之一。一部没有地方特色的地方性法规、规章，就失去了其制定的根本意义，是立法资源的一种浪费。尽管目前在地方立法过程中还存在着缺少特色性和针对性现象，下位法依附上位法及其相互抄袭等问题，因此，提高地方立法实施的有效性就需要突出地方立法的地方特色，充分反映、规范本地经济状况、地理资源、人文背景、民族风情等与本地实际情况密切相联的状况，注重从本地实际出发，解决群众关心的热点问题，有针对性地解决本地区的区域问题，充分发挥地方立法的规范性作用，把地方立法所产生的规范性法律文件作为执法、司法的参照依据，促进本地方社会、经济、文化的整体推进和全面发展。

（三）评估制度相关结论的应用

随着我国法律体系的基本形成，以此为转折点，我国今后地方立法的工作面临的将不是新法的制定，而将是大量的法律法规和规章的废、改工作。凡是涉及地方经济、社会和公共管理等的相关法律法规和规章在实施了几年以后，就应当综合运用各种定量、定性分析等方法手段对其进行跟踪评估。由于我国《立法法》对于地方立法质量跟踪评估没有作出制度性规范，地方立法质量跟踪评估制度在法律规则制定层面上来讲仍然是一个值得探索的问题，因此，结合我国各地方开展立法质量跟踪评估工作的实践情况，仅从应然价值理念和实然现实状态层面对地方立法质量跟踪评估制度进行宏观分析，以期能够对于评估制度的微观设计提供有益地理论支持。

1. 地方立法质量跟踪评估制度的应然选择

跟踪评估的应当价值理念亦即地方立法制定所追求的理想状态。地方性法规、规章是中国特色社会主义法律体系的重要组成部分，制定地方性法规、规章应当树立“良法”的价值理念，只有“良法”才能够实现“善治”，在形式上要求清晰、明确、规范，在内容上要求体现以人为本的精神，通过科学、合理的制度设计及其严格的程序规定，切实贯彻“以人为本”的法治理念。立法后评估不是目的而是手段，通过立法后评估将成果进行转化，促进和提高地方立法的总体质量。立法后评估是对地方性法规、规章实施后的社会效果进行评价，通过实践检验法规、规章是否符合经济社会发展的需要，适时梳理、评判法规规章，及时进行修改、废止，适度监督立法工作，总结立法经验、教训，促进科学立法，提高地方立法质量的有效措施。地方立法质量跟踪评估的具体实践工作，应在保证评估方法的回溯性、前瞻性和综合性要求的基础上，坚持评估主体、指标体系、程序的与时俱进，并在尊重科学规律的基础上不断深化研究，真正构建一套与地方立法质量跟踪评估相适应的持续性、完整性和开放性的评估方法体系，才能符合当前乃至未来地方立法质量跟踪评估工作的迫切需求。坚持主观性与客观性评估相统一的原则，公众对于法律规则制定的主观认知和地方立法的客观状态同时进行综合评估，设计科学合理的评估指标体系。坚持普遍性与特殊性相结合的原则，既要对共性制度规范作出评估，同时也要兼顾地方特殊的人文地理社会环境等因素进行特殊内容的评估。

2. 地方立法质量跟踪评估制度的实然选择

跟踪评估的实然选择亦即法律规范通过转化成为一种具体法律关系的实际状态。立法后评估作为一项尚待发展的制度，已经引起立法机关的认同和重视，但从实践情况分析，黑龙江省仅在2011年对《黑龙江省民办教育促进条例》开展了立法后评估工作，相比其他地区明显滞后。地方立法项目中政府提请审议的项目基本占比较高，2003—2013年期间，占同期通过法规的54%，报送立法项目的行政部门，大多以本部门工作的实际需要为出发点，难免带有主观性和片面性，报送立法项目本身就具有为本部门争取利益的潜在因素。另外，一些地方性法规和规章在制定、颁布和实施过程中也存在着矛盾和冲突的现象，因此，在实施了一段时间以后，经过实践的检验，新旧法规之间、不同部门制定的法规之间就会经常性地发生摩擦和碰撞，法律规范的内容缺乏科学性和可操作性，随之给执法、司法活动带来很多困扰，降低了立法实施的实际效果。为了解决这些问题，就应当通过地方立法后评估的有效渠道，对其进行可操作性、必要性、可行性、创新性和实效性等全方位的检测，及时发现和找到现行法规规章的弊端和漏洞及其产生的根本原因，并及时进行修订和完善，实现法律价值的最大化和最优化。

提高地方立法质量的途径很多，包括民主立法、开门立法、科学立法、依法立法等对提高立法质量起到了非常积极的作用，但这些主要体现在“立法前”和“立法中”的保障机制，然而评价一部法规规章的质量究竟如何，还是要看其文本价值的意义，其中起到决定作用的就是法律文本的实施效果，直接涉及调整执法、司法和守法等各个环节的程度和深度，这也就是“立法后”跟踪评估制度的价值所在。由于我国地方目前立法的开放程度相对较弱，社会参与也相对不足，还没有形成立法机关和社会互动的良好格局，从而造成了有些地方立法脱离社会实践，难以被遵守和执行，同时立法也不是一经颁布将“一劳永逸”的智力劳动成果，随着社会情势和社会环境的改变，客观上也需要对静态性的法律规范进行矫正和纠偏，及时发现地方立法过程中存在的问题，为立法机关修改法规规章提供切实的依据，积极推进法规规章的适时修改，及时启动法规规章的立、改、废程序，增强跟踪评估结果对于修改和完善地方立法的指引作用和积极意义。

三、提高地方立法质量保障的建议

法治不仅是改革的重要内容，也是改革的保障。为了提高地方立法质量，首先应明确立法质量不高的原因。有学者指出，目前导致立法质量不高的原因异常复杂，但总体上不外乎如下几点：一是行政主导的立法体制具有明显的局限性；二是悠久的人治传统导致了不重法律而偏重法规、规章及政策性文献；三是立法机关及其组成人员难以胜任主导立法事务的职责；四是固化的思维定势束缚了立法者的作为，目前地方立法数量有了长足发展，今后立法改革的主要目标是提高立法质量，力争达到法规之间统一协调、互相弥补而非各自为政、互相冲突。地方可以结合自身实际，针对地方经济社会发展亟待立法解决的重大问题，加强和改进立法工作，提高立法质量。

（一）转变立法观念

针对重复立法的现状，摈弃地方性法规追求形式完整、“大而全”的思路，从本地区的实际出发，对相应的法律条款进行细化和补充，做到有的放矢，突出地方立法的“小而精”和实用性，以更好地解决实际问题。地方性法规规范的事项可以单一，只要符合较强的针对性和可操作性，需要几条制定几条。地方立法并非不可借鉴其他地区的立法成果，但借鉴并非照搬照抄，一定要进行本土化，结合本地区的实际相应变通。

为防止越权立法，摒弃立法的工具理性和管理手段思维，正确认识公权力与私权利的关系，以经济立法转向经济社会立法并重，以管理为主转向管理服务并重，服务民生，保护民权，慎重设置行政许可、行政处罚、行政强制。坚守不抵触原则，同时要敢于探索、勇于创新。与时俱进，适时调整不适合经济社会发展的法规。

深入了解本地区经济社会发展，社会结构变动，利益格局重构等过程中出现的问题，把握时代发展的脉搏，才能制定出与之相应的地方性法规，解决现实中突出的矛盾与冲突。以人大立法主导地方立法，改变提起法规草案的主动权多数被政府掌控的现状，避免是立法沦为部门谋求利益的手段。

（二）推进立法民主

立法只有体现民意、顺应民情、保障民生，才具有合法性、合理性、正当性。公众参与地方立法的实质是保证公民对公共事务与社会管理的知情权、参与权、建议权、监督权的实现。公民意愿和利益诉求相对集中的问题是地方立法的重要参考因素。公众参与地方立法，可以实现以公民权利制约公权力扩张，克服地方立法中的部门利益法制化倾向，可以对立法活动实施进行有效监督，提高立法质量。扩大公民有序参与立法工作，不仅可以推进地方立法民主，更是保障宪法赋予公民的重要政治权利，也是提高公民法治理念的重要途径。

推进立法民主应当从立法的各个阶段进行调整，拓宽公民参与立法的渠道，因为立法活动本身应当越来越富有民主的意蕴，立法活动作为政治民主化进程的一项内容，应当不断地发展与完善。公开征集立法项目，涉及公众切身利益的立法项目可以通过广播、电视、报纸、网络等各种新闻媒体公开征集社会各界的建议，准确地把握民意、汇集民智、保障民权。建立多元化的法规起草模式，法规草案公开征求意见。实现自行起草、专门起草、委托起草、联合起草、招标起草等多种方式并行。有利于改变立法主体单一、部门利益倾向化、立法周期长等问题，使法规起草由单一走向多样，封闭走向开放，部门走向社会，这也是法制民主化的必然趋势。审议民主是立法民主的核心，只有让多元利益群体进行充分交流、辩论，才能实现博弈结果达成共识。可以举行立法听证会、召开立法座谈会、允许公民旁听立法会议，在决议程序中，有重大分歧的条款可以举行辩论环节和实行单独表决，让各方能够充分表达意见、论证自己的观点。为避免公民参与立法流于形式，要完善立法民主的制度保障，使其规范化、制度化，保证公民参与在权利、机会、结果的实质平等。

（三）开展立法后评估

立法后评估是指法律法规实施后，根据经济社会发展要求，结合立法目的，按照一定的原则、标准和程序，运用科学的评估方法，对法律法规的整体或部分条文的制度设计、实施绩效、存在问题及其影响因素进行跟踪调查和综合评价，并提出评估意见的活动。

立法后评估是对地方性法规实施后的社会效果进行评价，通过实践检验法规是否符合经济社会发展的需要，适时梳理、评判法规，及时进行修改、废止，适度监督立法工作，总结立法经验、教训，促进科学立法，提高地方立法质量的有效措施。地方立法质量跟踪评估的具体实践工作，应在保证评估方法的回溯性、前瞻性和综合性要求基础上，坚持评估主体、指标体系、程序的与时俱进，并在尊重科学规律的基础上不断深化研究，真正构建一套与地方立法质量跟踪评估相适应的持续性、完整性和开放性的评估方法体系，才能符合当前乃至未来地方立法质量跟踪评估工作的迫切需求。

（四）注重修立并重

为了贯彻不抵触、适应性原则，应当及时对地方性法规进行修订。同时要保证法规的稳定性。(1) 若上位法发生改变，地方性法规必须进行相应的调整，修改和废止与上位法抵触或不相适应的条款。(2) 根据相关执法部门对实施效果的反馈，对那些与客观实际相悖、可操作性较差的条款进行及时修订。(3) 密切关注本地区的经济社会发展动向，对一段实际内出现的相关的集中、紧迫问题及时纳入到地方性法规中。如在行政法领域，简政放权提质增效迫切需要加速法律法规的立改废。涉及行政审批权设定和运行的原有法律法规，一部分是合法合理的法律法规，对简政放权发挥着正当的法律依据作用；另一部分要么合法但不合理，要么既不合法又不合理，对简政放权形成了阻碍作用。

及时修改和完善地方性法规，是与时俱进的客观要求。黑龙江省 2010 年对地方性法规进行集中清理和修改，这种运动式的清理和修改主要是因为这几年中央立法发展较快，被动地解决与上位法的衔接，立法修改应当定期化、常态化。立法解释工作几乎未加开展，当前仅有 1 件立法解释。新问题、新情况层出不穷，对法规实施后需要进一步明确具体含义的及需要明确适用依据的一些事项，立法解释工作应当及时跟进。

（五）强化地方立法的成本分析思维

法律制度、法律行为或法律活动的成本思维和成本调研是我们必须要面对的课题，是构建法治国家的现实需求和逻辑前提。从立法、执法、司法和守法的各种角度看，成本分析都是问题切入的一个视角。党的十八大报告提出：“要推进科学立法、严格执法、公正司法、全民守法，坚持法律面前人人平等，保证有法必依、执法必严、违法必究。”其中，“科学立法、严格执法、公正司法、全民守法”被称为依法治国的“新十六字方针”。那么我国法治建设的“新十六字方针”的一个方面就是“科学立法”，地方所立之法规规章应当是良善之法和科学之法，这是地方立法质量的应然要求，也使立法的成本和要求更高了。地方立法机关要制定一部地方性法规规章，需要经过提议、论证、调研和准备以及反复修改等若干程序，必须依据各种形式的法规规章的制定程序和法律规则的论证过程才能够得以制定和执行。因此，地方立法的专业性、职业性以及专门人员的工作费用问题，以致地方立法的起草草案、反复修改和立法论证等都需要考虑费用问题，以及法规规章在地方实施了一段时间以后的立法后评估、具体的执法情况和司法的效果问题，监督执行法规规章情况和违反处置的成本问题，地方立法的进一步解释、修改和完善问题等，都需要人力、物力、财力作为基础和保障，地方立法的成本分析思维是必不可少的，同时，也是提高地方立法质量的重要保障措施。

立法成本效益的科学评估是立法机关决策的依据，影响其质量的因素有成本效益评估的程序设置、评估方法的选择、评估主体的素质以及评估所依赖的数据信息等。一些代表着成本思维或进行成本思维的法经济学在欧美发达国家已经为大多数政府机构和社会团体所广泛地接受，法治的成本效益分析在国家法制化进程过程中也愈加受到重视。例如，在新加坡对公共场所吸烟、上厕所不冲水、随地吐痰、乱扔垃圾等行为处罚的都是比较重的，执法也比较严格和公正，由于立法制度规定得比较完善，公民的行为相对也较为谨慎。美国同样也是成本思维法经济学发展程度较为靠前的代表性国家，美国总统里根于1981年任命波斯纳、博克、温特三位具有经济学倾向的法学家为美国联邦上诉法院法官，并通过12291号总统令，命令要求新制定的政府法规都必须符合成本—效益分析的标准。这样一种成本—效益分析思维的视角和方法，要求立法部门具体到每个违法行为的规定及其法律责任都需要有成本分析。如果立法上对某些违法行为设定的处罚过轻就等于变相的鼓励违法。美国对违反诚实信用原则的法律后果和社会后果都规定得十分严重，无论是从法律角度还是从利益角度分析和权衡使得行为人都不敢或不愿做出某种不诚实的行为，因为一旦不诚实的行为得以确认的话，这种劣迹将会被记录在个人信用档案之中，有过不良信用行为的人不但要依法接受法律的制裁，而且可能会得不到银行的信用贷款，信用卡的使用、就业选择等也都会受到影响。违法所带来的后果甚为严重，无论从功利还是成本角度分析，违法行为与守法行为的利害权衡也就自不用言说了。那么，立法行为的最终宗旨和目标也就很容易达到了。在我国的一些地方对于银行信用卡的管理和使用也遵循了民法上的诚实信用原则，这对于个人的信贷融资状况将起到一定的规范作用。

我们在以酒驾和从车里向外扔东西两种行为为例作进一步的说明和分析。喝酒后驾车虽然属于个人行为，而一旦发生事故的话则不仅是车毁人亡的问题，而且可能伤及众多无辜的公民和公共设施，大多数发达国家都严厉禁止酒驾并对酒驾行为规定了严格的处罚措施，我国也正式把“酒驾行为”写入刑法，行为人不仅要在经济上承担数额巨大的责任，其次还要依法承担刑事责任，法律的目的和取向已经十分清楚明了，就是力图以“严刑峻法”杜绝此类违法事件的发生，取得的法律效果和社会效果甚佳。从车里向外扔东西的行为，也许行为人认为其所扔的东西或许就是果壳和饮料瓶之类较小的东西，但对追随其后的行车人而言可能就是致命的影响，轻则导致车毁重则导致人员伤亡，而且也会影响城市环境卫生。根据各地方的实际情况对于此类行为应当列入刑事法律调整的范围并加以严厉的制裁，引起公民的重视和警醒。因此，法律的设定和执行与当事人的成本利害分析的结果和取向能够达成一致的话，在某种程度上也是对立法效果的认可和证明。国家层面法律规则的制定和制度的设计与运行需要基本的成本思维和效益分析的方法以及实证调研，地方层面的法律规则的制定和执行同样要运用成本分析思维解决问题，这对于地方立法质量保障机制的构建将起到积极的推动作用。

（六）关于法律文件内容的责任设定问题

在法律文件内容的责任规定和设定问题上，目前存在的问题主要包括责任条款缺失、设置不科学、设置不够均衡、设置不够准确规范、设置不够协调、设置过于原则笼统，地方立法中当前最为突出的就是行政处罚的规定和设定问题。总的要求是，地方立法在规定和设定行政处罚时，一定要遵守行政处罚法的特别规定。但是由于许多地方对行政处罚法条款规定的认识相差很大，给地方立法工作带来一定困难，也引起了一定混乱。建议全国人大法工委从实际出发，对相关的问题做出进一步的阐述，以便统一认识，一体遵照执行。按照行政处罚法的规定，在法律、行政法规对违法行为已经作出行政处罚规定的情况下，地方性法规需要作出具体规定的，必须在法律、行政法规规定的给予行政处罚的行为、种类和幅度的范围内规定。包括两种情况：一种情况是，已经有法律、行政法规，地方性法规可以结合本地具体情况，根据法律、行政法规关于行政处罚的规定予以具体化，但是不得超越法律、行政法规规定的那些违法行为应当给予行政处罚的种类和幅度。对此，现在大家的认识是比较统一的。第二种情况是，已经有法律、行政法规，但法律、行政法规对某种行为没有规范没有设定行政处罚，或者没有对某一种违法行为设定行政处罚的，地方性法规能否再设定相关的行为规范和相应的行政处罚。我们认为，地方性法规只能在一定范围内，对带有地方特点的行政管理中的违法行为设定行政处罚，作为对行政处罚制度的补充。因此应该严格控制设定行政处罚的行为。有的地方立法片面强调处罚，以“罚”代“管”，想方设法搞突破，或者搞技术处理来规避法律。这样做，到头来使得所立之法质量不高，在实施中显出其恶果。这是必须要防止和切实纠正的。但是，也必须看到，由于各地方政治、经济、文化发展不平衡所带来的实际情况的差异，国家法律、行政法规的某些规定不可能完全涵盖全国各地的每一个具体的实际问题。又由于改革的渐进性、复杂性，法律、行政法规对某些问题的规定可能带有某种滞后性或某些遗漏，从而失去了对某些改革、发展中的问题所应有的引导、规范保障作用。当地方遇到这种情况时，一是可以提出建议，由有权的机关及时修改、补充相关法律、行政法规，二是在国家尚未作出新规定时，地方可以与全国人大有关委员会磋商后，对确有必要设定某一行为为违法行为时，设定必要的、相应的行政处罚。这种认识和做法，实为当前的客观情况所必需，是从实际出发的具体表现。这与行政处罚法的精神并不相悖。

（七）地方法律文件内容的语言技术问题

成文法最显著的外部特征之一，在于它由文字以及由文字构成的语言排列、组合而成，因而语言文字成为一切成文法的最基本的要件。立法语言是国家制度和社会基本规则的载体，其不仅是立法工作中的重要因素，而且是法律语言的重中之重。地方立法语言是地方立法主体，按照一定的规则表达地方立法意图，在创制地方性法规、自治条例、单行条例和政府规章等地方规范性法律文件过程中所使用的一种专门的语言文字。因此，如何运用立法语言，把法规条文表达得妥帖、准确，是立法工作中必须充分注意的一个重要的问题。地方立法语言本质和特点的突出表现应符合以下特殊要求：

首先，准确具体是地方立法语言最基本的标准和要求，是地方立法语言的生命和灵魂。准确具体就是对词语进行选择，找出最恰当的，清楚、明白无误地规定人们的行为模式和法的后果，表述法的内容。地方立法者要通过语言文字的准确运用来表述出执政阶级的立法思想和具体的法律内容，以便特定行政区内的全体公民清楚地了解他们拥有哪些权利和义务，从而明白哪些行为是被允许的，哪些行为是被禁止的，哪些行为是要受到奖励或制裁的，以及一旦实施了违法行为会产生什么后果及其应负什么法律责任。如果在立法语言中错一个字，就会带来不堪设想的后果，就会损害千万甚至亿万人民的切身利益。因此，地方立法语言的运用必须慎之又慎。

其次，立法语言的简洁凝练是现代立法的重要特征，也是大陆法系国家立法的优良传统，更是地方立法语言的重要要求之一。地方立法语言的简洁凝练，是指通过使用较大信息量的语言，用尽可能少的语言材料表达尽可能多的内容。法律条文要求用最简练的语言去表达，以防止条文的冗长、繁琐、累赘和不必要的重复。简练的条文容易为人们所理解，又有助于准确无误地表达立法者的意图，使法律结构更加严谨。简明是为了易懂。法规规章不是给法学家或其他专家制定的，而是为广大人民群众制定的。因此，法规应该写得通俗一些，尽量避免使用人们不容易理解的语言，即使是法规中的专门术语，也应该用人民群众易懂的明确语言来写。

再次，所谓规范是指地方立法语言一般要符合常规，在必要的情况下可以超出常规来使用地方立法语言表达法规规章的内容，但要严格控制。严谨则是地方立法语言的使用必须严密周详，无懈可击。地方立法语言的规范性和严谨性是有内在联系的，但也是有区别的。地方立法语言的规范性着重在立法语言的表述上，是对地方立法语言自身的规律性、科学性而言的：地方立法语言的严谨性着重立法工作者在使用立法语言时，应严谨、周密，不能粗心大意，以免造成不良后果而言的。

最后，庄重是地方立法语言重要要求之一。地方立法语言的庄重性是指地方立法语言选择的协调一致并具稳定性的特点，它是立法成果严肃性的客观要求，也是宏观上立法的统一性、和谐性在地方立法语言上的具体表现。地方立法语言作为法规规章的语言表达形式，不仅是经过斟酌权衡的准确的语言，也应该是经过筛选净化的最庄重肃穆的能显示法的权威性的语言，必须具有浓重的庄严性。惟其如此，才能和法的权威性与强制力保持一致，淋漓尽致地传达国家的意志；惟其如此，地方立法语言才能在加强群众法制观念、提高群众道德修养，加强地方社会主义精神文明建设，促进地方经济、法治建设等方面发挥更大的作用。事实上，立法语言为求准确，自古以来不求华丽，显现出朴实无华的特征，以显示立法语言的务实性。朴实性也是地方立法语言的要求之一。所谓朴实是指用词质朴、平白如话，无论作何种作用的陈述，都不加粉饰；选用词语的信息性一面进行可观理性的平实表达，而限制甚至排斥词语修饰性一面的运用。用法律规范调整人与人之间的关系是人类理智的选择。因此，法规规章是人们理智的表达，而不是人们感情或想象的描述，并且法规规章是对无数个别行为抽象出来的一般行为的调整，不是对个别人的行为的调整，所以它不需要动情兴感，不必像文艺语言那样丰富绚烂，而以平实素淡为贵。

此外，还应注意语言的逻辑性，概念的统一性，立法语言与公文语言、政策性语言、文学语言、政论语言等的区别以及专门术语的功能的运用等问题。立法语言既要遵循语言文字的一般规律，又有其特殊的规律性，立法工作者一定要加强自身修养，做到深刻地了解并熟练运用立法语言。

资 料

《广东省政府规章立法后评估规定》第7条规定：“立法后评估应当遵循合法、公正、公开、公众参与的原则，建立科学、规范的评估标准。”（2008年）

立法后评估的基本原则，是立法评估工作的指导思想和基本准则，对于评估工作的顺利开展具有重要的意义。

一般说来，地方立法后评估应坚持如下几个基本原则：

其一，合法性原则。评估地方立法，既要看该法是否与《宪法》《立法法》相抵触，也要看其与其他相关上位法和同级的法规、规章是否相协调。只有坚持合法性原则，才能对被评估的法规、规章有一个正确的认识。

其二，客观、真实原则。评估机关应当深入调查了解执法机关、社会团体、企事业单位、公民的意见，全面收集、分析与评估相关的信息资料，根据信息资料分析，实事求是地得出评估结论、提出评估建议。评估机关不得预设评估结论，不得按照评估机关和个人偏好取舍信息资料。

其三，公开、透明原则。除涉及国家秘密、商业秘密或者个人隐私的事项外，评估机关应当通过媒体、新闻发布会等多种的方式向社会公开评估内容、过程和结果。

其四，民主参与原则。评估机关应当保证公众和专家学者的广泛参与，对于公民、法人和其他组织通过各种方式提供的评估信息资料和意见、建议，评估机关应当进行研究处理并予以反馈。

其五，科学、系统原则。评估机关开展立法后评估，应当运用科学的方法和技术设计调查问卷，系统收集、分析评估信息资料，在评估过程中充分听取专家的意见。

操作题

1. 以某省地方性法规为例，通过法规文本质量评估、法规实施情况调查、问卷调查、司法适用调查等，提出地方立法的成绩和存在问题。

2. 选择一部地方性法规，可以以评价和打分的形式，尝试对其中的一些不可或缺的基本要素构成进行文本质量的分析。

本章小结

不断提高地方立法质量是推进依法治国、建设社会主义法治国家的客观要求。地方立法质量跟踪评估是一种立法后评估，在地方性法规或地方政府规章实施一段时间后，对其实施效果、总体质量等方面进行综合分析评估。地方性法规和地方政府规章由于其必须面对的地方性背景和人文地理社会环境等因素的影响，其实施本身就是一个复杂的系统工程，而我国目前各地方还没有形成比较认可的统一质量评估标准，所以我们可从价值的合理性、文本质量的科学性、立法实施的有效性三个方面对跟踪评估标准进行诠释与构建。地方立法质量跟踪评估作为我国立法体系的重要组成环节，能够有利于改进和完善地方立法工作，提高地方立法的科学性和针对性。

复习思考题

1. 比较中央立法与地方立法。
2. 简述地方立法质量跟踪评估的含义与特征。
3. 地方立法质量跟踪评估的标准有哪些？
4. 试述我国地方立法发展过程中存在的主要问题及其原因。
5. 试述提高地方立法质量保障机制的路径选择。

第十二章

立法后评估的可靠性与有效性

学习目标

掌握立法后评估的含义和意义；了解立法后评估的组织与实施；掌握立法后评估的信度和效度的含义；反思立法后评估信息的可靠性与回应的有效性。

材料引入

近年来，我国一些地方立法部门对自己本部门制定的一项或几项立法开展了“立法回头看”工作。学者们也对立法后评估展开理论研究，并产出了一系列研究成果。2012年9月，山东大学的汪全胜教授等在人民出版社出版了《立法后评估研究》，这被视为我国第一部系统研究立法后评估法律制度的学术专著。该书对立法后评估的基础理论、主体建构、对象选择，评估程序和内容，以及评估指标体系和评估回应等做了非常系统的阐述。该书的特色在于既注重对立法后评估的理论阐述，又尽量使相关理论具有可操作性，也即增强立法后评估制度的实践能力和效果。后者对于立法后评估而言至关重要。原因在于，作为一项操作性或实践性很强的制度，立法后评估最终所指向的是如何全面准确地把握现行法律的实施情况，尤其是针对所发现的问题提出有效的改进建议。

思考：如何保证立法后评估的可靠性和有效性呢？

法律的运行始自立法。立法质量的高低关系到其效力的实现程度。立法后评估制度是衡量或检验一部立法质量高低的基本制度。立法质量好不好，归根到底还要看其适用情况，看其是否经受得住实践的考验，达到预期的目的。这些就是立法后的验证，换言之，立法后的评估更能检验立法的质量。立法后评估，也称法律绩效评估，它与法的创制、修改、解释、补充和废止等一道，都属于广义的立法范畴。作为一项操作性或实践性很强的制度，立法后评估最终所指向的是如何全面准确地把握现行法律的实施情况，尤其是针对所发现的问题提出有效的改进建议。也正因为如此，立法后评估制度的实施必须正面解答这样两个问题：一是立法后评估的可靠性问题，二是立法后评估的有效性问题。

一、立法后评估：一种“看上去很美”的制度

改革开放后的很长一段时期内，为尽快填补各领域的法律空白，立法机关的工作主要

围绕着法律的创制而展开，立法后评估制度自然难以引起立法者的重视。自从2010年我国宣布社会主义法律体系已经建成之后，许多学者再次呼吁我国的法治建设应该由“立法中心主义”转向“司法中心主义”。是否应该实现这种转变不是一个理论问题，而是一个实践问题。社会主义法律体系的建成并不意味着立法体系的完善，当前及今后仍有许多新的法律需要创制，而正在施行的许多法律也需要修改、解释、补充和废止等。无论司法中心转向说是否合理与必要，今后的立法工作仍很重要并将进入一种精致的模式，即努力改进立法质量及完善现有立法体系。在这种情势下，立法后评估制度的功能和意义便凸现出来。

对于立法后评估或法律绩效评估的意义和功能，汪全胜教授认为，法律绩效评估是决定法律保留、修改或废止的重要依据，是检验立法主体决策质量与水平的基本途径，可以改善政府与公众的关系以提升政府形象，可以有效提高公众的法律意识与水平，可以为提升立法部门的组织绩效考核提供依据，以及有助于国内法与国际法的接轨。立法后评估具有立法完善、资源配置、责任约束、公众参与、法律宣传和执法监督等项功能。开展立法后评估具有必要性。一方面，尽管立法后评估的这些制度意义和功能并未在我们的立法实践中完全显现，另一方面，这些制度意义和功能的理论存在及其实践中的部分展现足以使人们对该制度充满着美好的期待。这既是立法后评估制度的实践境遇，也是立法后评估制度“看上去很美”的原因之一。

立法后评估制度“看上去很美”还表现为其对一些前沿性理论和制度的容纳上。立法后评估首先要解决的“谁来评估”即立法后评估的主体如何确定这样一个基本问题。汪全胜教授认为，对我国立法后评估实践中单一内部评估主体的现实必要性及存在的困境进行分析后，着重探讨了多元化立法后评估主体的建构，尤其是如何拓展“利益相关者”的评估、培植“独立第三方”评估主体以及增进立法后评估的“公众参与”这三个前沿性问题。立法是一个利益博弈的过程，立法后评估又被称为二次立法，这意味着立法后评估的过程同样是一个利益博弈的过程，应充分吸收所要评估的规范性法律文件所涉及的相关利益主体参与其中，包括为社会公众广泛参与评估活动创造条件。这两者都反映了近年来在政治学、管理学和法学等领域所共同兴起的理念——参与、协商与合作。该理念要求无论在政治活动、公共管理还是法律实践中，都要更加注重政府与社会的互动与合作，扩大社会公众的直接参与，以及增强政府对社会的回应性等。培植“独立第三方”的立法后评估主体的建议的提出，同样受到上述理念的影响，或者是上述理念的反映。独立第三方立法后评估制度存在的社会基础主要包括两个方面：一是作为非营利组织的独立第三方立法后评估主体存在的社会基础。另外，独立第三方立法后评估主体存在的社会基础还包括广泛的社会公众的参与。我们知道，参与、协商、合作与回应等理念是近年来流行于社会科学领域的一种非常重要的理念，相关理论也在以不同的表述被论证和推广着，并受到越来越多的认可甚或追捧。尽管理念本身的美好并不意味其适用于每个地区的每一项制度，但是将这些流行的美好理念引入到具体的制度研究中，自然会增加这项制度的诱惑力。

称立法后评估制度是一项“看上去很美”的制度，并非要否定该制度的重要价值和功能，而主要是在对比了其理论描绘和实践情况之差距后，对该项制度的现状所给出的一种定位或评价。当然，立法后评估要想真正发挥其制度功能，从“看上去很美”走向“实际很有效”，必须从理论和实践两个层面来回应和解决两个基本问题：一是立法后评估的可靠性问题，尤其是如何确保立法后评估过程所收集到的数据和信息是可靠的；二是立法后评估的有效性问题，特别是如何保证建立在评估结论基础上的评估回应的有效性。

二、立法后评估的信息可靠性与回应有效性

立法后评估的基础理论借鉴于政策评估、政府绩效评估或人员素质测评等领域，或者与这些领域的评估分享着类似的理论和概念。信度和效度作为评估理论中非常重要的两个术语，在多数情况下都是作为衡量评估指标体系科学合理与否的重要工具。由于这两个概念在评估领域中有着特定的含义，为了避免概念的混乱，我们并不直接使用信度和效度这两个术语，而使用可靠性与有效性两个概念进行讨论。其中，可靠性主要指向评估的数据和信息，有效性主要指向评估的回应。

（一）据以评估的信息如何可靠

在拟定评估方案后，相关信息的收集与处理是实施立法后评估活动的首要环节或基础环节。原因在于，立法后评估与立法创制一样，都是建立在一系列信息和数据基础之上的，立法具有高度的信息依赖性。从类型来说，立法者的立法活动主要依赖规则信息和事实信息这样两类信息。其中，事实信息指的是规则所生存的社会环境的信息，包括自然条件、经济、政治、文化等方面的信息。他尤其强调事实信息的重要性及收集和处理的难度，即由于事实信息具有地方性、多样性、分散性等特征，信息的搜寻、分析和处理可能比规则信息更为复杂和困难。一个国家的地域范围越广，地方性差异越大，事实信息的搜寻、分析和处理的难度就越大，成本就越高。立法后评估在信息收集和处理方面同样面临着这样的问题。不仅如此，评估主体通过各种方式收集到的有关所要评估法律实施情况的数据和信息，可视为立法后评估的基础性材料。这些材料的真实程度和详尽程度，将直接决定评估结论的科学与否以及评估回应的有效与否。信息是评估的前提和基础，信息既可以作为评估主体最初的判断依据，也可以作为最后的评估尺度。甚至可以说，立法后评估的过程实质上就是收集信息、处理信息的过程。没有真实、详尽的信息资料，立法后评估的客观性、科学性将无从谈起。立法后评估信息的真实与详尽问题实际上涉及评估的信度问题。

在政府公共事业管理绩效评估中，信度是指指标数值在观测中测量结果的可靠性程度。而在人员素质测评中，信度又称为可靠性，主要测量测评的一致性与稳定程度。若对同一对象进行多次的测评，结果大体一致，则说明测评结果稳定可靠，信度高。据此，立法后评估的信度指的也应该是针对所要评估法律进行评估或测评的可靠性。这种可靠性既指一次评估过程中所收集的数据和信息的真实性和准确性，也指多次评估时相同或类似指标所获取数据的一致性与稳定性。立法后评估的可靠性主要是指据以开展立法后评估的基础性材料的真实性和全面性。

真实性要求立法后评估应该建立在真实存在的、准确无误的数据和信息基础上，所收集的信息应该对评估工作具有科学的导向作用，并将那些可能对评估产生负面或误导影响

的非科学的或虚假的信息删除掉，更不能人为地编造某些数据或信息。全面性则要求立法后评估过程中信息收集应该尽可能地涵盖各个领域和层面，所收集到的数据和信息应该能够深层次地反映立法、执法和司法中存在的问题。影响评估信息可靠性因素有很多，直接的因素至少有评估主体的立场与目的、用于信息收集的资源投入以及信息收集的技术与方法等。我们对立法后评估过程中信息或数据能否可靠的担忧首先来自这些影响因素。

一般而言，评估信息表现为一些数据或事实，其本身并不含有特定的价值倾向，凡是与所要评估法律实施相关的信息都应该尽量加以收集。但是不同评估主体或评估参与者可能会基于不同的立场、目的或需要，对有关信息进行有选择性的收集，剔除那些“不相符”或“不需要”的信息，而保留那些“相符合”或“需要”的信息。至于促使评估主体做出如此选择性收集的原因，可能是为了掩盖或模糊立法的缺陷，或者迎合上级机关或领导的需要，或者造成一种立法质量良好的形象等。这些现象更多地存在于立法者自行评估或称内部评估的场合中。该书提出的“利益相关者”的参与和“独立第三方评估主体”的引入，其主要目的也是为了避免或抑制内部评估在信息收集方面的可能弊端，以增强信息的真实性和全面性。信息的收集需要投入足够的人力、物力、精力和财力等各种资源，否则将难以保证信息收集的广度与深度。尽管立法后评估工作已经逐渐引起了从中央到地方许多立法机关及相关研究者的重视，但是对于立法机关及相关部门能否投入足够的资源开展立法后评估工作，则是令人疑虑的。既然立法机关及相关部门在法律创制方面的资源投入都较为有限，又怎么期待他们投入大量的资源进行“二次立法”呢？更何况立法后评估当前在立法机关那里仍主要是一项“自愿”活动，而非常规的或法定的立法工作内容。

即使立法后评估主体能够独立客观地收集相关信息，也有着充分的资金保障，信息收集和处理的方法与技术同样会制约或影响到信息的可靠性。丁贤、张明君指出，评估方法选用不当会直接导致评估信息失真，从而影响评估质量。① 评估方法和技术对于立法后评估而言的确非常重要，信息的收集和整理更加需要科学有效的方法和技术。

（二）立法后评估的回应何以有效

评估回应是完整的立法后评估程序的最后一个环节。问题在于，立法后评估的回应何以有效？通过某种方式或机制来对立法后评估的结果做出回应是必要的，也是立法后评估活动的目的或落脚所在，但是评估回应不等于评估的有效回应，立法后评估的根本追求应该是对所评估结论及建议做出有效的回应。

立法后评估回应的有效性又与这样两个问题直接相关：一是立法后评估结论本身是否有效；二是如何验证立法后评估回应的有效性。立法后评估结果能够得到政府部门的积极回应，首先在于立法评估结果即绩效信息方面应具备可靠性与有效性，即立法后评估所追求的绩效信息或绩效结论的“信度”和“效度”。尽管立法后评估结论是否有效会对评估回应的有效性产生影响，但立法者是否对评估结论积极回应与评估结论是否具有可靠性与有效性并不存在必然联系。

---

① 丁贤、张明君：《立法后评估理论与实践初探》，载《政治与法律》2008年第1期，第132页。

立法后评估结论的有效性问题不仅仅是一个理论问题，评估实践中出现的一些不良现象也表明我们对评估结论有效性的疑虑并非杞人之忧。这些不良现象包括评估出现的形式化和运动化倾向以及规避本地方本部门的政治风险等。凡此种种不良现象，不仅会损害立法后评估的良好声誉，降低评估的权威性和可信度，而且还会使立法后评估流于形式，无法形成有效的、长期的、规范的制度，这是我们在构建和完善立法后评估体系过程中应着力解决的现实问题。这一忧虑不无道理。立法后评估是一项非常严谨和精致的工作。若评估活动流于形式便失去了评估的实质意义，不仅所收集到的信息和数据会严重失真而使评估的可靠性丧失，所做出的评估回应也不过是应付而已，并不能真正起到改进立法质量或协调法律体系的基本功能。

如果立法后评估的结论是有效的，是否就意味着立法者会积极做出有效的回应呢？答案是不确定的。此处所谓有效的回应是指所评估法律的创制机关根据评估结论及提出的建议，对所评估法律进行修改、补充、解释、废止或清理等，真正改进了所评估法律的质量或增强了法律体系的协调性，或者虽不对所评估法律施以任何积极改动，但针对评估结论及所提出建议给出明确意见并阐述其理由。简言之，有效的回应不仅要求回应措施的采取，更强调所采取的回应措施应真正发挥了积极作用或取得了实质效果。

完整的立法后评估活动应该始自评估方案的拟定和信息的收集与处理，终至评估回应措施的采取与实施。然而，立法后评估的实施是为了实现评估的预期目的——改进立法质量或增进法律体系协调，这一目的已经预设在立法后评估活动方案的拟定之前，也是开展评估活动的意义基础。因此，评估回应仅仅是评估活动的结束而不是整个立法后评估的结束，唯有评估回应发挥了应有的效果也即在很大程度实现了立法后评估的预期目的，才可以称得上立法后评估的真正结束。

三、立法后评估可靠性和有效性的增进

立法后评估是一项系统性的制度，它有着自身运转的理论基础、制度环境和技术支持。进一步讲，立法后评估制度功能之“用”的发挥，离不开该制度存在和运转基础之“体”。如果我们在建构和实施立法后评估制度时，只将注意力放在该制度的“用”之上，而忽视其存在和运转之“体”，那很可能会使立法后评估制度仍停留在“看上去很美”的层面上。要使立法后评估制度真正做到“实际上很有效”，我们需要做的工作还有很多。从理论上讲，有两个基本问题是绕不过去的，那就是立法后评估的可靠性和有效性问题。

就我国的立法后评估实践来看，立法后评估的可靠性和有效性都难以得到切实的保证。造成这种状况的原因较为复杂，而立法后评估制度与我国现行的立法体制不完全兼容则是其中尤其需要注意的原因。我国现行立法体制总体上仍是一个中央集权的体制架构，中央和地方立法存在“职能同构”与“平面切割”的现象，缺少明确的界限或分工，而且立法工具主义色彩较浓，精致化程度较低。尽管这种立法体制有着复杂的政治、经济、历史和文化心理等原因，但是区分和精致理念的缺乏与立法后评估所内含的“计算理性”之要求恰恰不相匹配。当然，能否从根本上改变这种状况不单纯是一个理论问题，我们也难以立即给出确定的答案。但是，随着市场经济的发展以及社会利益的不断分化，无论在观念还是制度层面都会发生相应的改变，区分与精致化的理念将慢慢由实践层

面反映到制度层面然后内化至意识层面，从而逐渐为立法后评估制度的扎根及有效运转提供所需之“体”。这也是增进立法后评估可靠性与必要性的根本所在。当然，这并不意味着我们只能消极等待“体”之形成，既然立法后评估的理论与实践已经引入我国的立法之中，我们可以通过某些措施的采取或制度的构建，来增进立法后评估的可靠性与有效性。

一是立法后评估主体模式的重构问题。一般认为，立法后评估主体包括决策主体、实施主体和参与主体三种类型。我国立法后评估实践中在主体方面存在的最大问题是，不同类型的主体之间缺乏有效的分工、合作与制衡。在三类评估主体中，实施主体和参与主体是评估活动的基本参加者。当前立法后评估的组织实施主体一般为法律法规制定的主体或者其组成机构，属于典型的内部评估。我国现行的立法体制及政府——社会结构决定了评估主体的官方性，这一模式虽然在信息收集方面具有一定的比较优势，但也可能会因缺少足够的监督制约而出现有选择的信息收集的不良现象，今后的发展趋势应该是多元参与的主体模式。具体而言，健全的立法后评估主体制度应该是一种综合模式，它至少应包括三个要点：（1）法律创制主体组织或主导的立法后评估，应有利益相关者和社会公众两类主体的充分参与，三类主体相互合作与制约；（2）独立第三方主体主导的立法后评估，应充分保障其独立性和开放性；（3）对同一个评估对象应允许多种类型的评估主体同时或先后进行评估，并且各自的评估结论相互之间应该有所比较。

这种综合的评估主体模式的建构至少又牵涉这样三个问题：其一，公众参与评估机制的完善，尤其是法律创制主体应该设计切实有效的公众参与方式和途径，并使参与公众的意见和建议得到实质的体现，避免参与的形式化；其二，独立的社会团体的培育，这要求改革现行的社团管理制度，促使各类非政府组织或非营利性组织相对独立的发展；其三，建设一个开放的现代社会。法国学者克罗齐埃认为：“一个现代社会的基本特点是人与人之间的特质和精神交流的增长。”“在一个非常有限、从而带有收敛性和危险性的社会中，个人总是力图在自我防护和独立于别人之外去寻求自由。在一个交往甚多而且自由的社会中，这些交往的危害性就大大减少了。”① 这三个问题实际上是相互关联的，内在地都指向国家——社会结构的再调整，并与我国正在经历的社会转型方向相契合。即使在微观的层面上，如公众参与机制的实效化与社团管理制度的改变等，都是可以渐进实现的。

二是立法后评估的方法和技术的改进。立法后评估是以一系列方法和技术为支撑的，尤其是在信息的收集和处理过程中，方法和技术尤为重要。就评估信息收集环节而言，评估方法不仅仅包括是采用观察法、问卷法、访谈法还是抽样法来进行信息收集，还包括每种方法的具体操作或实施方法（如问卷如何设计），以及如何矫正每种方法缺陷的方法等。评估方法的实施又与相应的指标体系密切结合在一起。评估指标体系的设计也是非常重要的方法论问题。立法后评估过程中首先要设计一套评估指标体系，接下来根据各个指标去收集具体的信息，然后对这些信息进行数据化处理。评估信息的处理同样离不开各种

① ［法］克罗齐埃：《被封锁的社会》，狄玉明、刘培龙译，商务印书馆 1989 年版，第 180～182 页。

具体的方法。这些方法包括评估数据的统计方法、各指标的转化方法（如转化分数的确定）以及不同指标权重的确定或赋值方法等。此外，评估技术的影响同样不可忽视，如信息采集和处理技术。

美国学者艾尔·巴比指出，许多社会科学变量都有相当明确、直截了当的测量方式。无论怎样区分，“性别”通常只会被分为男性或女性：一种单一观察方法（通过肉眼观察或是访问）就能测量的定类变量。……然而，有些你想要测量的变量却没有单一的测量指标。正如前面所讲的，许多概念有不同的解释方式，每一种解释方式都有多种可用指标。在这种情况下，就要对变量做多重观察。然后，将得到的多份资料结合在一起，建立一个“混合”测量。① 这段论述非常清晰地向我们阐述了社会科学变量测量方法的系统性及其复杂性，它同样适用于立法后评估中信息的获取与处理。可以说，立法后评估方法应该是一套多层次且相互关联的方法体系，任何一种方法只能在方法体系网络中加以使用，才能发挥有效作用。今后立法评估理论研究者及实践者应该注重借鉴国内外有关政策评估、政府绩效评估以及人员素质测评等领域的评估方法与技术，构建更加适合于立法后评估的方法与技术体系。

三是立法后评估回应之回应。仅针对评估结论及建议作出修改、补充、解释或废止等回应，尚无法保证立法后评估预期目的的真正实现，应注重增强评估回应的效果。当前的社会处于变动不居的发展过程中，尤其是现代科技给人类社会带来的影响，使得社会发展的进程大大加快的同时也使得各类社会关系变得更为复杂。这种状况反映到立法上便是加剧了立法与社会发展需要的摩擦，立法机关需要不断地对现有立法作出及时修改方能较好地适应社会发展的步伐。立法后评估之所以被称为二次立法，是因为评估过后立法者绝大多数情况下会对所评估法律采取积极的改进措施，但二次立法绝不等于终极立法，也不意味着就必然会解决立法与现实发展不符或者与现有法律体系不协调等问题。

为此，可以建立某些制度或采取某些措施来增进评估回应的有效性。（1）可先后开展由不同类型的评估主体主导的评估，并由其各自提出具体的回应建议，然后对评估结论和回应建议进行比较，寻求并实施为各方共同接受的回应机制。（2）鼓励各种非正式的评估也有助于为正式评估的回应提供参考，从而增进回应的有效性。例如，美国行政立法后评估就较注重非正式评估，即如果行政机关内部工作人员如果在日常工作中发现了问题，或者一些组织机构、利益集团及公众提出投诉而暴露了某些立法问题，这些主体都可以启动立法后评估。在规章执行过程中发现问题是启动评估的关键，因为针对特定问题的评估比通过立法或行政命令要求的普遍的、广泛的评估要更有效率，更有利于解决问题。显然，这种因实践问题而直接引发的评估，有关评估回应的建议会具有更强的针对性，正式的立法评估主体在作出评估回应时应该予以重视。（3）可要求立法者对评估回应做出公开的书面说明（除非有法定的不予公开的理由），结合评估过程及结论来阐述之所以如此回应的具体缘由及预期的成效，供社会公众的监督和检验。也可在评估回应做出一段时期后（如1年），对回应的成效通过抽样等方式进行检测等。

① ［美］艾尔·巴比：《社会研究方法（第十一版）》，邱泽奇译，华夏出版社2009年版，第141页。

操作题

阅读几篇立法后评估报告，总结立法后评估报告写作的要点和格式。

本章小结

立法后评估是衡量或检验一部立法质量高低的基本制度。因立法后评估具有重要的制度功能和意义，其可操作性的理论设计较为详备，以及对一些前沿性理论和制度的容纳，使得该制度“看上去很美”。然而，可靠性与有效性是立法后评估走向“实际很有效”必须面对的两个问题。立法后评估实践中出现的一些不良现象也表明我们对可靠性与有效性的担忧是有道理的。对此，可通过重构评估主体模式以及改进评估方法和技术等方式，来增进立法后评估的可靠性与有效性。

复习思考题

1. 简述立法后评估的含义。
2. 如何认识立法后评估制度的意义或功能？
3. 如何提高立法后评估的信度或可靠性？
4. 如何提高立法后评估的效度或有效性？

第十三章

区域协调发展立法体系与立法合作

学习目标

掌握立法体系的含义；了解区域协调发展立法体系的构成与特点；比较中央立法和地方立法在区域协调发展中的作用；通过区域地方立法协作反思我国立法体制。

材料

据《河北日报》2017年9月16日报道，9月15日，京津冀协同立法工作座谈会在天津举行。全国人大常委会法工委副主任张勇出席会议，京津冀三省市人大常委会负责同志及法制机构50余名同志参会。会议讨论了《京津冀协同发展立法引领与保障研究报告》，通过了《京津冀人大法制工作机构联系办法》。省人大常委会党组书记、常务副主任范照兵，副主任马兰翠出席会议。会上，范照兵围绕贯彻京津冀协同发展战略，全力做好协同立法工作讲了意见。

范照兵指出，开展协同立法对于推进京津冀协同发展具有重要的保障和促进作用，要进一步增强"四个意识"，站在全局和战略高度，不断强化京津冀协同发展的政治担当，推动三地协同立法工作持续稳定深入开展。他强调，要逐步实现京津冀三地立法工作深度协同，推动协同立法工作由松散型协同向紧密型协同转变，由机制建设协同向具体项目协同转变，由单一的立法项目协同向全方位协同转变，通过顶层设计、制度安排和体制机制创新来引领和推动京津冀协同发展。要围绕贯彻《京津冀协同发展规划纲要》，瞄准交通、生态环保和产业升级转移这三个重点领域，以法治思维和法治方式，努力推进京津冀协同立法的理论和实践创新。①

思考：京津冀地方立法协同对于我国立法体制将产生怎样的影响？

近年来，区域协调发展既是我国经济社会发展的一项重要内容，也是区域经济社会一体化的必然要求。在我国区域合作与发展实践中，已经形成了长三角、珠三角和京津冀等省际区域，以及中原城市群、长株潭城市群和山东半岛蓝色经济区城市群等城市群区域。区域协调发展既包括特定区域内不同地区间的协调，也包括不同区域之间的协调，但无论

① 《京津冀协同立法工作座谈会在天津举行》，载《河北日报》2017年9月16日，第02版。

是哪一类协调发展都离不开制度的维系与保障。各个区域在协调发展过程中也在尝试如何在现行立法体制框架内，寻求一种更好的立法模式，为区域合作与协调发展提供更为有效的法治保障。

一、区域协调发展立法体系的特点与构成

（一）区域协调发展立法体系的含义和特点

立法体系是指所有调整某一类社会关系规范性法律文件所构成的体系，侧重于强调法律的外在表现形式，即构成立法体系的规范性法律文件都是由立法机关制定或认可的。当然，立法体系也可以在整体意义上来使用，即可以用来指称一个国家或一个国际组织所有的制定法体系。对于法律体系的含义，有学者认为，在以成文法为法律渊源的中国，法律体系的构成，出了法律规范的部门划分以及划分后的整体性外，还应当包括法律的渊源体系、法律的构成体系、法律的规范体系和法律的效力体系。这一观点将法律体系的外延扩大了很多，但同时也模糊了法律体系的内涵。一般认为，法律体系通常是指由一个国家的全部现行法律规范分类组合为不同的法律部门而形成的有机联系的统一整体。根据这一界定，我们可以说立法体系与法律体系的关系是：就一国范围而言，立法体系从属于法律体系，是法律体系中的制定法体系。除立法体系之外，法律体系还应该包括判例法和习惯法等法律规范体系。

我国是成文法国家，从某种意义上讲，法律体系指的主要是立法体系。中国特色社会主义法律体系主要指的也是立法体系。当然，这里的立法体系是在整体意义上讲的。立体体系还可以在微观的或者具体的领域来使用，用以指称某一具体领域或者调整某一类社会关系的制定法所构成的体系，例如民事立法体系、刑事立法体系等。区域协调发展立法体系是指由各类立法主体所制定或认可的，主要用以调整区域协调发展过程中所涉及的各类具有区域性质的社会关系的立法体系。对于区域协调发展立法体系的特点，我们可以从以下三个方面来认识和分析：

第一，区域协调发展立法体系首先是一个制定法体系，是由处于不同效力位阶规范性法律文件所构成的。区域规划和协调发展主要是在政府推动之下进行的，这典型地表现在近年来我国各类区域发展规划，都存在一个由地方政府编制并由中央政府批准的区域发展规划文件。虽然有学者将这些区域发展规划的文件视为“软法”，但我们认为这些规划文件仍属于政策的范畴。政策在推动和塑造区域协调发展的初期会发挥主导性功能，其积极作用非常明显，但是随着区域经济社会一体化的不断深入，各项区域合作或区域公共事务的规范和调整，应主要通过法律的途径来进行。为此，政府应该逐步将促进和保障区域协调发展的制度设计从政策转向法律。从这个意义上讲，区域协调发展所需制度仍然主要是依靠立法来供给，区域协调发展法律体系从形式上来看是一个立法体系，也即制定法体系。

构成这一制定法体系的是一系列效力位阶不同但又存在逻辑关联的规范性法律文件。这一方面与区域协调发展本身的特点及其法制需求的特色有关，另一方面也与我国立法体制直接相关。就前者而言，区域协调发展既不是国家层面的一体发展，也不同于原来的各

行政区域的独立发展，而是特定区域内部以及各区域之间的协调发展，这就决定了区域协调发展立法应该既注重满足区域发展的特色需要，又要注重协调区域内部个地方以及不同区域之间的利益关系。显然，单纯的中央立法或者单纯的地方立法都难以满足这样的要求，需要不同层级的规范性法律文件在分工基础上予以调整。因此，区域协调发展立法体系从其内部构成上来看，应包含着各类效力等级不同的规范性法律文件。

第二，区域协调发展立法体系的成文法特点，决定了区域协调发展立法体系的形成是国家立法主体立法活动的结果。立法主体包括立法权力主体和立法参与主体两部分。对于区域协调发展立法而言，立法权力主体也即立法机关仍然发挥着主导性的作用。立法机关在我国是法定的，并且立法机关的层级及各自的职权范围受到我国立法体制的制约。在我国现行的“一元两级多层次”的立法体制框架内，区域协调发展立法体系从立法机关的构成上来看，既包括中央立法，也包括地方立法，既包括权力机关的立法，也包括行政机关的立法。因此，从立法机关的角度来看，区域协调发展立法体系的形成离不开各立法机关的合作与协调，也即不同的立法机关在其职权范围内制定相应的规范性法律文件。

第三，区域协调发展立法体系所调整的对象既包括特定区域内的并且与区域性发展相关的各类社会关系，也包括不同区域之间在发展过程中所涉及的各区域之间的关系。区域协调发展可以在两个层面上来理解：一是特定区域内部不同的地区之间的协调发展，二是不同区域之间的协调发展。无论是何种层面上的区域协调发展，都离不开相应的立法。在这里，区域被定位在中央和地方之间，其构成单位主要有两种类型的行政区划：省级行政区划和设区的市级行政区划，而这两类行政区划又是依宪法和地方组织法所形成和运行的。因此，对于特定区域内的协调发展立法而言，通过区域内部立法可以在很大程度上满足该区域协调发展的法制需求，而对于协调不同区域之间的发展关系，则主要应该借助于中央立法来实现。

（二）区域协调发展立法体系的构成

通过对区域协调发展立法体系特点的分析可以得知，区域协调发展立法体系的构成具有综合性和复杂性。鉴于我国区域协调发展尚处于初期阶段，相关立法工作并未真正启动，所以从法律形式上来看，在当前阶段区域协调发展立法体系并不是指各种具体的法律文本，而主要是从应然的层面来分析该立法体系应该包括哪些类型的规范性法律文件，即所谓的区域协调发展立法体系的构成。

一方面，从规范性法律文件是由中央立法机关还是由地方立法机关制定的角度来看，区域协调发展立法体系包括中央立法机关制定的规范性法律文件和地方立法机关制定的规范性法律文件。其中，中央立法机关制定的规范性法律文件主要包括三大类：全国人大及其常委会制定的用以规定区域协调发展基本问题的法律、国务院制定的用以规定具有全局性质的区域协调发展重要问题的行政法规，以及国务院各部门制定的用以规范区域范围内特定领域社会关系的部门规章。在当前立法体制框架内，地方立法机关制定的规范性法律文件主要包括省级、设区的市级地方立法机关制定的与区域协调发展有关的规范性法律文件，以及特定区域范围内各地方立法机关合作制定的用以调整区域性社会关系的规范性法律文件。

中央立法在区域协调发展立法体系的形成过程中虽然发挥着基础性的作用，一些体制性或者事关区域协调发展的基础性问题需要通过中央立法的形式作出规定或予以规范，即由全国人大或者全国人大常委会制定一部区域协调发展基本法，但是中央立法机关所制定的规范性法律文件并非区域协调发展立法体系中的主要构成部分。同样，由于根据我国宪法和立法法等相关法律规定，地方立法机关制定的规范性法律文件的效力范围仅限于本行政区划范围内，因此对于超越本行政区划而具有区域性的社会关系，无论是特定区域内的还是区域之间的，单纯的地方立法都无能为力。所以，在区域协调发展立法体系构成中，单纯的与区域协调发展有关的地方立法也难以成为主体部分。因此，随着区域协调发展不断深入，特定区域内部的协调发展所需法制主要应该通过区域内各地方立法机关合作的方式来供给，也即建立在地方立法合作基础上的区域立法所制定的区域规范性法律文件应该是区域协调发展立法体系构成的主体部分。

另一方面，从规范性法律文件的制定机关来看，区域协调发展立法体系包括权力机关制定的规范性法律文件和行政机关制定的规范性法律文件。前者包括全国人大及其常委会制定的有关区域协调发展的法律、省级和设区的市级人大及其常委会制定的与区域协调发展地方性法规。后者则包括国务院制定的与区域协调发展相关的行政法规、国务院各部门制定的与区域协调发展相关的部门规章，以及省级和设区的市级人民政府制定的与区域协调发展相关的地方政府规章。由于区域协调发展过程中，政府发挥着主导性的作用，因此，区域协调发展中各级政府的行政立法应该在区域协调发展法律供给中发挥主导作用。在区域协调发展立法中，地方政府也应该主要通过立法合作，而非单独立法来实现对区域协调发展的调整。

二、中央立法与区域协调发展基本法

（一）中央立法促进区域协调发展的优势与不足

在促进和保障区域协调发展的法制供给主体或来源方面，人们首先想到的是中央立法。在我国，中央立法主要包括三大部分，分别是全国人大及其常委会制定法律的活动、国务院制定行政法规的活动，以及国务院各部门制定部门规章的活动。显然，中央立法在区域协调发展过程中发挥着不可替代的作用。但是，我们也不能过于迷信中央立法的作用，期待中央立法能够及时有效地满足区域协调发展所需的各项法制，而应该正确认识并确立中央立法在区域协调发展法制供给方面的地位和功能。中央立法在促进和保障区域协调发展过程中，既有其独特的优势，也存在相应的不足，中央立法仅是区域协调发展立法体系构建中的一个重要组成部分而非唯一内容。

在促进区域协调发展或者区域协调发展立法体系的形成过程中，中央立法的优势至少表现为以下两个方面：

第一，中央立法可以就事关区域协调发展过程中涉及的一些根本性或基础性问题加以规定，并且由中央立法所形成的各类规范性法律文件具有更高的法律效力。区域协调发展作为我国今后一项重大的发展战略，在其发展过程中必然会涉及一些体制问题，并且更多的是面临着对一些体制或机制的突破或创新问题。就特定区域内部而言，最大的问题是当各地方之间在将合作事项或内容不断推进或深入，涉及立法、执法甚至司法合作时，相关的法律依据如何找寻或确立。例如为许多学者所探讨的地方合作立法，要想获得正式的法律地位，必须也只能由中央立法予以明确。再如，区域协调发展中的税收问题同样属于一个基础性的问题，也只能通过中央立法并且主要是全国人大及其常委会的立法来予以规定。我国现行的税收优惠政策，是在改革开放的不同时期，根据不同情况和不同需要而制定的。税收优惠不仅名目繁多、数量过大，造成税收大量流失，而且内容庞杂、相互交叉、极不规范，难以发挥产业导向作用，也不利于区域经济的协调发展。不仅如此，有关税收的法律、法规也存在很多问题，需要进行修正或调整。对于区域协调发展中的税收政策和税收法律问题，地方立法显然无权过问，需要中央立法通过一定的方式加以应对，也即修改现行的法律、法规或者制定新的法律、法规的方式来实现。

第二，中央立法可以着眼于全局，协调好区域内部各地方之间及不同区域之间的利益关系，避免立法的地方保护主义。中央立法不仅能够对于涉及区域协调发展的一些基本问题作出规定，而且还能够从区域协调发展全局的立场出发，不受特定区域内或者不同区域之间利益需求的影响，制定较为客观、中立的规范性法律文件，避免立法的地方保护主义。我们知道，当期阻碍我国区域协调发展的一个重要因素便是地方保护主义，以及由此所形成的市场分割和地方割据。地方保护主义是当代中国经济发展中最令人头疼的问题，它使全国统一的大市场难以建立起来，公平竞争的市场环境难以形成。随着地方经济的发展，地方保护主义也是我国法制发展，尤其是地方法制建设的一个顽疾。从法制的角度来看，尽管地方保护主义对于中央立法也会形成损害，但是克服区域协调发展过程中的地方保护主义包括避免立法的地方保护主义，在一些问题上必须借助于中央立法。

当然，中央立法在区域协调发展中的作用也不是万能的，尤其是在我国当前的立法体制框架下以及立法实践中，对于促进和保障区域协调发展而言，中央立法也存在相应的缺陷。具体表现为：中央立法精力有限，难以为区域协调发展及时充分地提供相应的法律需求，以及中央立法难以充分反映区域发展特色等。

虽然根据宪法和法律规定，全国人大及其常委会享有国家立法权，但事实上全国人大及其常委会很难有足够的精力就区域协调发展问题给予充分的关注。全国人大的会期很短，还要处理其他一些国家事务，因此根本无法期待其在区域协调发展立法方面发挥主导作用。就全国人大常委会而言，其立法时间比较充裕，每年举行六次会议，每次 10 天左右，相比较于每年一次的全国人大而言，全国人大常委会可以经常、固定的召集会议，就某些立法问题进行较充分的讨论。但即使这样，全国人大常委会的精力仍然是有限的，因为除了立法事务，根据宪法和相关法律的规定，全国人大常委会还要处理大量的其他国家事务。不仅如此，在中央立法权体系中，立法权实际掌握在中央人民政府手中，许多法律的制定和出台，国务院都发挥着关键作用，即全国人大及其常委会制定的大部分法律是由国务院及其相关职能部门提案并负责起草的。这就导致中央立法权的行政化色彩比较浓厚。所以，在这样的局面下，中央立法能够用于区域协调立法方面的精力非常有限。此外，虽然中央立法可以全面收集有关区域协调发展立法信息，作出更为科学、合理的立法决策，但是受到各种因素的影响，相比较于地方立法而言，中央立法在充分掌握区域协调发展立法信息，尤其是如何更好地反映区域发展特色方面，显然不如地方立法。这些都大大限制了中央立法在促进区域协调发展中功能的发挥。

鉴于中央立法在区域协调发展及其立法中的优势和缺陷，我们应该准确定位中央立法在区域协调发展立法体系中的地位，中央立法既不能无所事事，我们也不能对中央立法要求过多。中央立法应该在一些根本性或基础性问题上发挥作用，为区域协调发展提供一些基础性的法律依据和保障，例如可以通过中央立法来制定一部区域协调发展基本法，全面规定区域协调发展中的一些基本问题，此外还可以考虑制定部分区域协调发展特别法，就区域协调发展的某些特定领域或特定事务作出立法规定。

（二）区域协调发展基本法的制定

早在国家实行西部大开发的时候，就有学者提出国家应该制定一部西部大开发法律，作为西部大开发各项活动的基本法律依据。例如，有人提出，应该加紧制定《西部开发促进法》，并将这部法律定位为，一是属于中央立法，是管辖和适用于西部开发地区特殊领域的专业立法和综合性立法；二是属于西部开发地区的专属性特殊立法，介于全国性的通用立法和省级地方行政区域立法中间层次；三是属于西部开发的基本法，对西部开发法制建设具有统领作用；四是属于区域宏观调控法中具有经济性、社会性和自然性的立法。①

虽然区域协调发展不断深入，尤其是新一轮区域发展规划兴起后，制定一部区域发展基本法的呼声更加高涨。有学者建议由全国人大通过一个对长三角各地具有普遍约束力的法案——《中华人民共和国长江三角洲区域经济开发法》，作为区域经济开发基本法，并且还设计了该法案的结构和内容：第一章，总则，主要规定立法目的、长三角区域经济开发法的概念、性质、地位、区域经济法占目标和开发法的基本原则；第二章，长三角区域协调机构的组建方式、方法和条件等；第三章，区域内部法律关系，包括省、市级政府的法律地位、各级政府在区域经济协调中的责、权、义务及企业、公民的利益保护等；第四章，地方政府与区域协调机构的关系，包括地方政府在组织协调机构过程中的职、权及管理制度等；第五章，法律责任，包括协调机构、政府、企业、公民及相关机构和人员的法律责任等；第六章，区域协调中的政策工具，包括法律、行政、市场三个方面的工具。第七章，附则，包括长三角区域经济开发法的效力范围、解释和修改机关以及与国家根本大法——宪法之间的关系等。

显然，中央立法应该在有关区域协调发展的一些基本问题上作出规定，以明确区域协调发展过程中所面临的一些基础性问题，为区域协调发展提供根本的法律依据，但是并不赞成由中央立法就每一个特定区域的发展制定一部所谓的基本法。换言之，可以由中央立法来制定一部区域协调发展基本法，用以明确和调整区域协调发展中的一些基本问题，而不需要就每个区域都制定一部基本法。区域协调发展基本法的立法目的，就是解决或明确区域协调发展中的一些根本性或基础性问题，为区域协调发展提供相应的法律依据的同时，尽可能地突破现行立法体制及相关制度的障碍，真正推动区域经济、社会健康、有序

① 刘隆亨主编：《中国区域开发的法制理论与实践》，北京大学出版社2006年版，第5页。

发展。

三、省际地方立法协作与区域协调发展的法制供给——以长三角经济区为例

长江三角洲地区是我国沿海规模最大、实力最强的经济区。中国经济实力最强的35个城市，有10个位于长三角地区，全国综合实力百强县，长三角地区占了一半。此外，长三角地区的苏、浙、沪三省市地域相近、人缘相亲、文化相通，经济合作源远流长，区域一体化程度较高。以长三角经济区为例，来分析我国省际区域协调发展中的法制供给问题，非常具有代表性。对于长三角区域经济、社会发展过程中法制供给模式的选择问题，应采取省际地方立法协作为主导的立法模式。具体而言，应注重加强苏浙沪三省市之间地方立法协作，真正调动各地方在这一过程中的积极性和主动性，并逐步建立起地方立法协作在区域协调发展法制供给中的主导地位。

（一）长三角经济、社会发展离不开省际地方立法协作

传统意义上的长江三角洲北起通杨运河，南抵杭州湾，西至南京，东到海滨，包括江苏省、上海市、浙江省北部以及临近海域。按照国务院2008年关于进一步发展长三角的指导意见，正式确定将长三角扩大到两省一市，苏北和浙西南被纳入其中。为了加快长三角经济、社会一体化发展进程，长三角地区在多个方面采取了有效的措施，例如为实现商品在本区域内的无障碍流通，三地先后向社会公布了1000多项现行的农业地方性标准目录，消除贸易技术障碍，还不断比对和修正各地检测机构的检测水平，逐渐形成协调一致的长三角区域性标准体系。在这一过程中，法制当然不应缺位，并且长三角区域一体化进程的加快，对于区域法制建设也提出了更高的要求。

能够为长三角经济、社会发展提供法制的途径或立法模式主要有三种：中央立法、地方立法和区域立法。其中，地方立法具体是指江苏省、浙江省和上海市两省一市的地方立法机关依据法定程序和职权制定地方性法规和地方政府规章的活动及结果。区域立法则是指长三角区域范围内由两省一市地方立法主体所进行的地方合作立法，或称为省际地方立法协作。区域立法在实质上仍属于地方立法的范畴，与一般的地方立法不同的是，其立法主体具有复合性且更强调合作与协调。就这三种立法模式而言，尽管长三角地区的建设有着立足全国的全局性规划意义，但它毕竟主要限于苏、浙、沪两省一市的沿海地区，其区域性特色明显，因此中央立法不宜作为长三角发展所需法制的主要供给来源。地方立法也即长三角两省一市的地方立法机关在长三角经济、社会发展初期应该承担主要的法制供给任务，也即三省市的地方立法机关应该立足于长三角区域发展的全局，制定一系列有助于促进区域经济、社会发展的地方性法规或地方政府规章，并对之前已经制定实施的规范性法律文件予以修改，使其适应区域发展的需要。至于区域内的省际地方立法协作，虽然它因受到许多因素的制约，无法成为当前长三角经济、社会建设和发展主要的立法模式，但随着我国立法体制的不断改进，以及长三角区域经济、社会一体化地深入发展，长三角两省一市地方立法机关之间的地方立法协作可以并且应该作为长三角经济、社会所需要的法制的主要输出机制。

一方面，区域发展的地方特色或比较优势的发挥，需要通过地方立法进行有针对性的

调整。长三角经济区的建设与发展，必须围绕着本区域的地方特色以及区域比较优势来进行。相比较其他区域而言，长三角地区在金融、旅游、人力资源和外贸等领域具有比较优势。以旅游为例，长三角地区是中国旅游的“金三角”，拥有25个中国优秀旅游城市，48个国家4A级旅游区（点），旅游业有着独特的整体性、同源性和很强的互补性。如何有效地整合这些优势资源，在更大程度上发挥其总体效益，是长三角区域协调发展立法所必须考虑并做出反映的事项之一。在这一问题也即长三角旅游法制输出途径的选择上，我们不能指望或者要求中央立法专门就该区域进行调整，这不仅不符合中央立法调整全局性问题的属性，而且无论从立法效率还是立法成本上看，都很难满足长三角区域旅游特色和比较优势有针对性的法制需求，所以中央立法不是有效的立法模式选择。

在长三角区域旅游特色及立法针对性的把握上，省级地方立法显然要比中央立法做得更好。但是与长三角区域省际地方协作立法相比，由长三角区域内两省一市的地方立法机关单独进行立法，用来调整区域旅游资源及相关社会关系的做法，还面临着法制能否被接受或者在多大程度上被贯彻的问题，毕竟根据我国现行立法体制，地方立法只能在本行政区域范围内有效并实施。而区域立法也即长三角省际区域地方立法协作则正好能够克服这一缺陷，它既可以增强立法的具体性和针对性，又能够以局内人的身份积极主动地进行规范性法律文件的创制，具有中央立法和一般地方立法无可比拟的优势。

另一方面，区域省际立法模式有助于克服区域内政府协议的局限性，同时也有助于从内部推动区域法制环境的完善。在长三角区域经济、社会发展过程中，区域内两省一市人民政府之间将不可能避免地会通过各种形式签订政府间协议，进行区域内各领域的合作，从而实现共赢。这种做法已经为国内外许多区域合作所采用，如我国泛珠江三角洲地区各省级地方政府签订的《泛珠三角区域合作框架协议》。长三角两省一市之间也已经签订了若干政府间协议，例如《长江三角洲旅游城市合作宣言》和《长三角地区道路货运一体化发展共同宣言》等。但是这种政府间合作协议存在许多不足，主要体现为：（1）协议行为只是行政机关内部行为，并非立法行为，其内容不具有普遍约束力，还不是地方立法，不能解决地方立法的冲突问题；（2）政府协议只能约束政府行为，对其他主体不发生法律效力，其作用十分有限；（3）协议不具有强制执行的效力，只能自觉履行，主要依靠相互信任而产生的自我约束力，并无强制性，这在很大程度上影响了协议作用的进一步发挥；（4）协议的缔结程序使协议具有原则或意向性，不具备实施的具体性。因此，通过省际区域立法的方式，将长三角地区各政府之间的合作协议上升为规范性法律文件，使其具有更强的约束力和更普遍的适用效力，就成为必要。

法制供给不唯独通过中央立法来实现，地方立法和区域立法同样能够发挥而且也需要它们发挥相应的作用。区域立法作为一种主要依托于地方立法而又介于中央和地方立法之间的立法模式，可以帮助弥补我国现行的中央和地方立法两分的立法体制的缺陷。以行政区划为基础的地方保护主义在很大程度上阻碍了地方法制建设，而这又很难在现有立法体制下得到根本的改变，区域立法试图突破行政区划的限制，有助于在很大程度上推进跨行政区划的区域法制环境的改善。因此，在长三角区域经济、社会过程中应该充分重视区域内省际地方立法合作，从内部推进法制建设，从而为国家法制的完善提供根基和动力。

（二）长三角地区省际地方立法合作存在的障碍或问题

建立在省际地方立法合作基础上的区域立法，应该作为长三角区域（包括其他区域）发展重要的法制供给者。但是在当前，区域立法的在实施过程中会遇到一些障碍或面临许多问题。这些障碍或问题有的属于体制上的问题，有的属于实践中的障碍，有的则属于立法理论困境，它们都在很大程度上阻碍了区域立法的深入开展。

从体制上看，我国现行立法体制并没有区域立法的一席之地。我国现行立法体制的基本框架为中央立法和地方立法，而没有区域立法一说，相应的区域立法在我国也缺乏明确的宪法和法律依据。这在很大程度上抑制了区域立法的开展及其作用的发挥。对此，将区域立法建立在地方立法基础之上，并将其视为地方立法权行使方式之一，是相对可行的策略。这至少可以为区域立法确立相应的合法性依据。但是这同样面临着障碍，即我国地方立法权的配置并未为区域立法提供多大的作用空间。原因在于，我们一般将区域立法界定为一定区域的地方立法各主体，在遵守国家法制统一原则的前提下，在各自的立法权限范围内进行自愿参与、平等协商、共享资源而进行的一种立法上的合作。包括长三角地区在内的区域立法必须以地方立法权为基本的权力基础，而根据我国立法体制，尽管我国享有立法权地方立法机关在数量上比较庞大，但是当前能够有效进行区域立法实践的主要限于省级地方立法机关之间。

在立法实践中，通过立法而实施的地方保护主义是进行区域立法难以克服且应必须克服的现实性障碍，这一现象同样存在于长三角地区两省一市之间。地方保护主义，也称之为地方主义、地方本位主义，它是指这样一种错误倾向：地方在由高度集权之下的非利益主体向市场经济条件下的具有较大自主性的利益主体转变过程中，在处理全局利益与局部利益、长远利益与眼前利益的关系时，只注重本地方眼前利益的最大化，不考虑全国利益和其他地方的长远利益。为了本地方利益，甚至会以牺牲全国利益或其他地方的利益为代价。地方立法保护主义既是地方保护主义的表现也是地方保护主义实施的工具之一。虽然许多地方政府或相关机关并不享有地方立法权，但它们的行为以及所颁行实施的规范性文件却具有实实在在的普遍性的规范效力，也在实际上发挥着法的作用。许多地方为了本地方利益，相互之间通过颁行规范性文件的方式进行“政策大战”，其中一个重要表现是为了谋取中央政府提供的优惠政策或者吸引外商投资，而不惜违反法律法规、或者不顾本地经济发展情况与环境等，出台相应的政策或制定相应的规范性文件。

例如，长三角地区内部不同地区或城市之间在招商引资方面，就存在较为严重的恶性竞争，各地为了能够吸引更多的外资，不惜展开政策大战，在土地价、土地税收和土地投资等方面纷纷出台优惠政策，而这些所谓的优惠政策实际上是对外资的不正当争夺，有些甚至违反国家有关法律、法规。为此，国务院曾不得不于2008年9月16日公布《关于进一步推进长江三角洲地区改革开放和经济社会发展指导意见》，旗帜鲜明地指出：长三角地区要“规范招商引资行为，实行相对统一的土地、税收政策，营造公平、开放的投资环境。”以此来抑制长三角地区各地在招商引资方面的恶性竞争。当然，这只是地方保护主义在长三角地区存在的一个表现，而且这一表现也不仅仅存在于长三角地区。地方保护主义的危害自不待言，它造成的后果是市场分割、效率低下、地方割据、无序竞争等，是市场经济良性发展的主要障碍之一。无论导致地方保护主义发生的原因如何，这都将在很大程度上阻碍区域立法的实施。这也直接引出了区域内地方立法协作所必须解决的一个理论问题：为什么要进行地方立法合作，或者区域立法何以可能？

作为一种地方立法协作，区域立法面临着这样的理论问题：协作（抑或集体行动）如何可能？奥尔森认为："除非一个集团中人数很少，或者除非存在强制或其他某些特殊手段以使个人按照他们的共同利益行事，有理性的、寻求自我利益的个人不会采取行动以实现他们共同的或集团的利益。"① 换言之，区域立法面临着"合作的困境"。仍然以长三角为例，其进行区域立法合作所面临的困境具体表现为：（1）长三角地区两省一市之间如何意识到其合作所能带来的共同收益要远远大于各自为政，实行地方保护所获得的收益；（2）如何避免区域立法合作中"搭便车"的心理和现象；（3）这种立法合作应该以怎样的方式进行，以及应该建立怎样的机制协调和保障其有效进行，等等。

区域立法合作不仅是一个实践问题，更是一个理论问题。当前我国区域内的地方立法协作依然面临着重要的体制、现实和理论上的困境，这需要我们首先从理论上对这些障碍或问题给予解决，然后再推动相关制度的改进或变革。长江三角洲经济、社会的发展离不开法制，也需要区域内两省一市之间的地方立法协作，因此同样需要对上述理论和现实问题予以研究和解决，在有效的地方立法协作基础上满足长三角地区建设和发展的法制需要。

（三）长三角区域内省际地方立法合作改进建议

长三角地区作为我国经济、社会发展的一个非常重要的区域，其发展情况如何对于我国经济、社会的健康发展有着重大意义，其选择怎样的发展模式包括确定怎样的法制供给模式，对于我国其他区域经济、社会的发展都有着重要的示范意义。值得欣喜的是，近年来无论是学术界还是实务界对于长三角法制建设问题都给予了极大的关注和重视，意识到了立法和法制对于保障长三角稳健发展的重要意义，区域立法协作问题也逐渐被提了出来。例如，2007 年在上海召开的第四届"长三角法学论坛"上，"立法协作"便是与会政府官员和学者们讨论的中心话题。对这一问题，浙江省人大常委会法工委主任丁祖年先生指出："一些地方立法不协调、不一致现象严重，不仅影响到地方立法效益的有效发挥，也影响到国家整体法制权威的有效维护，影响了长三角的整体发展。……长三角 16 个城市在经济协作中暴露出规章冲突、执法依据不一、重复建设、地方保护等问题，亟待通过立法协作来协调各方利益关系。"应该说，这一论述非常到位，长三角地区的发展确实需要尽快通过立法协作也即区域立法的方式加以协调和促进。当然，面对长三角地区地方立法协作中的障碍与困难，我们需要积极采取相应的措施或者提出相应的建议，推动相关体制或制度的改进，建立和完善相关制度或机制，以真正推进和实现长三角地区省际立法协作。

一是要从宪法和法律上明确区域立法或者地方立法协作的法律地位。对此，可通过以

① ［美］曼瑟尔·奥尔森：《集体行动的逻辑》，陈郁等译，上海三联书店，上海人民出版社 2004 年版，第 2 页。

下三种方式中的一种来实现：(1) 修改我国《宪法》，增加地方立法协作或者区域立法相关规定。对于地方立法协作，中华人民共和国成立以来的四部宪法非但不曾规定，而且就是对地方立法权的规定也只是在1982年宪法中予以确立。不可否认的是，1982年宪法制定和颁行时我国尚处于社会转型的起步阶段，许多体制或制度都带有明显的计划体制色彩。在国家立法权的配置上，也主要规定了中央立法和省级地方立法，尤其在地方立法权的授予上非常谨慎。时至今日，随着区域地方经济、社会发展对法制的需求增加，扩大地方立法权空间以及允许地方立法权的合作行使成为必然。(2) 修改《立法法》，或者在制定其他有关经济、社会基本法律时明确规定可以进行地方立法协作或联合立法。如果基于宪法需要保持稳定性的考虑，那么可以对立法法这一专门规定立法权配置和行使方式的基本法律进行修改，增加地方立法权可以通过相互协作的方式进行联合行使。当然，类似规定也可以在今后制定好颁行其他有关经济、社会的基本法律时予以明确。(3) 由全国人大制定一部专门规范地方立法协作或者区域立法的基本法律，就地方立法协作的原则、方式、基本要求等作出具体的规定，以供不同区域内的地方立法主体在进行立法协作时遵守。

二是重视地方立法合作中的公众参与。以地方立法合作为基础的区域立法，注重的就是调动区域内的各方主体的积极性，而这种积极性的重要表现便是区域内各类社会主体对区域立法的参与程度。一般而言，立法过程中公众参与具有两个基本特点：其一是自愿性，无论以何种形式，公众都是在自愿基础上积极主动参与的；其二是选择性，公众可以选择不同的对象参与，也可以选择不同的形式与途径参与。地方立法协作中的公众参与看似一个简单的制度，但实践中如何让公众参与真正发挥作用而不流于形式则并不容易，尤其是做到公众参与的自愿性与选择性更非易事。长三角经济、社会的发展应该重视区域内不同的社会主体的参与，无论是国家机关、社会组织还是普通的民众，只要长三角地区的建设与发展涉及其利益或兴趣，那么都可以通过正常的、可选择的并且是有充分保障的渠道进行参与，表达自己的利益诉求，或者陈述自己的见解与建议。

三是构建和完善区域立法协调机制。地方立法协作的顺利进行离不开相应的协调机制。这些协调机制既可以是有关立法主体设计或构建的，也可以是在区域立法实践过程中所形成的非正式的惯例或制度。具体而言，地方立法协作或区域立法协调机制主要包括以下几个方面的内容：(1) 过程性的协调机制，此类机制主要是针对区域立法活动本身的协调。它又包括主体性的协调机制如召开联席会议机制、内容性协调机制如区域立法论证机制，以及程序性协调机制如共同委托起草机制等。(2) 体系性协调机制，此类机制主要是将区域立法作为一种立法结果，其在我国法律效力位阶体系中的协调，具体而言就是区域性法律文件同宪法、法律、行政法规、地方性法规和地方政府规章之间的协调。它又包括备案审查机制、冲突裁决机制和司法审查机制等。(3) 现实性协调机制，此类机制主要是协调区域立法同区域发展的现实需要。它又包括法律修改、立法解释和法律评估等具体的机制。

总之，长江三角洲地区经济、社会的发展需要区域立法这一新型立法模式为其提供法制保障。对于地方立法协作在我国当前所面临的障碍或问题，则需要我们根据实践发展的需要适时作出调整和改进。

资　料

《辽宁沿海经济带发展促进条例》实施中的问题①

经过调研和对相关信息资料的整理，我们发现，《辽宁沿海经济带发展促进条例》在实施中存在着大量的不足或问题，而且这些问题的存在甚至在很大程度上冲淡了这部条例的“存在感”。导致问题产生的原因有很多，既有来自条例自身的不足，也有来自条例之外的因素。可以说，这部条例的现实境遇在很大程度上也预示了我国区域发展中类似立法可能的命运。下面笔者先就该条例实施中存在的不足或问题总结如下三个方面。

问题一：条例实施的精细化程度较低，认知度不高。所谓立法实施的精细化程度指的是某项立法在内容表述上逻辑严谨且语言精确，有着不同于其他规范形式（如公共政策）的表述特点和实施机制，能够借助于一套较为健全的机制来具体落实立法所设定的宗旨及各权利或义务条款等。立法实施的认知度则是指各有关主体（如执法者和守法者）对某项立法及其实施的知晓与认可情况。精细化程度和认知度能够直接反映立法的水平之高低。

笔者在对该条例实施情况进行调研时，总也绕不开的一个问题是发展促进条例与发展规划之间的区别何在，而且在许多次的座谈或访谈中大多数参与者都无法准确地区分这两者，尤其是那些从事政府经济管理相关工作的人员对于条例所能发挥的作用都缺乏足够的认知。一方面，尽管我们可以查阅到很多自发展促进条例实施以来辽宁省和各市政府所颁行的各种规范性文件（政策或法规），但是这些规范性文件几乎都未明确提及其创制的直接依据为沿海经济带发展促进条例，或者明确指出是为了贯彻实施条例中的某一条规定。另一方面，自2011年以来无论在辽宁省还是大连市政府的历年政府工作报告中，都会提到上一年度沿海经济带的发展情况尤其是所取得的成绩，但是从未明确指出这些业绩的取得与该发展促进条例有怎样的关系。

问题二：政府扮演的角色过重，社会有效参与不足。如前文所述，在整部条例的34个条文中，有多达29个条文都是关于辽宁省或各市政府职责的规定。其中，该条例第6条对辽宁省政府和各市政府在沿海经济带发展中的职责进行了概括性授权，即省政府设立专门的工作机构，“组织指导沿海经济带开发建设工作，协调解决沿海经济带开发建设中的重大问题”，该工作机构“负责沿海经济带开发建设的日常工作”，而“省人民政府各有关部门应当按照各自职责，做好沿海经济带开发建设的相关工作”。类似这样的就某一领域事务进行一揽子式的立法授权几乎随处可见，如第10条规定：“省人民政府及沿海经济带的各市人民政府应当加快发展沿海经济带科技、教育、文化、卫生、就业和社会保障等各项社会事业，增强公共服务能力，提高城乡居民生活水平和质量。”即使涉及对政府之外的其他社会组织或成员（如高新技术企业、科研机构、高等院校和各类人才等）的参与之规定，也是以政府为主体式的规定，即要求政府应积极发挥组织、协调或引导等

① 参阅陈光：《论区域发展促进立法的实施效果评估与反思——以〈辽宁沿海经济带发展促进条例〉为例》，载《河南财经政法大学学报》2015年第4期，第162~174页。

职能。

根据调研的情况也可知，沿海经济带发展过程中政府这只“有形的手”几乎扮演着绝对主导的角色，其他各类社会组织、个人或各市场要素都是在各级政府组织协调下参与其中的。例如，该条例第20条规定了沿海经济带各市政府及其他社会主体（如信用中介机构）在信用产品和企业信用建设等方面的职责，而在2012年7月17日辽宁省政府办公厅印发的《辽宁省失信黑名单企业惩戒联动实施办法（试行）》和2012年7月25日辽宁省发改委印发的《辽宁省失信投诉举报管理办法（试行）》这两个规范性文件中，政府工作主管部门主要负责企业失信行为的惩戒以及投诉举报的受理和查处等，相关规则和机制的设定也都是围绕政府职能展开的，对社会组织和公众在其中能够发挥以及怎样发挥功能则几乎没有明确的规定。这样便在立法上忽视了社会公众在企业社会信用建设中的作用，而且实践中在企业信用规范和失信惩戒方面社会组织发挥的作用及公众的有效参与的确非常有限。

问题三：省级政府与各城市政府间以及各城市政府之间缺乏有效的协调与合作机制。区域一体化之于政府管理而言，要求不断增加横向与纵向合作管理模式的比重，其中就包括各政府之间的合作。沿海经济带发展促进条例的立法者并非没有意识到这一问题，只不过出于各种原因的考虑而在立法中仅作了一种较为模糊的原则性规定。例如，该条例第4条第2款规定：“积极推进沿海经济带体制机制创新，加快构建有利于科学发展、和谐发展、创新发展、一体化发展的良好政策环境。”尽管该规定以及该条例其他条款中并没有明确所要创新的“体制机制”具体指向或内容，但是在构建有利于“一体化发展良好政策环境”过程中，省级政府与各城市政府以及各城市政府之间的协调与合作，应该是必不可缺的。

遗憾的是，无论是从辽宁省政府及其工作部门的层面考察，还是就沿海经济带内七个城市政府行为来看，仍然延续着传统的“各自为政”的行政管理模式，相互间的协调与合作很少，所谓的“体制机制创新”和“一体化发展”并没有可视的成效。对此，我们可以通过各级政府制定各种政策或法规性文件的过程及内容便可推知。例如，沿海经济带内各城市都颁行了各种有关金融、人才和服务业等方面的措施，而这些政策性文件的制定并没有经过与其他城市政府之间的充分沟通或协调，以至于我们无法确认它们是否与沿海经济带的发展有直接关联。再者，尽管沿海经济带七个城市之间存在诸如政协主席联席会议等协商机制，但是此类机制尚处于一种探索阶段，形式意义强于实质效果，而且在协商制度化和功能规范化方面远未成型。同样，辽宁省政府与七个城市政府之间迄今也未建立起有效的磋商协调机制。这些都导致沿海经济带各级政府之间并没有形成一股有机力量，行政职能的碎片化和分割化现象依然明显，这根本上与区域一体化内在精神是相背离的，也不符合发展促进条例内在的立法宗旨。

操作题

搜集整理我国长三角、珠三角和京津冀等区域，在区域合作与协调发展中施行的一些政策与法律性文件，比较政策与法律在区域协调发展中的作用。

本章小结

区域协调发展立法体系是指由各类立法主体所制定或认可的，主要用以调整区域协调发展过程中所涉及的各类具有区域性质的社会关系的立法体系。中央立法在促进和保障区域协调发展过程中，既有其独特的优势，也存在相应的不足，中央立法仅是区域协调发展立法体系构建中的一个重要组成部分而非唯一内容。但是，通过中央立法制定一部区域协调发展基本法，十分必要。若要真正调动区域协调发展中各地方的积极性和主动性，应当选择地方立法协作的模式，并使该种立法模式在区域协调发展法制供给中占主导地位。当然，地方立法协作模式在当前立法体制下仍然存在很多问题，需要加以改进。

复习思考题

1. 如何理解立法体系的含义？
2. 简述区域协调发展立法体系的构成。
3. 比较中央立法和地方立法在区域协调发展中的作用。
4. 从区域协调发展的视角思考我国立法体制的改进。

2002—2016年司法考试中《立法法》相关试题

1.【2002年试卷一第34题】根据立法法的要求，下列哪些事项只能由全国人民代表大会及其常务委员会制定法律加以规定？（　　）

A. 劳动争议仲裁制度

B. 教育制度

C. 对私有企业的财产征收制度

D. 居民委员会、村民委员会制度

2.【2002年试卷一第36题】法律解释可以分为立法解释、司法解释和学理解释，不同的法律解释其效力也不相同。根据我国立法法的规定，下列哪些情况属于全国人大常委会法律解释的权限范围？（　　）

A. 法律的规定需要进一步明确具体含义的

B. 法律规定业已修正需要重新定义其相关内容的

C. 法律制定后出现新的情况，需要明确适用法律依据的

D. 法律之间发生冲突，需要裁决其效力优先性的

3.【2002年试卷一第44题】县级以上人大代表有权依法向本级人大提出属于其职权范围内的议案。根据现行宪法和法律，这类议案至少应当经过下列哪些程序方可通过？（　　）

A. 书面提出议案

B. 由主席团决定是否列人大会议会程

C. 全体代表过半数以上赞成

D. 以法律的形式予以公布

4.【2003年试卷一第3题】根据我国《立法法》的规定，下列哪一项属于地方性法规可以规定的事项？（　　）

A. 本行政区内市、县、乡政府的产生、组织和职权的规定

B. 本行政区内经济、文化及公共事业建设

C. 对传染病人的强制隔离措施

D. 国有工业企业的财产所有制度

5.【2003年试卷一第9题】根据我国宪法和有关法律的规定，下列选项中有关法规“批准”生效的情形哪一个是错误的？（　　）

A. 自治州人大制定的自治条例和单行条例报省或自治区的人大常委会批准

B. 自治区人民代表大会制定的自治条例和单行条例报全国人大常委会批准

C. 省、直辖市权力机关制定的地方性法规报全国人大常委会批准

D. 自治县人大制定的自治条例和单行条例报省或自治区的人大常委会批准

6.【2003年试卷一第86题】按照我国宪法的规定，下列何种选项属于需要作出改变或者撤销决定的情形？(　　)

A. 全国人大对全国人大常委会不适当的决定

B. 国务院对市、县、乡政府不适当的决定和命令

C. 全国人大常委会对省人大制定的同宪法、法律和行政法规相抵触的地方性法规和决议

D. 省人大常委会对省政府的不适当的决定和命令

7.【2004年试卷一第13题】在一起行政诉讼案件中，被告进行处罚的依据是国务院某部制定的一个行政规章，原告认为该规章违反了有关法律。根据我国宪法规定，下列哪一机关有权改变或者撤销不适当的规章？(　　)

A. 国务院

B. 全国人民代表大会常务委员会

C. 最高人民法院

D. 全国人民代表大会法律委员会

8.【2004年试卷一第54题】下列关于我国法律效力问题的表述哪些是正确的？(　　)

A. 地方性法规的效力高于下级地方政府规章但不高于本级地方政府规章

B. 地方性法规与部门规章之间对同一事项的规定不一致时，由国务院裁决

C. 按照我国《立法法》的规定，为了更好地保护公民的权利和利益，某些行政法规的特别规定可以溯及既往

D. 经济特区法规根据授权对全国人大及其常委会制定的法律作变通规定的，在本经济特区适用经济特区法规的规定

9.【2004年试卷一第84题】某法院在审理一行政案件中认为某地方性法规与国家法律相抵触。根据我国宪法和法律的规定，下列表述何者为正确？(　　)

A. 法官审理行政案件，如发现地方性法规与国家法律相抵触，可以对地方性法规的合宪性和合法性进行审查

B. 法官审理行政案件，如发现地方性法规与国家法律相抵触，应当适用国家法律进行审判

C. 法官审理行政案件，如发现地方性法规与国家法律相抵触，可以通过所在法院报请最高人民法院，由最高人民法院依法向全国人民代表大会常务委员会书面提出进行审查的要求

D. 法官审理行政案件，如发现地方性法规与国家法律相抵触，可以公民的名义向全国人民代表大会常务委员会书面提出进行审查的建议

10.【2005年试卷一第93题】根据《立法法》的规定，在下列何种情况下，法律由全国人民代表大会常务委员会解释？(　　)

A. 法律的规定需要进一步明确具体含义的

B. 法律制定后出现新的情况，需要明确适用法律依据的

C. 法律之间发生冲突，需要裁决其效力优先性的

D. 执法过程中具体适用法律的疑难问题

11. 【2006 年试卷一第 3 题】某地法院在审理案件过程中发现，该省人民代表大会所制定的地方性法规规定与国家某部委制定的规章规定不一致，不能确定如何适用。在此情形下，根据我国《宪法》和《立法法》，下列哪种处理办法是正确的？（　　）

A. 由国务院决定在该地方适用部门规章

B. 由全国人民代表大会决定在该地方是适用地方性法规还是适用部门规章

C. 由最高人民法院通过司法解释加以决定

D. 由国务院决定在该地方适用地方性法规，或者由国务院提请全国人民代表大会常务委员会裁决在该地方适用部门规章

12. 【2007 年试卷一第 63 题】根据 1954 年《宪法》和现行《宪法》有关立法的规定，下列哪些选项是正确的？（　　）

A. 1954 年宪法规定全国人大是行使国家立法权的唯一机关

B. 现行宪法则规定全国人大和全国人大常委会行使国家立法权

C. 1954 年宪法没有授予国务院制定行政法规的权力

D. 现行宪法则明确规定了国务院有根据宪法和法律制定行政法规的权力

13. 【2008 年试卷一第 14 题】关于改变或者撤销法律、法规、自治条例和单行条例、规章的权限，下列哪一选项符合《立法法》的规定？（　　）

A. 全国人大有权改变或者撤销全国人大常委会批准的违背《宪法》和《立法法》相关规定的自治条例和单行条例

B. 省、自治区、直辖市的人大有权改变或者撤销其常务委员会制定的和批准的不适当的地方性法规

C. 地方人大常委会有权改变或者撤销本级人民政府制定的不适当的规章

D. 授权机关有权改变被授权机关制定的超越授权范围或者违背授权目的的法规

14. 【2008 年试卷一第 56 题】根据我国《立法法》的规定，关于不同的法律渊源之间出现冲突时的法律适用，下列哪些选项是错误的？（　　）

A. 自治条例、单行条例与地方性法规不一致的，适用地方性法规

B. 地方性法规和部门规章之间的效力没有高下之分，发生冲突时由国务院决定如何适用

C. 公安部的部门规章与民政部的部门规章不一致时，按照新法优于旧法的原则处理，直接选择后颁布的部门规章加以适用

D. 某市经授权制定的劳动法规与我国《劳动法》的规定不一致，不能确定如何适用时，由全国人大常委会裁决

15. 【2008 年延期区试卷一第 17 题】根据《宪法》和有关法律的规定，关于全国人大审议立法议案的法定通过人数，下哪一选项是正确的？（　　）

A. 宪法的修改，须由全国人大全体代表的过半数通过

B. 宪法的修改，须由全国人大常委会全体成员的三分之二以上通过

C. 法律的制定，须由全国人大全体代表的过半数通过

D. 法律的制定，须由全国人大常委会全体成员的三分之二以上通过

16. 【2008年延期区试卷一第94题】根据我国有关法律规定，下列做法错误的是：(　　)。

A. 某县共有人大代表500名，经其中的101名代表提议，临时召集本级人大会议

B. 某直辖市人大常委会依法罢免该市某一失职的中级法院院长

C. 全国人大常委会撤销同法律相抵触的地方性法规

D. 全国人大专门委员会认为地方性法规同法律相抵触，向制定机关提出书面审查意见

17. 【2009年试卷一第62题】关于法律、行政法规、地方性法规、自治条例和单行条例、规章的适用，下列哪些选项符合《立法法》规定？(　　)

A. 同一机关规定的特别规定与一般规定不一致时，适用特别规定

B. 法律、行政法规、地方性法规原则上不溯及既往

C. 地方性法规与部门规章之间对同一事项的规定不一致不能确定如何适用时，由国务院裁决

D. 根据授权制定的法规与法律规定不一致不能确定如何适用时，由全国人大常委会裁决

18. 【2010年试卷一第23题】关于我国宪法的修改，下列哪一说法是错误的？(　　)

A. 《宪法》没有专章规定修改程序

B. 《宪法》规定的修宪机关是全国人民代表大会

C. 《立法法》规定，宪法修正案由国家主席令公布

D. 《全国人大议事规则》规定，宪法修改以投票方式表决

19. 【2011年试卷一第61题】根据《宪法》和《立法法》规定，关于全国人大常委会委员长会议，下列哪些选项是正确的？(　　)

A. 委员长会议可以向常委会提出法律案

B. 列入常委会会议议程的法律案，一般应当经3次委员长会议审议后再交付常委会表决

C. 经委员长会议决定，可以将列入常委会会议议程的法律案草案公布，征求意见

D. 专门委员会之间对法律草案的重要问题意见不一致时，应当向委员长会议报告

20. 【2012年试卷一第25题】根据省政府制定的地方规章，省质监部门对生产销售不合格产品的某公司予以行政处罚。被处罚人认为，该省政府规章违反《产品质量法》规定，不能作为处罚依据，遂向法院起诉，请求撤销该行政处罚。关于对该省政府规章是否违法的认定及其处理，下列哪一选项是正确的？(　　)

A. 由审理案件的法庭进行审查并宣告其是否有效

B. 由该省人大审查是否违法并作出是否改变或者撤销的决定

C. 由国务院将其提交全国人大常委会进行审查并作出是否撤销的决定

D. 由该省人大常委会审查其是否违法并作出是否撤销的决定

21. 【2013 年试卷一第 89 题】根据《宪法》和法律的规定，关于立法权权限和立法程序，下列选项正确的是：(　　)。

A. 全国人大常委会在人大闭会期间，可以对全国人大制定的法律进行部分补充和修改，但不得同该法律的基本原则相抵触

B. 全国人大通过的法律由全国人大代表大会主席团予以公布

C. 全国人大法律委员会审议法律案时，应邀请有关专门委员会的成员列席会议，发表意见

D. 列入全国人大常委会会议议程的法律案，除特殊情况外，应当在举行会议七日前将草案发给常委会组成人员

22. 【2014 年试卷一第 22 题】关于我国宪法修改，下列哪一选项是正确的？(　　)

A. 我国修宪实践中既有对宪法的部分修改，也有对宪法的全面修改

B. 经十分之一以上的全国人大代表提议，可以启动宪法修改程序

C. 全国人大常委会是法定的修宪主体

D. 宪法修正案是我国宪法规定的宪法修改方式

23. 【2014 年试卷一第 61 题】根据《立法法》的规定，下列哪些选项是不正确的？(　　)

A. 国务院和地方各级政府可以向全国人大常委会提出法律解释的要求

B. 经授权，行政法规可设定限制公民人身自由的强制措施

C. 专门委员会审议法律案的时候，应邀请提案人列席会议，听取其意见

D. 地方各级人大有权撤销本级政府制定的不适当的规章

24. 【2015 年试卷一第 11 题】律师潘某认为《母婴保健法》与《婚姻登记条例》关于婚前检查的规定存在冲突，遂向全国人大常委会书面提出了进行审查的建议。对此，下列哪一说法是错误的？(　　)

A. 《母婴保健法》的法律效力高于《婚姻登记条例》

B. 如全国人大常委会审查后认定存在冲突，则有权改变或撤销《婚姻登记条例》

C. 全国人大相关专门委员会和常务委员会工作机构需向潘某反馈审查研究情况

D. 潘某提出审查建议的行为属于社会监督

25. 【2015 年试卷一第 52 题】备案审查是宪法监督的重要内容和环节。根据中国特色社会主义法治理论有关要求和《立法法》规定，对该项制度的理解，下列哪些表述是正确的？(　　)

A. 建立规范性文件备案审查机制，要把所有规范性文件纳入审查范围

B. 地方性法规和地方政府规章应纳入全国人大常委会的备案审查范围

C. 全国人大常委会有权依法撤销和纠正违宪违法的规范性文件

D. 提升备案审查能力，有助于提高备案审查的制度执行力和约束力

26. 【2015 年试卷一第 65 题】某设区的市的市政府依法制定了《关于加强历史文化

保护的决定》。关于该决定，下列哪些选项是正确的？(　　)

A. 市人大常委会认为该决定不适当，可以提请上级人大常委会撤销

B. 法院在审理案件时发现该决定与上位法不一致，可以作出合法性解释

C. 与文化部有关文化保护的规定具有同等效力，在各自的权限范围内施行

D. 与文化部有关文化保护的规定之间对同一事项的规定不一致时，由国务院裁决

27. 【2016年试卷一第93题】宪法修改是指有权机关依照一定的程序变更宪法内容的行为。关于宪法的修改，下列选项正确的是：(　　)。

A. 凡宪法规范与社会生活发生冲突时，必须进行宪法修改

B. 我国宪法的修改可由五分之一以上的全国人大代表提议

C. 宪法修正案由全国人民代表大会公告公布施行

D. 我国1988年《宪法修正案》规定，土地的使用权可依照法律法规的规定转让

28. 【2016年试卷一第94题】根据《宪法》和法律，关于我国宪法监督方式的说法，下列选项正确的是：(　　)。

A. 地方性法规报全国人大常委会和国务院备案，属于事后审查

B. 自治区人大制定的自治条例报全国人大常委会批准后生效，属于事先审查

C. 全国人大常委会应国务院的书面审查要求对某地方性法规进行审查，属于附带性审查

D. 全国人大常委会只有在相关主体提出对某规范性文件进行审查的要求或建议时才启动审查程序

29. 【2017年试卷一第63题】根据《宪法》和《立法法》规定，关于法律案的审议，下列哪些选项是正确的？(　　)

A. 列入全国人大会议议程的法律案，由法律委员会根据各代表团和有关专门委员会的审议意见，对法律案进行统一审议，向主席团提出审议结果报告和法律草案修改稿

B. 列入全国人大会议议程的法律案，在交付表决前，提案人要求撤回的，应说明理由，经主席团同意并向大会报告，对法律案的审议即行终止

C. 列入全国人大常委会会议议程的法律案，因调整事项较为单一，各方面意见比较一致的，也可经一次常委会会议审议即交付表决

D. 列入全国人大常委会会议议程的法律案，因暂不付表决经过两年没有再次列入常委会会议议程审议的，由委员长会议向常委会报告，该法律案终止审议

30. 【2017年试卷一第66题】根据《立法法》，关于规范性文件的备案审查制度，下列哪些选项是正确的？

A. 全国人大有关的专门委员会可对报送备案的规范性文件进行主动审查

B. 自治县人大制定的自治条例与单行条例应按程序报全国人大常委会和国务院备案

C. 设区的市市政府制定的规章应报本级人大常委会、市所在的省级人大常委会和政府、国务院备案

D. 全国人大法律委员会经审查认为地方性法规同宪法相抵触而制定机关不予修改的，应向委员长会议提出予以撤销的议案或者建议

【参考答案】

1. ACD	2. AC	3. ABC	4. B	5. C	6. ABCD
7. A	8. CD	9. BCD	10. AB	11. D	12. ABCD
13. B	14. ABC	15. C	16. B	17. ABD	18. C
19. AD	20. D	21. AD	22. A	23. ABCD	24. B
25. ACD	26. CD	27. BC	28. AB	29. ABCD	30. ABC D

参考文献

（一）著作类

[1] 谢振民：《中华民国立法史（上册）》，张知本校，中国政法大学出版社 2000 年版。
[2]《马克思恩格斯全集（第 19 卷）》，人民出版社 1963 年版。
[3] 江国华：《立法：理想与变革》，山东人民出版社 2007 年版。
[4]［英］洛克：《政府论》（中译本），叶启芳等译，商务印书馆 1964 年版。
[5]［法］孟德斯鸠：《论法的精神（上册）》，张雁深译，商务印书馆 1961 年版。
[6]［法］卢梭：《社会契约论》，何兆武译，商务印书馆 1980 年版。
[7] 张文显：《法理学（第四版）》，高等教育出版社 2011 年版。
[8] 汪全胜：《制度设计与立法公正》，山东人民出版社 2005 年版。
[9] 卓泽渊：《法理学》，法律出版社 2009 年版。
[10] 张永和主编：《立法学》，法律出版社 2009 年版。
[11] 封丽霞：《中央和地方立法关系法治化研究》，北京大学出版社 2008 年版。
[12]［英］弗里德里希·冯·哈耶克：《法律、立法与自由（第一卷）》，邓正来等译，中国大百科全书出版社 2000 年版。
[13] 陈颐：《立法主权与近代国家的建构——以近代早期法国法律为中心》，法律出版社 2008 年版。
[14] 司马迁：《史记·秦始皇本纪第六》，岳麓书社 2001 年版。
[15]［法］卢梭：《社会契约论（第三版）》，何兆武译，商务印书馆 2003 年版。
[16] 金太军、赵晖等：《中央与地方政府关系建构与调谐》，广东人民出版社 2005 年版。
[17] 苏力：《道路通向城市——转型中国的法治》，法律出版社 2004 年版。
[18] 黄仁宇：《中国大历史》，生活·读书·新知三联书店 1997 年版。
[19] 徐向华：《中国立法关系论》，浙江人民出版社 1999 年版。
[20] 桑本谦：《私人之间的监控与惩罚——一个经济学的进路》，山东人民出版社 2005 年版。
[21] 陈金钊：《法理学》，山东大学出版社 2008 年版。
[22] 孙笑侠：《法理学》，中国政法大学出版社 1996 年版。
[23] 孙国华：《法理学》，法律出版社 1995 年版。
[24] 公丕祥：《法理学》，复旦大学出版社 2002 年版。

［25］郭道晖：《法理学精义》，湖南人民出版社2005年版。
［26］［美］曼瑟·奥尔森：《权力与繁荣》，苏长和、嵇飞译，上海世纪出版集团2005年版。
［27］［美］道格拉斯·C. 诺思：《经济史上的结构和变革》，厉以平译，商务印书馆2005年版。
［28］［美］道格拉斯·C. 诺思：《理解经济变迁过程》，钟正生、邢华等译，中国人民大学出版社2008年版。
［29］［印］阿维纳什·K. 迪克西特：《经济政策的制定：交易成本政治学的视角》，中国人民大学出版社2006年版。
［30］乔晓阳：《中华人民共和国立法法讲话》，中国民主法制出版社2008年版。
［31］周旺生：《法理学》，人民法院出版社2002年版。
［32］［法］孟德斯鸠：《论法的精神（上册）》，商务印书馆1982年。
［33］［美］D. B. 杜鲁门：《政治过程——政治利益与公共舆论》，陈尧译，天津人民出版社2005年版。
［34］李龙主编：《政治文明与依法治国》，浙江大学出版社2004年版。
［35］蒋劲松：《议会之母》，中国民主法制出版社1998年版。
［36］刘建兰、张文麒：《美国州议会立法程序》，中国法制出版社2005年版。
［37］［美］罗伯特：《罗伯特议事规则》（第10版），袁天鹏等译，上海人民出版社2008年版。
［38］季卫东：《法治秩序的建构》，中国政法大学出版社1999年版。
［39］朱志宏：《立法论》，三民书局1995年版。
［40］郑允海等：《当代资本主义国家的议会制度》，福建人民出版社1994年版。
［41］范忠信：《中国法律传统的基本精神》，山东人民出版社2001年版。
［42］朱景文：《中国法律发展报告2010：中国立法60年》，中国人民大学出版社2011年版。
［43］陈俊：《政党与立法问题研究——借鉴与超越》，人民出版社2008年版。
［44］万其刚：《立法理念与实践》，北京大学出版社2006年版。
［45］李林：《立法理论与制度》，中国法制出版社2005年版。
［46］蔡定剑：《中国人民代表大会制度》（第四版），法律出版社2003年版。
［47］孙笑侠等：《浙江地方法治进程研究》，浙江人民出版社2001年版。
［48］蔡定剑：《历史与变革——新中国法制建设的历程》，中国政法大学出版社1999年版。
［49］易有禄：《正当立法程序研究——以立法权正当行使的程序控制为视角》，中国社会科学出版社2009年版。
［50］周伟：《各国立法机关委员会制度比较研究》，山东人民出版社2005年版。
［51］胡建淼：《公权力研究——立法权·行政权·司法权》，浙江大学出版社2005年版。
［52］［德］施米特：《政治的浪漫派》，冯克利等译，上海人民出版社2004年版。
［53］周旺生：《立法学》，法律出版社2000年版。

[54] 中国社会科学院语言研究所词典编辑室编：《现代汉语词典》（第五版），商务印书馆 2007 年版。
[55] 马怀德：《中国立法体制、程序与监督》，中国法制出版社 1999 年版。
[56] [美] 沃尔德伦：《法律与分歧》，王国柱译，法律出版社 2009 年版。
[57]《列宁全集》(第 34 卷)，人民出版社 1959 年版。
[58] [德] 康德：《法的形而上学原理》，沈叔平译，商务印书馆 1991 年版。
[59] [英] 彼得·斯坦、约翰·香德：《西方社会的法律价值》，王献平译，中国人民公安大学出版社 1989 年版。
[60] 林喆主编：《公民基本人权法律制度研究》，北京大学出版社 2006 年版。
[61] 罗传贤：《行政程序法基础理论》，五南图书出版公司 1993 年版。
[62] 王名扬：《美国行政法》（下），中国法制出版社 1995 年版。
[63] 李林主编：《立法过程中的公众参与》，中国社会科学出版社 2009 年版。
[64] 傅琨成：《美国大众传播法》，台湾 123 资讯有限公司 1993 年版。
[65] 程洁：《宪政精义：法治下的开放政府》，中国政法大学出版社 2002 年版。
[66] [日] 宫泽俊义：《日本国宪法精解》，董璠舆译，中国民主法制出版社 1990 年版。
[67] 王晓民：《议会制度及立法理论与实践纵横》，华夏出版社 2002 年版。
[68] 梁启超：《梁启超法学文集》，中国政法大学出版社 2000 年版。
[69] 乔晓阳：《立法法讲话》，中国民主法制出版社 2000 年版。
[70] 刘爱龙：《立法的伦理分析》，法律出版社 2008 年版。
[71] [德] 拉德布鲁赫：《法学导论》，米健等译，中国大百科全书出版社 1997 年版。
[72] 梁治平：《法辩：中国法的过去、现在与未来》，贵州人民出版社 1992 年版。
[73] 王健：《沟通两个世界的法律意义——晚清西方法的输入与法律新词初探》，中国政法大学出版社 2001 年版。
[74] 李振宇：《法律语言学新说》，中国检察出版社 2006 年版。
[75] 潘庆云：《中国法律语言鉴衡》，汉语大词典出版社 2004 年版。
[76] 刘红婴：《法律语言学》，北京大学出版社 2007 年版。
[77] 罗尔斯：《正义论》，何怀宏等译，中国社会科学出版社 1988 年版。
[78] 刘大生：《宪法学问题研究》，黑龙江人民出版社 2002. 年版。
[79] 江国华：《立法：理想与变革》，人民出版社 2007 年版。
[80] 周旺生：《立法学》，法律出版社 2004 年版。
[81] 梁治平：《法律解释问题》，法律出版社 1998 年版。
[82] 顾昂然：《立法札记——关于我国部分法律制定情况的介绍（1982—2004 年）》，法律出版社 2006 年版。
[83] 陈金钊等：《法律解释学》，中国政法大学出版社 2006 年版。
[84] 乔晓阳：《中华人民共和国立法法讲话（修订版）》，中国民主法制出版社 2008 年版。
[85] 孙潮：《立法技术学》，浙江人民出版社 1993 年版。
[86] 张晋藩：《中国法制史》，中国政法大学出版社 1999 年版。

[87] 张春生:《中华人民共和国立法法释义》,法律出版社2000年版。
[88] 吴大英、任允正、李林:《比较立法制度》,群众出版社1992年版。
[89] [奥] 凯尔森:《法与国家的一般理论》,沈宗灵译,中国大百科全书出版社1996年版。
[90] [德] 考夫曼:《法律哲学》,刘幸义等译,法律出版社2004年版。
[91] [德] 哈贝马斯:《在事实与规范之间——关于法律和民主法治国的商谈理论》,童世骏译,生活·读书·新知三联书店2003年版。
[92] [美] 伯尔曼:《法律与革命——西方法律传统的形成》,贺卫方等译,中国大百科全书出版社1993年版。
[93] 周旺生:《立法论》,北京大学出版社1994年版。
[94] 刘莘:《立法法》,北京大学出版社2008年版。
[95] 徐向华:《立法学教程》,上海交通大学出版社2011年版。
[96] [德] 罗伯特·阿列克西:《法律论证理论——作为法律证立理论的理性论辩理论》,舒国滢译,中国法制出版社2002年版。
[97] 颜厥安:《法与实践理性》,中国政法大学出版社2003年版。
[98] 周濂:《现代政治的正当性基础》,生活·读书·新知三联书店2008年版。
[99] [德] 马克斯·韦伯:《经济与历史;支配的类型》,康乐等译,广西师范大学出版社2004年版。
[100] [英] A. N. 怀特海:《科学与近代世界》,何钦译,商务印书馆1959年版。
[101] 葛洪义:《法与实践理性》,中国政法大学出版社2002年版。
[102] [美] 罗杰·G. 牛顿:《何为科学真理——月亮在无人看它时是否在那儿》,武际可译,上海科技教育出版社2001年版。
[103] [日] 谷口安平:《 程序的正义与诉讼(增补本)》,王亚新等译,中国政法大学出版社2002年版。
[104] [德] 哈贝马斯:《交往行为理论(第一卷):行为合理性与社会合理性》,曹卫东译,上海人民出版社2004年版。
[105] [荷] 伊芙琳·T. 菲特丽丝:《法律论证原理——司法裁决之证立理论概览》,张其山、焦宝乾、夏贞鹏译,商务印书馆2005年版。
[106] [德] 伯恩·魏德士:《法理学》,丁晓春、吴越译,法律出版社2003年版。
[107] [美] 赫伯特·西蒙《管理行为——管理组织决策过程的研究》,杨砾、韩春立、徐立译,北京经济学院出版社1988年版。
[108] 李培传:《论立法》,中国法制出版社2004年版。
[109] 阮荣祥、赵恺:《地方立法的理论与实践》,社会科学文献出版社2011年版。
[110] 汤唯、毕可志等:《地方立法的民主化与科学化构想》,北京大学出版社2006年版。
[111] 张文显:《法学基本范畴研究》,中国政法大学出版社1993年版。
[112] 张文显:《法理学》,高等教育出版社2003年版。
[113] 国务院法制办政府法制研究中心课题组:《法律责任设定有关问题研究》,《政府立

法中的法律责任设定研究论文集》，中国法制出版社 2010 年版。
[114] 徐向华主编：《地方性法规法律责任的设定——上海市地方性法规的解析》，法律出版社 2007 年版。
[115] 汤唯、毕克志等：《地方立法的民主化与科学化构想》，北京大学出版社 2002 年版。
[116] 佘绪新、周旺生、李小娟：《地方立法质量研究》，湖南大学出版社 2002 年版。
[117] 张文显：《法理学》，高等教育出版社 2007 年版。
[118] 曾宪义主编：《中国法制史》，北京大学出版社 2000 年版。
[119] 邓正来：《中国法学向何处去——建构“中国法律理想图景”时代的论纲（第 2 版）》，商务印书馆 2011 年版。
[120] [美] 弗里德利希·冯·哈耶克：《法律、立法与自由（第二、三卷）》，邓正来、张守东、李静冰译，中国大百科全书出版社 2000 年版。
[121] [美] 罗斯科·庞德.《法理学·第四卷》，王保民、王玉译，法律出版社 2007 年版。
[122] [印] 阿玛蒂亚森：《正义的理念》，王磊、李航译，中国人民大学出版社 2012 年版。
[123] 黄文艺：《立法学》，高等教育出版社 2008 年版。
[124] 俞荣根：《地方立法后评估研究》，中国民主法制出版社 2009 年版。
[125] 王同亿：《中华字典》，三环出版社 1990 年版。
[126] 张国庆：《现代公共政策导论》，北京大学出版社 1997 年版。
[127] 周旺生：《立法研究》，法律出版社 2001 年版。
[128] [德] 伯恩·魏德士：《法理学》，丁小春、吴越译，法律出版社 2003 年版。
[129] 张文显：《法理学》，高等教育出版社 2004 年版。
[130] 崔卓兰、于立深、孙波、刘福元：《地方立法实证研究》，知识产权出版社 2007 年版。
[131] 汪全胜：《法律绩效评估机制论》，北京大学出版社 2010 年版。
[132] 汪全胜等：《立法后评估研究》，人民出版社 2012 年版。
[133] 彭国甫等：《地方政府公共事业管理的绩效评估与模式创新研究》，人民出版社 2010 年版。
[134] 庞辉等：《人员素质测评理论与方法》，东北大学出版社 2010 年版。
[135] [法] 克罗齐埃：《被封锁的社会》，狄玉明、刘培龙译，商务印书馆 1989 年版。
[136] [美] 艾尔·巴比：《社会研究方法（第十一版）》，邱泽奇译，华夏出版社 2009 年版。
[137]《中国大百科全书·法学》，中国大百科全书出版社 1984 年版。
[138] 刘隆亨：《中国区域开发的法制理论与实践》，北京大学出版社 2006 年版。
[139] [美] 曼瑟尔·奥尔森：《集体行动的逻辑》，陈郁等译，上海三联书店、上海人民出版社 2004 年版。

（二）论文类

［1］戚渊：《立法权概论》，载《政法论坛》2000 年第 6 期。
［2］彭东昱：《赋予设区的市地方立法权》，载《中国人大》2014 年第 19 期。
［3］周振鹤：《外重内轻还是内重外轻？——中央地方关系变迁研究》，载《学说中国》，江西教育出版社 1999 年。
［4］杨利敏：《关于联邦制分权结构的比较研究》，载《北大法律评论》2002 年第 5 期。
［5］封丽霞：《中央与地方立法权限的划分标准："重要程度"还是"影响范围"？》，载《法制与社会发展》2008 年第 5 期。
［6］崔卓兰、赵静波：《中央与地方立法权力关系的变迁》，载《吉林大学社会科学学报》2004 年第 2 期。
［7］孙良胜、李艳中：《立法赋权于设区的市——从背景、理论到实践的探究》，载《岭南学刊》2016 年第 1 期。
［8］王春业：《论赋予设区市的地方立法权》，载《北京行政学院学报》2015 年第 3 期。
［9］庞凌：《依法赋予设区市立法权应注意的若干问题》，载《学术交流》2015 年第 4 期。
［10］邓剑光、吴敢铮：《论我国地方政府规章制定中听证制度的建设》，载《太平洋学报》2006 年第 5 期。
［11］刘松山：《地方性法规与政府规章的权限界分》，载《中国法律评论》2015 年第 4 期。
［12］王春光：《民众参与立法是法的正当性之基础》，载《法学杂志》2002 年第 2 期。
［13］姚岳绒：《立法过程中公众参与问题研究》，载徐向华主编《新时期中国立法反思》，学林出版社 2004 年版。
［14］朱久伟：《论公民立法参与制度的原则与地位》，载《华东政法学院学报》1999 年第 3 期。
［15］张诚、卢东凌：《立法目的、立法程序探析》，载《现代法学》2000 年第 5 期。
［16］佚名：《全国人大常委会〈议事规则〉产生前后》，载《瞭望周刊》1987 年第 49 期。
［17］葛先园：《主体间型立法的概念及其意义》，载《法律科学》2011 年第 4 期。
［18］阿计：《建立立法辩论机制十分必要》，载《江淮法治》2008 年第 17 期。
［19］黄文艺：《信息不充分条件下的立法策略》，载《中国法学》2009 年第 3 期。
［20］吴元元：《信息能力与压力型立法》，载《中国社会科学》2010 年第 1 期。
［21］刘松山：《国家立法三十年的回顾与展望》，载《中国法学》2009 年第 1 期。
［22］马宏：《人大信息公开与我国民主政治发展》，载《当代世界与社会主义》2005 年第 2 期。
［23］汪全胜：《知情权入宪问题探讨》，载《青海师范大学学报（哲学社会科学版）》2004 年第 2 期。

[24] 吴建依：《论人民代表大会公开原则》，载《社会科学研究》2001 年第 3 期。
[25] 李振宇：《边缘法学与其他学科的关系》，载《当代法学》2003 年第 6 期。
[26] 李振宇：《论法律和语言的融合》，载《法律语言学说》2007 年第 00 期。
[27] 董晓波：《语言与法律：谈西方法律语言研究方法的嬗变》，载《社会科学战线》2006 年第 2 期。
[28] 舒国滢：《战后德国法哲学的发展路向》，载《比较法研究》1994 年第 4 期。
[29] 冯占省：《语言与法律关系的本体论思考》，载《郑州轻工业学院学报》（社会科学版）2007 年第 3 期。
[30] 王国龙：《从语言追问法律的意义》，载《边缘法学论坛》2006 年第 1 期。
[31] 李贵连：《20 世纪的中国法学》，载《中外法学》，1997 年第 2 期。
[32] 郭道晖：《论法定权利与权利立法》，载《法制现代化研究》1995 年第 00 期。
[33] 刘永红：《我国当前立法语言失范原因剖析》，载《山西高等学校社会科学学报》2006 年第 8 期。
[34] 刘大生：《中国当前立法语言失范化之评析》，载《法学》2001 年第 1 期。
[35] 汪全胜：《立法技术评估的探讨》，载《西南民族大学学报》（人文社科版）2009 年第 5 期。
[36] 刘仁文：《明确性：现代立法应追求的重要目标》，载《中国国情国力》2003 年第 4 期。
[37] 刘大生：《浅论立法语言规范化》，载《法学论坛》2001 年第 1 期。
[38] 刘秀：《论刑法立法解释的不必要——以法律的不确定性为视角》，载《江西公安专科学校学报》2008 年第 6 期。
[39] 张志铭：《关于中国法律解释体制的思考》，载《中国社会科学》1997 年第 2 期。
[40] 谌洪果：《法律思维：一种思维方式上的检讨》，载《法律科学》2003 年第 2 期。
[41] 陈金钊：《法律解释及其基本特征》，载《法律科学》2000 年第 6 期。
[42] 纪旭：《美国成文法立法技术个案研究——〈特拉华州普通公司法〉立法技术剖析》，载周旺生主编：《立法研究（第 3 卷）》，法律出版社 2002 年版。
[43] 陈斯喜：《论立法解释制度的是与非及其他》，载《中国法学》1998 年第 3 期。
[44] 高鸿钧：《走向交往理性的政治哲学和法学理论（下）——哈贝马斯的民主法治思想及对中国的借鉴意义》，载《政法论坛》2008 年第 6 期。
[45] [美] 萨拜因：《博丹论主权》，邓正来译，载《河北法学》2008 年第 9 期。
[46] 周濂：《政治正当性与政治义务》，载《吉林大学社会科学学报》2006 年第 2 期。
[47] 陈金钊：《法律论证的理论探寻》，载《东岳论丛》2005 年第 1 期。
[48] 转引自孙笑侠：《公、私法责任分析——论功利性补偿与道义性惩罚》，载《法学研究》1994 年第 6 期。
[49] 朱新力、于军：《法律责任的规范构造》，载《政府立法中的法律责任设定研究论文集》，中国法制出版社 2010 年版。
[50] 汪全胜、李亮：《宪法文本中宪法责任条款的设置论析——以宪法制裁的实现为视

角》，载《云南师范大学学报》（社会科学版）2012 年第 2 期。
[51] 汪全胜、陈光等：《体育法律责任的设定及其完善》，载《体育学刊》2010 年第 2 期。
[52] 廖志斌：《浅谈立法过程中法律责任设定的几个问题》，载《政府立法中的法律责任设定研究论文集》，中国法制出版社 2010 年版。
[53] 叶传星：《论设定法律责任的一般原则》，载《法律科学》1999 年第 2 期。
[54] 徐向华、王晓妹：《法律责任条文设定模式的选择》，载《法学》2009 年第 12 期。
[55] 张文显、姚建宗：《权利时代的理论景象》，载《法制与社会发展》2005 年第 5 期。
[56] 郭道晖：《中国的权利立法及其法理基础》，载《甘肃政法学院学报》，1995 年第 4 期。
[57] 徐爽：《以权利制约权力——社会主义法律体系与基本权利立法实践的发展》，载《政法论坛》，2011 年第 6 期。
[58] 季卫东：《论法制的权威》，载《中国法学》2013 年第 1 期。
[59] 田思源：《对"体育基本法"的反思——再论"体育事业促进法"》，载《法学杂志》2013 年第 3 期。
[60] 刘义红：《地方立法质量的检测标准初探》，载《楚天主人》2005 年第 2 期。
[61] 饶世权、饶艾：《地方立法公众参与的概念、主体与价值》，载《西北大学学报（哲学社会科学版）》2008 年第 1 期。
[62] 杜莉：《论我国地方立法质量评估制度之建立》，载《人大研究》2008 年第 12 期。
[63] 黄文艺：《论立法质量——关于提高我国立法质量的思考》，载《河南省政法管理干部学院学报》2002 年第 3 期。
[64] 俞荣根：《立法后评估：法律体系形成后的一项重要工作》，载《西南政法大学学报》2011 年第 2 期。
[65] 吉敏丽、袁晓杰：《论地方立法质量跟踪评估的方法——以甘肃省地方立法为实证的分析》，载《西部法学评论》2011 年第 2 期。
[66] 俞荣根：《立法后评估：法律体系形成后的一项重要工作》，载《西南政法大学学报》2011 年第 1 期。
[67] 丁贤、张明君：《立法后评估理论与实践初探》，载《政治与法律》2008 年第 1 期。
[68] 龙晓林：《美国行政立法后评估概况》，载《探求》2008 年第 1 期。
[69] 俞光远：《认真落实科学发展观——充分发挥财税调控作用，促进区域经济协调发展》，载刘隆亨主编《中国区域开发的法制理论与实践》，北京大学出版社 2006 年版。
[70] 宣文俊：《关于长江三角洲地区经济发展中的法律问题思考》，载《社会科学》2005 年第 1 期。
[71] 陈光：《论区域发展促进立法的实施效果评估与反思——以〈辽宁沿海经济带发展促进条例〉为例》，载《河南财经政法大学学报》2015 年第 4 期。

（三）报纸和网络文献

[1] 范佳：《〈山东省地方立法条例〉下月起施行》，载《齐鲁晚报》2017年2月12日。
[2] 游春亮：《立法进入“有辩论的听证”时代》，载《法制日报》2008年9月23日。
[3] 蒋德、丁国锋：《江苏开门立法首创辩论新举》，载《法制日报》2009年7月5日。
[4] 张蕾：《广州立法听证会在网上召开“你们不是看客”》，载《民主与法制时报》2012年12月17日。
[5] 傅达林：《以公开和博弈防止“立法割据”》，载《光明日报》2006年3月28日。
[6] 刘仁文：《法治建设中的自律与他律》，载《检察日报》2004年4月7日。
[7] 乔晓阳：《推进立法公开 促进立法民主》，载《人民日报》2005年8月20日。
[8] 米健：《附个立法理由书如何》，载《法制日报》2005年8月24日。
[9] 曹思源：《人大应成为国家政治生活的中心》，载《南方周末》2009年3月13日。
[10] 王比学：《公民旁听见证民主》，载《人民日报》2009年07月15日。
[11] 参见新华网：《从“法律体系”到“法治体系”——徐显明解读十八大报告依法治国亮点》，载 http：//news. xinhuanet. com/politics/2012-11/14/c_113689922. htm。
[12] 叶小文：《从“人权入宪”到“人权入法”》，载《人民日报海外版》2012年3月9日。
[13] 佚名：《上海夫妇被美航班赶下飞机事件：反复让空乘闭嘴》，载 news. xinhuanet. com/society/2012-02/21/c_111547104. htm。
[14] 信春鹰、席锋宇：《信春鹰：见证国家法制化前行之路》，载《法制日报》2012年9月8日。
[15] 彭玉磊：《外来移民：欧洲的难言之痛》，载《广州日报》2013年6月2日。
[16] 陈煜儒：《城管拍卖人行道经营权涉嫌“与民争利”》，载 http：//news. xinhuanet. com/lianzheng/2007-04/17/content_5986725. htm。
[17] 任建民：《“美国式过马路”还不如中国》，载 http：//usa. people. com. cn/n/2012/1017/c242805-19298958. html。
[18] 彭文：《行人：直行的危险 车主：右转的困惑》，载 http：//finance. chinanews. com/auto/2013/05-15/4818561. shtml。
[19] 源尔：《中国式过马路，别单拿素质差说事》，载 http：//view. 163. com/12/1030/12/8F2J1Q7600012Q9L. html。
[20] 杨国栋：《怎能用违法手段惩治不文明行为》，载《西安晚报》2013年6月20日。
[21] 黄蓉芳：《专家画救护车塞车黑地图》，载《广州日报》2013年5月27日。
[22] 胡敏：《老外成都闹市拦车疏导交通 让120先走病人优先》，载 http：//news. sohu. com/20120618/n345952356. shtml。
[23] Saskatchewan driver's licensing and vehicle registration. Saskatchewan Driver's Handbook, http：//www. sgi. sk. ca/pdf/handbook/2012_DriversHandbook_All. pdf.

（四）外文文献

[1] Austin J. Freeley and David L. Steinberg. Argumentation and Debate: Critical Thinking for Reasoned Decision Making. Wadsworth Cengage Learning, 2009.
[2] P. Silk and R. Walters. How Parliament Works. Longman Group Ltd., 1995.
[3] D. Easton. A System Analysis of Political Life. Wiley Press, 1965.
[4] Piero Calamandei. Prcocedure and Democracy. New York University Press, 1956.
[5] Education Sheet. Debate: How Parliament Discusses Things. United Kingdam for HMSO, 1992.
[6] Philip Laundy. Parliaments in the Modern World. Ashgate Publishing, 1989.
[7] Bryan A. Garner. Black's Law Dictionary (Eighth Edition). Thomson West, 2004.
[8] Reed Dickerson. The diseases of legislative. Harvard Journal on Legislation, 1964 (1).
[9] Weinberger, Ota. Law, Institution and Legal Politics. Kluwer Academic Publishers, 1991.
[10] Habermas. Legitimation Crisis. Translated by Thomas McCarthy. London: Heinemann, 1973.
[11] Habermas. Communication and the Evolution of Society. Translated by Thomas McCarthy. Boston: Beacon Press, 1979.
[12] Neil MacCormick. Argumentation and Interpretation in Law. Scott Brewer (ed.). Moral Theory and Legal Reasoning. New York: Garland Publishing, 1998.
[13] Hans Kelsen, Pure Theory of Law. Translated by Max Knight. University of California Press, 1967.
[14] W. N. Hohfeld. Fundamental Legal Conceptions as Applied in Judicial Reasoning. Edited by David Campbell and Philip Thomas. Cardiff Law School, 2001.
[15] HLA Hart. The Concept of Law. Oxford University Press, 1961.
[16] Oliver Wendell Holmes. The Common Law. New Brunswick. New Jersey: Transaction Publishers, 2005.

全国高等学校应用型法学人才培养系列规划精品教材

法学概论
法学导论
国际商法
刑法判例教程
竞争法
房地产法学
民法实训
婚姻家庭与继承法
法律逻辑
经济法
合同法学
公司法学
仲裁法学
专利法学
著作权法学
商标法学
证据法学
证券法学
法律文书学
中国司法制度
金融法
商法总论
法经济学
票据法学
法律英语
立法学原理

为辅助教学，提升教学效果，本系列教材全部提供配套PPT电子课件。在教学中选用本系列教材的教师，可通过以下途径免费获得相应课件。

联系电话：027-87215590

电子邮件：cbs22@whu.edu.cn

欢迎广大教师和读者选用本系列教材，并提出您宝贵的意见、建议和要求，也欢迎您携作品加入我们的出版平台，我们将继续提供优质的出版服务。

联系人：胡　艳（出版策划编辑）

电　话：13476277833

E-mail：214050036@qq.com